本项目为2021年成都哲学社会科学规划项目，项目编号：2021CS135。

Xinxing Gongyehua Zhanlüe xia Chengdu
Gongye Gaozhiliang Fazhan Yanjiu

新型工业化战略下成都工业高质量发展研究

潘方勇　著

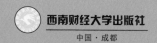

西南财经大学出版社
中国·成都

图书在版编目(CIP)数据

新型工业化战略下成都工业高质量发展研究/潘方勇著.—成都:西南财经
大学出版社,2022.7

ISBN 978-7-5504-5333-3

Ⅰ.①新… Ⅱ.①潘… Ⅲ.①工业发展—研究—成都 Ⅳ.①F427.711

中国版本图书馆 CIP 数据核字(2022)第 072527 号

新型工业化战略下成都工业高质量发展研究
潘方勇 著

责任编辑:乔 雷
责任校对:张 博
封面设计:张姗姗
责任印制:朱曼丽

出版发行	西南财经大学出版社(四川省成都市光华村街55号)
网 址	http://cbs.swufe.edu.cn
电子邮件	bookcj@ swufe.edu.cn
邮政编码	610074
电 话	028-87353785
照 排	四川胜翔数码印务设计有限公司
印 刷	成都市火炬印务有限公司
成品尺寸	170mm×240mm
印 张	15.25
字 数	351 千字
版 次	2022 年 7 月第 1 版
印 次	2022 年 7 月第 1 次印刷
书 号	ISBN 978-7-5504-5333-3
定 价	78.00 元

前　言

　　高质量发展是 2017 年召开的中国共产党第十九次全国代表大会首次提出的新表述，表明中国经济由高速增长阶段转向高质量发展阶段。工业是国民经济中最重要的物质生产部门之一，它决定着国民经济现代化的速度、规模和水平，在当代世界各国国民经济中起着主导作用，自然也是国民经济实现高质量发展的重要支撑之一。自党的十六大报告首次提出"要坚持以信息化带动工业化，以工业化促进信息化，走出一条科技含量高、经济效益好、资源消耗低、环境污染少、人力资源优势得到充分发挥的新型工业化路子"这一重大决策以来，新型工业化战略开始成为推动我国经济发展的根本遵循，也是我国推动工业经济高质量发展的基本路径。

　　工业化是一个循序渐进、不断进步的过程，是利用先进生产工具和管理方式，推动生产方式变革，引发生产要素流向变化、产业结构调整，实现工业及其他相关领域不断发展演进的过程。目前的经济发展理论和众多国家的发展实践都表明，工业化是绝大多数发展中国家走向现代化的必由之路。工业化道路可以分为传统工业化道路和新型工业化道路，新型工业化道路是相对传统工业化道路而言的。传统工业化道路又可以分为三种类型：西方发达国家的传统工业化道路、传统计划经济国家的传统工业化道路和新兴工业化国家的传统工业化道路。随着新一轮科技革命和产业变革的不断深入，人工智能、大数据、物联网等新技术、新应用、新业态正孕育突破，加上我国全面实施制造强国战略，加快建设现代化经济体系，开启全面建设社会主义现代化国家新征程，新型工业化也随之出现了更加强调依靠创新和技术进步推动产业水平提升和价值链升级，平台经济成为新的产业组织形态，绿色发展成为新型工业化新的战略任务，推动三次产业、实体经济与虚拟经济、城乡与区域等协调发展成为新型工业化的重要内容等诸多新的发展趋势。

　　新中国成立以来，成都在工业化领域取得了巨大成就，经济总量实现快速增长，产业结构由传统向现代转型，发展方式由粗放型向集约型转变，工业化进程由初中期向后期迈进。从发展路径来看，成都工业化走出了一条具有自身特色的不平凡的发展道路，即以国家"一五""二五"以及"三线"建设时期在蓉布局的一大批重大项目为基础，以重工业的直接嵌入作为成都工业化道路的逻辑起点，奠定了成都工业乃至整个地区经济的发展基础，此种模式深刻影响着成都的整个工业化历程，不管是主导产业还是空间布局的形成，均带有鲜明的嵌入式特征。通过国家行政指令或招商引资直接植入对本地区影响重大的外部资源，是工业化落后地区加快经济发展的一种重要模式，有利于区域经济在短时期内做大规模，实现快速增长。同时，这种与传统的"轻工业—重工业—服务业"的工业化道路不同的发展路径，在初期会因为产业结构不合理导致工业化进程缓慢，但也会因为工业化起步较高，在经济发展到一定程度后，尤其是到了工业化中后期使工业化进程不断提速，后劲充足，对推动区域工业化进程具有重要意义。

对照国家新型工业化战略要求，当前成都工业发展存在一些问题。比如，由于植入的企业与本土企业在产业链对接、技术标准、产品标准等方面存在较大差异，往往难以与本土企业形成良好的互动发展局面。一方面，外来企业难以获取本土配套资源；另一方面，本土企业难以适应外来企业产业链分工体系，如近十多年来高速发展的汽车产业本地配套率尚不足30%，远低于上海、长春、重庆等城市。再比如，推动成都工业发展的主导力量逐步由投资和要素驱动向创新驱动转变，技术进步贡献率稳步提升，2010—2019年的平均贡献率达到41.8%，较1993—2009年平均水平（17.7%）提高了24.1个百分点。但总体来看，成都工业经济仍处于"高技术贡献、低技术水平"的低层级发展阶段，尚未出现在全国、全球拥有绝对话语权和影响力的技术和产品，而且缺乏可预期的明星潜力企业和产业。如何在国家推进新型工业化战略的背景下，推动成都工业经济高质量发展，是当前及未来一段时期成都推进新型工业化亟待解决的重大课题。

本书正是基于上述背景展开研究的。首先，从工业和工业化的内涵和相关理论入手，对成都工业化进程进行阶段划分，对工业化各阶段特征做了系统梳理，给出了当前成都处于既有传统工业化后期特征又有后工业化特征的复合型工业化阶段的基本判断，成都不太可能直接进入以服务型经济为主导的后工业化阶段，而先进制造业与现代服务业依然将在很长一段时期内成为工业化进程的"双引擎"。其次，在对新型工业化研究现状、特点和新趋势进行分析的基础上，本书从信息化和工业化融合、科技创新、合理开发利用资源三个维度，重点考察分析了成都新型工业化道路实践。最后，本书结合实际，从行业结构优化、工业投资效益、工业园区转型、产业生态圈建设、产业治理结构等视角，对新型工业化战略下推动成都工业高质量发展进行专题研究。本书以经典理论梳理为基础，以翔实的实证资料为依托，理论研究与应用研究相结合，形成了一些独到的观点和建议，对成都推进工业高质量发展具有较强的参考价值和现实意义。

潘方勇

2022 年 4 月

目　录

1 工业与工业化

1.1 工业的内涵与分类

1.1.1 工业的内涵

18世纪，英国出现工业革命，原来以手工技术为基础的工场手工业逐步转变为机器工业，工业最终从农业中分离出来，成为一个独立的物质生产部门。19世纪末至20世纪初，随着科学技术的进步，现代工业开始出现。20世纪40年代以后，以生产过程自动化为主要特征，采用电子控制的自动化机器和生产线开始出现。20世纪80年代以后，以微电子技术为中心，包括生物工程、光导纤维、新能源、新材料和机器人等在内的新兴技术和新兴工业蓬勃兴起。这些新技术革命，正在改变着工业生产的基本面貌。

工业决定着国民经济现代化的速度、规模和水平，在国民经济中起主导作用。工业还为自身和国民经济其他各个部门提供原材料、燃料和动力，为人民提供工业消费品；工业还是国家财政收入的主要来源，是国家经济自主、政治独立、国防现代化的根本保证。在社会主义社会，工业的发展还是巩固社会主义制度的物质基础，是逐步消除工农差别、城乡差别、体力劳动和脑力劳动差别，推动社会主义向共产主义过渡的前提条件。

1.1.2 工业的分类

根据分类标准不同，工业可以分为不同的类型。

1.1.2.1 根据工业行业分类

根据国民经济行业分类表，工业行业可以分为41类，其中第1~7类统称为采掘业，第8~38类统称为制造业。工业行业分类见表1-1。

表 1-1　工业行业分类

序号	工业行业分类	序号	工业行业分类
1	煤炭开采和洗选业	22	医药制造业
2	石油和天然气开采业	23	化学纤维制造业
3	黑色金属矿采选业	24	橡胶和塑料制品业
4	有色金属矿采选业	25	非金属矿物制品业
5	非金属矿采选业	26	黑色金属冶炼和压延加工业
6	开采专业及辅助性活动	27	有色金属冶炼和压延加工业
7	其他采矿业	28	金属制品业
8	农副食品加工业	29	通用设备制造业
9	食品制造业	30	专用设备制造业
10	酒、饮料和精制茶制造业	31	汽车制造业
11	烟草制品业	32	铁路、船舶、航空航天和其他运输设备制造业
12	纺织业	33	电气机械和器材制造业
13	纺织服装、服饰业	34	计算机、通信和其他电子设备制造业
14	皮革、毛皮、羽毛及其制品和制鞋业	35	仪器仪表制造业
15	木材加工和木、竹、藤、棕、草制品业	36	其他制造业
16	家具制造业	37	废弃资源综合利用业
17	造纸和纸制品业	38	金属制品、机械和设备修理业
18	印刷和记录媒介复制业	39	电力、热力生产和供应业
19	文教、工美、体育和娱乐用品制造业	40	燃气生产和供应业
20	石油、煤炭及其他燃料加工业	41	水的生产和供应业
21	化学原料和化学制品制造业		

1.1.2.2　根据产业功能分类

在不同的发展阶段，工业的产业功能不同，而且不同的国家或地区的工业产业功能也可能不同。根据产业功能不同，工业大体可以分为以下三种类型。

一是主导产业。主导产业指在工业产业结构体系中，与其他工业产业和国民经济其他产业联系非常多的工业产业。主导产业可能具有比一般工业产业更多的后向或前向联系部门，需求的代替性较弱，其他相关产业对其依赖性较强，其盛衰直接影响其他产业的发展，其产品质量的提高可促进相关产业的技术改进，具有较强的连带推动效应。

一般而言，主导产业在经济增长中处于支配地位，通过与其他产业较为广泛的联系可带动其他产业发展，进而对经济增长起到正向作用。主导产业有两个重要的功能：生产规模大、产品输出率较高；在国内同类产品中占有很大比重，可波及整个区域的经济活动。

二是支柱产业。支柱产业指在一段时期内，在工业的总产值中具有举足轻重地位的产业。支柱产业可能是产值和提供的积累在工业中所占的比重较大的部门，也可能是国家为完成经济战略所必须依赖的部门，还可能是事关国计民生和社会稳定的部门，如食品工业、纺织工业、化学工业等。

三是瓶颈产业。在当前和今后的发展过程中，工业产业结构体系中已出现和可能出现的短线产业，前向联系部门需要该产业提供的投入品多于该产业的最大生产能力，或者它的最大加工能力远小于其所有后向联系部门所提供的投入品的工业产业叫瓶颈产业。中国的瓶颈产业主要是能源产业。瓶颈产业会造成长线部门的资源、生产力的浪费，造成工业部门结构不合理，使工业的综合生产能力下降。国家必须对瓶颈产业进行重点投资。

1.1.2.3 根据产品单位体积的相对重量分类

在过去的产业经济学领域中，研究者往往根据产品单位体积的相对重量将工业划分为轻工业和重工业。产品单位体积重量重的工业部门就是重工业，重量轻的就是轻工业。属于重工业的工业部门有钢铁工业、有色冶金工业、金属材料工业和机械工业等。在近代工业的发展中，由于化学工业居于十分突出的地位，因此，在工业结构的产业分类中，往往把化学工业独立出来，同轻、重工业并列。这样，工业结构就由轻工业、重工业和化学工业三大部分构成。有人常常把重工业和化学工业放在一起，合称重化工业，同轻工业相对。另外一种划分轻、重工业的标准是把提供生产资料的部门称为重工业，提供消费资料的部门称为轻工业。以上这两种划分原则是有区别的。

国家统计局对轻、重工业的划分标准接近于后一种标准，《中国统计年鉴2019》对重工业的定义是：为国民经济各部门提供物质技术基础的主要生产资料的工业；轻工业为：主要提供生活消费品和制作手工工具的工业。在研究中，人们常将重工业和化学工业合称为重化工业。

重工业指为国民经济各部门提供物质技术基础的主要生产资料的工业。按生产性质和产品用途，重工业可以分为下列三类。

（1）采掘（伐）工业。采掘（伐）工业指对自然资源的开采，包括石油开采、煤炭开采、金属矿开采、非金属矿开采和木材采伐等工业。

（2）原材料工业。原材料工业指向国民经济各部门提供基本材料、动力和燃料的工业，包括金属冶炼及加工、炼焦、化学、电力、石油和煤炭加工等工业。

（3）加工工业。加工工业指对工业原材料进行再加工制造的工业。加工工业包括装备国民经济各部门的机械设备制造工业、金属结构、水泥制品等工业，以及为农业提供的生产资料，如化肥、农药等工业。

轻工业指主要提供生活消费品和制作手工工具的工业。按其所使用的原料不同，轻工业又可分为两大类：一是以农产品为原料的轻工业，其指直接或间接以农产品为基本原料的轻工业，主要包括食品制造、饮料制造、烟草加工、纺织、缝纫、皮革和毛皮制作、造纸以及印刷等工业；二是以非农产品为原料的轻工业，其指以工业品为原料的轻工业，主要包括文教体育用品、化学药品制造、合成纤维制造、日用化学制品、日用玻璃制品、日用金属制品、手工工具制造、医疗器械制造、文化和办公用机械制造等工业。

1.1.2.4　根据影响成本的主导因素分类

不同的工业部门，其生产过程和生产特点不同，生产投入的要素不同，生产成本的构成也就不一样。因此，根据影响成本的主导因素不同，可以根据工业区位将工业分为不同的导向型。

（1）原料导向型工业——原料不便于长途运输或运输原料成本较高的工业。

（2）市场导向型工业——产品不便于长途运输或运输产品成本较高的工业。

（3）动力导向型工业——需要消耗大量能量的工业。

（4）劳动力导向型工业——需要投入大量劳动力的工业。

（5）技术导向型工业——技术要求比较高的工业。

1.2 工业化的内涵与相关理论

1.2.1 工业化的内涵

工业化一词源于拉丁语"industria"，原意是指不同程度的"勤奋"（勤勉、勤恳等）。18 世纪末至 19 世纪初，欧洲经济学家乔治·恩德勒指出工业化将带来"基于持久技术创新的物质生产的持续增长和劳动生产率的提高"，揭示了工业化的本质。随着各国工业化实践的不断推进，工业化的内涵也在不断变化，国内外学者们从不同角度对工业化的概念进行了解释，比较有代表性的有如下几种定义。

从生产方式变化角度，学者们认为工业化是机器和其他科技发明代替手工操作工具的过程。如 1983 年德国经济学家鲁道夫·吕贝尔特认为工业化是以机器生产取代手工操作的现代工业发展过程。我国著名经济学家张培刚认为，工业化可以被定义为国民经济中一系列重要的生产函数（或生产要素组合方式）连续发生由低级到高级的突破性变化（或变革）的过程。这一定义可以反映产业革命以来经济社会的主要变化，既包括工业本身的机械化和现代化，也包括农业的机械化和现代化。

从产业结构变化角度，学者们认为工业化过程伴随着制造业在三次产业中比例的提高。如美国的库兹涅茨认为，工业化过程是产品的来源和资源的流向是从农业转向非农业。另一位美国学者霍利斯·钱纳里认为，工业化是国民生产总值中制造业所占份额上升，农业所占份额相应下降的过程。

从工业化表现形式角度，学者们认为工业化可以理解为工业在国民经济和劳动人口中的份额连续上升的过程。《新帕尔格雷夫经济学大辞典》认为工业化是一种过程。首先，一般来说，国民收入（或地区收入）中制造业活动和第三产业所占比重提高；其次，在制造业和第三产业中就业的劳动力比重一般也有增加趋势。在两种比重增加的同时，除了暂时的中断以外，整个人口的人均收入也增加了。

从经济、社会、政治等角度，学者们认为工业化是一个在经济、社会和政治等方面发生不同于传统社会的变化过程。经济方面，农业人口减少，工业人口增加，技术成为提高生产率的重要手段。社会方面，人口增长率得到控制，小家庭取代大家庭，中产阶级成为社会中坚力量，人们从相信宗教神学变为相信努力工作、科学技术、理性和进步等"工业文化"。政治方面，民众的参政意愿提高，国家在经济计划和技术管理中起着越来越大的作用，遵守法律成为"普遍性的"而不是"特殊性的"事。

从众多学者对工业化的定义，我们可以看出前三种定义是一种狭义的工业化，最后一种是广义的工业化。本书认为工业化是一个循序渐进、不断进步的过程，是利用先进生产工具和管理方式，推动生产方式变革，引发生产要素流向变化、产业结构调整，实现工业及其他相关领域不断发展演进的过程。

1.2.2　工业化的基本特征

从对工业化定义的分析来看，虽然学者们对工业化的定义有所差异，但都从不同角度把握了工业化的特征，这些特征概括起来主要分为三个方面。

工业化是一个过程。工业化是一个国家走向富强的必经之路，是一个不可逾越的历史阶段。从工业化发展先行国家来看，其工业化都是机器生产逐渐代替手工作业的过程、制造业逐渐代替农业的过程、产业结构不断升级的过程、生产方式不断变革的过程。

工业化各阶段是循序渐进、相互依存的。工业化进程是由一系列从低级向高级依次升级的状态连接而成的，各种状态之间具有内在的结构，相互依存、不可逆转。从发达国家的工业化进程来看，工业化大体上可分为四个阶段：一是工业化初期，工业结构以轻工业或基础工业为核心；二是工业化中期，工业结构以重工业为核心；三是工业化后期，加工工业比重不断提高，并成为工业结构的中心；四是后工业化时期，即知识技术集约化阶段，知识技术密集型工业占主导地位。

不同经济体的工业化模式存在差异。工业化是一个历史范畴，在不同的历史时期，不同国家工业化的道路有所不同，各有其特点。如英国和美国的工业化可称为自由放任型的工业化，这是因为英国和美国的工业化主要是在市场经济成熟的基础上依靠经济系统自发进行的工业化。而德国和日本的工业化是以政府主导的工业化，这是因为德国和日本的工业化主要是在强调一系列政策重点的基础上通过政府主导推进工业化的。发展中国家的工业化是一种跟随性的工业化，但不同国家因资源禀赋、区位条件的不同也呈现出各自的特点。

1.2.3　工业化的相关理论

自20世纪初工业化概念提出以来，国内外对工业化进行了大量研究，已经形成了比较系统的理论体系，其中，刘易斯、钱纳里、库兹涅茨等学者的研究具有较强的代表性。

1.2.3.1 刘易斯的二元经济理论

经济学家刘易斯认为，由于现代工业部门的工资水平明显高于农业劳动者的收入水平，在不受干涉的情况下，农业劳动者存在着向城市流动的自然倾向，因此工业部门的扩张可以不断获得来自农业部门的劳动力供给。传统农业部门大量过剩劳动力的存在和很低的人均收入水平，决定了现代工业部门的工资水平也较低。只要农业剩余劳动力没有被城市工业全部吸收，工业部门的工资水平就会保持不变，工业部门如果要扩大生产规模，就可以按现行工资水平不断雇佣到所需的劳动力。剩余劳动力由边际生产力低的农业部门向边际生产力高的工业部门的转移，可以促成工业利润和资本的增长，从而推动工业部门的扩大和对农业剩余劳动力的进一步需求。只要农业部门存在过剩劳动力，劳动力的转移和工业部门的扩张过程就会循环往复地进行下去，直至农业部门的剩余劳动力全部流向工业部门。农业剩余劳动力被现代工业部门完全吸纳之后，二元经济就转化成了一元经济，传统农业部门也就完成了其发展使命。

1.2.3.2 钱纳里的结构转换理论

美国经济学家霍利斯·钱纳里假定人口规模和资本投入不变，通过多国模型分析，认为工业化进程是经济重心由初级产品生产向高级产品生产转移的过程，并模拟出工业化发展的标准模式，从结构转变的角度将经济增长分为七个变动时期。钱纳里在《工业化和经济增长的比较研究》一书中指出：第一阶段即人均收入水平小于 140 美元（1970 年的汇率）时期和人均收入为140~280 美元的时期为初级产品阶段。第二阶段即工业化阶段，人均收入在281~560 美元为工业化初期，人均收入 561~1 120 美元为工业化中期，人均收入在 1 121~2 100 美元为工业化后期。第三阶段为发达经济阶段，人均收入在2 101~3 360 美元为发达经济初级阶段，人均收入在 3 361~5 040 美元为发达经济高级阶段，人均收入的不断提高是工业化的必然结果，综合反映了工业化的经济效益。钱纳里人均收入 7 阶段理论见表 1-2。

表 1-2　钱纳里人均收入 7 阶段理论

时期	发展阶段	人均收入变动范围/美元		
		1970 年	1982 年	2010 年
1	初级产品阶段	140 以下	364 以下	813 以下
2		141~280	364~728	813~1 627

表1-2（续）

时期	发展阶段		人均收入变动范围/美元		
			1970 年	1982 年	2010 年
3	工业化阶段	工业化初期	281～560	729～1 456	1 628～3 254
4		工业化中期	561～1 120	1 457～2 912	3 255～6 507
5		工业化后期	1 121～2 100	2 913～5 460	6 508～12 201
6	发达经济阶段	初级阶段	2 100～3 360	5 461～8 736	12 202～19 521
7		高级阶段	3 361～5 040	8 737～13 104	19 522～29 282

资料来源：根据《中国西部工业化进程研究》第7页、《河南省工业化进程研究》第8页、泰州市工业化阶段基本测评等资料整理。

初级产品阶段，初级产品生产占主要地位，资本及劳动力增加是经济增长的主要推动力，全要素生产率增长极为缓慢。工业化初期，制造业对增长的贡献逐渐超过初级产品的贡献；工业化中期，全要素生产率增长对经济增长的贡献超过劳动对经济增长的贡献，但小于资本增长对经济增长的贡献；工业化后期，全要素生产率增长对经济增长的贡献逐渐超过资本增长对经济增长的贡献。发达经济阶段，制造业、资本、全要素生产率增大的贡献都开始下降，农业将转变为生产率增长速度最快的部门。

钱纳里对经济结构转变阶段的分析，涵盖了从经济不发达的初级产品阶段到成熟发达的工业经济的全过程，并对各个经济结构转折点的人均收入水平做出了具体的划分，得到了学术界的认同和发展，揭示了工业化过程中各个主要方面的一些基本关系，形成了完整的理论认识。因此，钱纳里模型已成为工业化阶段的标准理论。

1.2.3.3 库兹涅茨人均收入影响理论

美国经济学家库兹涅茨等认为，工业化阶段是产业结构变化最频繁的时期，工业化阶段的演进能够通过产业结构的变化过程而显现。库兹涅茨运用57 个国家 1958 年各部门在 GDP（国内生产总值）中所占的份额的资料，对产业结构变化和经济增长的关系进行分析，发现人均产值和经济结构变化联系紧密，分析出按照人均 GDP 为基准的产业结构变化趋势。随后，库兹涅茨根据1958 年国内生产总值进一步分析了 57 个国家 1958 年劳动力就业份额变化和经济增长的关系，得出了劳动力就业在各生产部门中所占的比例，得到了 1958年 57 个国家库兹涅茨产值结构、劳动力结构 5 个阶段（见表 1-3）。

表 1-3　1958 年 57 个国家库兹涅茨产值结构、劳动力结构 5 阶段

人均 GDP/美元		70	150	300	500	1 000
各部门产值 比例/%	第一产业	48.4	36.8	26.4	18.7	11.7
	第二产业	20.6	26.3	33.0	40.9	48.4
	第三产业	31.0	36.9	40.6	40.4	39.9
各部门劳动力 就业比例 /%	第一产业	80.5	63.3	46.1	31.4	17.0
	第二产业	9.6	17.0	26.8	36.0	45.6
	第三产业	9.9	19.7	27.1	32.6	37.4

由表 1-3 可以看出，随着人均 GDP 的提高，第一产业的比例显著降低。在人均 GDP 为 70~300 美元的阶段，第二产业和第三产业的比例逐渐增加，但其相对比例变化较小。在人均 GDP 在 300~1 000 美元的阶段，第二产业比例显著增加，第三产业的比例变化较小。

从劳动力就业比例的变化可以看出，第一产业劳动力就业比例一般高于其第一产业产值比例，第一产业转移出来的劳动力比第一产业转移出来的产值更均匀地分布在第二产业和第三产业。劳动力就业比例的变化最明显的特征是第三产业劳动力就业比例不断上升。

针对各生产部门产值比例和劳动力就业比例随人均 GDP 的增加而发生变化的情况，可以看出，在工业化的开始阶段，第一产业的比重较高，第二产业的比重较低；随着工业化的推进，第一产业比重持续下降，第二产业比重迅速上升，而第三产业比重只是缓慢提高。工业的发展会引起产业结构的迅速变化，这种变化又带动了劳动力就业结构的不断变化，因此，产值结构和劳动力就业结构变动的趋势，反映了工业化不断向前演进的阶段性。

然而，20 世纪 70 年代，一些学者利用库兹涅茨的分析方法，对世界主要工业化国家的产业结构进行了实证研究，但实证研究的结果与库兹涅茨的结论并不相符：这些国家的第一产业，无论是劳动力还是国民收入的相对比重，自 20 世纪 70 年代以来下降的势头都有所减缓；第二产业的相对比重，在 20 世纪 70 年代以后都出现了下降的势头。工业，特别是传统的制造业在国民经济中的作用正在逐步下降，第三产业则显示出了强劲的上升趋势，其比重已占到整个国民经济的一半以上，一个被称为"经济服务化"的时代已经来到。

1.2.3.4　霍夫曼工业结构理论

德国著名经济学家霍夫曼根据对 20 个国家工业内部结构变动的时间序列

研究，第一次明确划分了工业化的阶段，为工业化进程的研究奠定了基础。霍夫曼按照工业产品的用途对工业产业类别进行划分，将生产的75%以上产品为生产资料的工业行业归类于资本资料工业，把生产的75%以上产品为消费资料的工业行业归类于消费资料工业。无法按照这个标准进行归类的行业划入其他产业。据此，霍夫曼通过分析消费资料工业和资本资料工业净产值的比值（霍夫曼比例），并根据不同的比值，对应各国经济发展的不同水平，把工业化的整个过程分为4个阶段（见表1-4）。

表1-4　霍夫曼工业结构4阶段

工业化阶段	霍夫曼比例	阶段特点
第一阶段	5（±1）	消费资料工业占主导地位
第二阶段	2.5（±1）	资本资料工业发展迅速
第三阶段	1（±1）	消费资料工业和资本资料工业比例相当
第四阶段	1以下	资本资料工业占主导地位

由表1-4可以看出，工业化第一阶段，霍夫曼比例最高，意味着消费资料工业占据主要地位，而资本资料工业的地位较低；工业化第二阶段，资本资料工业发展迅速，增长速度大于消费资料工业，资本资料工业地位显著提高，但其地位仍然低于消费资料工业；工业化第三阶段，随着资本资料工业的不断发展，其地位逐渐和消费资料工业的地位趋同；工业化第四阶段，资本资料工业发展逐渐占据主导地位，超越了消费资料工业的发展，工业化程度大大提高。

霍夫曼比例揭示了工业化进程中消费资料工业和资本资料工业结构演变的趋势。与消费资料工业相比，资本资料工业具有资本、技术密集等特点，并且资本资料工业比例的增加显示工业加工程度的进一步深化。霍夫曼比例越低，说明资本资料工业的发展越好，产业结构越高级。因此，霍夫曼比例反映了工业化的进程。

1.2.3.5　罗斯托经济成长阶段理论

美国经济学家罗斯托在《经济增长的阶段》一书中，在总结完成工业化国家经济增长的经验基础上，把国家和区域经济增长分为6个阶段：传统社会阶段、准备起飞阶段、起飞阶段、成熟阶段、大众高额消费阶段、追求生活质量阶段。罗斯托从经济因素及非经济因素对6个阶段的特征进行了阐述。

传统社会阶段，社会的主要产业为农业，制造业生产率水平受到限制。根据罗斯托描述的状况，传统的原始社会、奴隶社会、封建社会统称为传统社会，因此，不将传统社会归入工业化的任何阶段。

准备起飞阶段，现代科学技术知识开始在农业和开采业中使用，投资水平明显超过人口的增长水平。在此阶段，社会经营资本和基础资本积累迅速，为现代工业的发展积累了重要基础。然而准备起飞阶段的主要特征仍然是效率低下的生产方式，农业劳动力比例较高，只是工业化刚刚起步的阶段。

起飞阶段是一个社会历史上有决定意义的时期，罗斯托将起飞看作是一种工业革命，成长成为常态，生产方法、经济和社会结构都将在短期内发生质的变化。在这个阶段，新技术的应用不断增加，生产性投资将达到国民收入的10%以上，一种或者多种制造业成为主导产业，一种有助于保持经济持续成长的政治、社会和制度结构已经存在。起飞阶段结束时农业劳动力份额将下降到40%，这个阶段被划入工业化初期阶段。

成熟阶段，先进的现代化生产技术逐渐用于大部分产业，多数制造业产业逐渐成为社会主导产业，国民收入中有10%~20%用于生产性投资，对外贸易的地位也逐渐增强。成熟阶段的农业劳动力份额从40%下降到20%，这个阶段被界定为工业化的中期阶段。

大众高额消费阶段，人均收入水平有较大提高，此时的社会主导部门为耐用消费品和服务业，劳动力结构发生进一步的改变，大众消费逐渐变得注重服务的水平。这个阶段被界定为工业化后期阶段。

追求生活质量阶段，社会的主导产业已经不是作为有形产品的工业产业，而是提供劳务和改善生活质量的服务业，将不再以有形产品的数量来衡量社会发展，而是以劳务形式反映生活质量的发达程度。这个阶段可以被界定为后工业化阶段。

罗斯托的经济成长阶段理论分析了各个阶段技术水平、投资水平、社会主导产业、劳动力就业等方面的特征，从多个角度对工业化阶段进行分析和划分，对工业化阶段的划分具有重要的借鉴意义。

1.3　工业化阶段判断

经典的工业化理论认为，工业化是指传统农业社会向现代工业社会转变的过程，是一个国家或地区随着工业发展，人均收入、产业结构、就业结构、城市化率等发生连续变化的过程，其中产业结构的转换是工业化推进的核心标志。

改革开放以来，成都工业化速度日益加快，人均收入持续提高，经济结构不断优化，工业化水平一直走在中西部地区前列。本章首先简要介绍了改革开放初期成都工业化的基础与条件，然后运用定量方法对成都工业化进程进行测算及划分，进一步归纳总结了工业化各阶段特征，对近年来成都的新型工业化道路探索进行了分析阐述，最后从总体上对改革开放以来成都的工业化进程作了简要评价。

1.3.1 工业化的条件与基础

工业化的条件与基础是研究成都工业化进程的逻辑起点。本书将工业化的条件与基础分开阐述，工业化条件更倾向于影响工业化的外在因素，如区位条件、自然资源条件、劳动力资源条件、科技资源条件等，而工业化基础通常是指工业化内在特征，主要涉及经济发展水平、产业基础、产业结构等方面。

1.3.1.1 工业化条件

（1）区位条件。

成都是四川省省会、西南地区的中心城市，其区域市场空间广阔，这为改革开放以后市场经济条件下的成都工业化道路创造了优越条件。但由于成都地处内陆，远离沿海或沿边口岸，地域相对封闭，历史上曾有"蜀道难，难于上青天"的说法，这在很大程度上制约了成都工业化道路的外向型经济特征。

（2）自然资源。

自然资源条件是促使一个城市在工业化进程中形成特色产业、优势产业的重要力量。成都地区的农副产品资源和动植物资源较为丰富，具备发展农业、食品加工业和中医药等产业的独特优势。但是，成都的自然矿产资源较少，在工业化推进过程中不可能大规模发展采掘业，同时冶金、石化和其他高能耗产业也必然受到极大约束。但成都作为矿产资源丰富的四川省省会，在一定范围内可以将四川省的资源优势转化为成都自身的资源优势，缓解成都在工业化推进过程中的资源约束矛盾。

（3）劳动力资源。

成都平原地处亚热带湿润气候带，江河水系纵横，自古素有"天府之国"之美誉，劳动力资源非常丰富。成都作为西南地区的政治、经济、文化中心，对劳动力资源的吸引力较大，尤其是对高素质劳动力具有较强集聚力，一方面为成都改革开放后工业化进程中发展劳动密集型产业提供了支撑，另一方面，也为成都向技术密集型产业转型升级创造了条件。

（4）科技资源。

改革开放之初，成都高等院校、应用科研机构数量已初具规模，成为西南地区高等院校、科研院所最集中的城市之一。1949—1978 年，特别是"一五""二五"和"三线"建设时期，在布局电子、机械等一大批拥有先进技术设备和高水平技术队伍的工业项目的同时，中国科学院成都分院和国家各部委所属的一批专业科研所也在成都组建，聚集了大批科技人才，形成了较为明显的技术优势和人才优势，为改革开放后快速推进成都工业化进程奠定了基础，尤其是为 20 世纪 90 年代后成都高新技术产业的崛起提供了条件。

1.3.1.2　工业化基础

（1）经济发展水平。

近代以来，由于自然、地理、人文等诸多因素的影响，成都的工业发展一直非常滞后。1949 年，成都还是一个典型的传统内陆消费城市，近代工业几近于无。经过新中国成立后 30 年左右的大力建设，成都国民经济总量大幅度增加，到 1978 年，全市 GDP 达到 35.9 亿元，发展指数为 543.2（1949 年为100）；人均 GDP 也有了质的飞跃，由 1949 年的 80 元提高到 1978 年的 448 元，大大夯实了工业化基础。

（2）产业基础。

两千多年来，成都借都江堰水利工程之利，平原肥沃土地实现自流灌溉，农业生产条件优越，农产品结构丰富多样，是全国粮食主产区、油菜籽生产基地、全国蔬菜副食品供应基地，这为成都推进工业化进程提供了优越条件。在工业领域，经过"一五""二五"和"三线建设"时期发展，成都逐步确立起以重工业为主、门类较为多样的具有一定生产水平的工业体系，成为我国西南地区的重要国防工业和科研基地。同时，与之相配套的航空、铁路等交通运输和通信事业也相应得到发展，经济实力大为增强。至改革开放初期，成都已经形成了一定的产业基础和经济实力，成为西部新兴工业城市之一和国家重要的工业生产基地，为之后工业化的加速发展打下了基础。1978 年，成都的第一、第二、第三产业的产值分别达到 11.5 亿元、17 亿元和 7.5 亿元，比例为 31.8∶47.2∶21.0。

（3）产业结构。

根据一般工业化的规律，工业化第一阶段往往是以轻纺工业为先导产业和支柱产业，到第二阶段才进入重工业，然而成都工业化最初走上了一条重工业优先发展的道路，其原因主要是成都工业的起步开始于国家的巨大投入，重工业优先发展是服从国家对工业总体布局的需要，是以指令性计划手段进行资源配置，嵌入式工业发展模式导致了成都工业化起步时期出现明显的重型化倾向。1949 年，成都工业总产值 9 733 万元中，轻工业占 8 272 万元，重工业仅有 1 461 万元，轻重工业比为 5.7∶1。经过 30 年的发展，到 1978 年，成都工业总产值 430 284 万元中，轻工业 188 732 万元，重工业 241 552 万元，轻重工业比为 1∶1.3。

1.3.2 工业化进程阶段划分

1.3.2.1 工业化进程划分指标与研究路径

衡量一个国家或地区的工业化水平，一般可以从经济发展、产业结构、空间结构和就业结构等方面来进行。考虑到指标的代表性、可行性及可比性，本书选择了以下指标来构造地区工业化水平的评价体系：经济发展水平方面选择人均 GDP 为基本指标；产业结构方面，选择第一、第二、第三产业产值比为基本指标；空间结构方面，选择人口城市化为基本指标；就业结构方面，选择第一产业就业占比为基本指标。然后，主要参照钱纳里等的划分方法，将工业化过程大体划分为前工业化阶段、工业化初期阶段、工业化中期阶段、工业化后期阶段和后工业化阶段，再结合相关理论研究和国际经验估计确定了工业化不同阶段的标志值（见表 1-5）。

表 1-5　工业化不同阶段的标志值　　　　单位：美元

基本指标		前工业化阶段	工业化实现阶段			后工业化阶段
			工业化初期	工业化中期	工业化后期	
人均GDP（经济发展水平）	1964 年	101~200	201~400	401~800	801~1 500	1 500 以上
	1995 年	611~1 220	1 221~2 430	2 431~4 870	4 871~9 120	9 120 以上
	2000 年	661~1 320	1 321~2 640	2 641~5 280	5 281~9 910	9 910 以上
	2002 年	681~1 360	1 361~2 730	2 731~5 460	5 461~10 200	10 200 以上
	2004 年	721~1 440	1 441~2 880	2 881~5 760	5 761~10 810	10 810 以上
	2005 年	745~1 490	1 491~2 980	2 981~5 960	5 961~11 170	11 170 以上
	2009 年	810~1 620	1 620~3 240	3 240~6 480	6 481~12 142	12 142 以上
三次产业产值结构（产业结构）		$A>I$	$A>20\%$，且 $A<I$	$A<20\%$，且 $I>S$	$A<10\%$，且 $I>S$	$A<10\%$，且 $I<S$
人口城市化率（空间结构）		30% 以下	30%~50%	51%~60%	61%~75%	75% 以上
第一产业就业人员占比（就业结构）		60% 以上	46%~60%	31%~45%	11%~30%	10% 以下

注：1964 年与 1996 年的换算因子为 6.2，系郭克莎（2004）计算；1996 年与 1995 年、2000 年、2002 年、2005 年的换算因子分别为 0.981、1.065、1.097、1.202，系陈佳贵等人根据美国经济研究局（BEA）提供的美国实际 GDP 数据推算；2009 年的换算因子为 1.087，系作者根据美国经济研究局（BEA）提供的美国实际 GDP 数据推算；A、I、S 分代表第一、第二和第三产业增加值在 GDP 中所占的比重。

根据表1-5衡量工业化水平的指标体系和相应的标志值，我们选用指标含义清晰、综合解释能力强的传统评价法（加法合成法）来构造反映一国或者地区工业化水平（或进程）的综合指数 K。

$$K = \sum_{i=1}^{n} \lambda_i W_i \qquad (1-1)$$

式中，K 为国家或者地区工业化水平的综合评价值；λ_i 为第 i 个指标的评价值，n 为评价指标的个数（$n=5$）；W_i 为各评价指标的权重。

具体的研究路径如下：第一，搜集数据，即搜集评价指标体系中各指标的具体数值，并对其进行整理，统一口径；第二，确定阶段性阈值，并用层次分析法计算出各个指标的权重；第三，对选定的指标进行指标同向性和无量纲处理，得出各指标的评价值；第四，用加权合成法对各指标的评价值进行综合，得出1978—2016年成都市工业化进程综合评价值，并根据综合评价值赋予其相应的工业化阶段。

1.3.2.2 阶段性阈值及权重确定

（1）阶段性阈值。

为了准确反应工业化各个阶段的特征，本书选择阶段性阈值法进行指标的无量纲化。阶段性阈值法的具体实施过程如下。

①首先确定某一年成都市某一指标所处的工业化阶段。

②如果该指标实际值处于第1阶段，则最后得分为0（从该指标来看，该地区还未进入工业化阶段）。

③如果该指标实际值处于第5阶段，则最后得分为100（从该指标来看，该地区已进入后工业化阶段）。

④如果该指标处于第2、3、4阶段，则最后得分=阶段基础值（分别为0、33、66）+［（实际值-该阶段最小临界值）/（该阶段最大临界值-该阶段最小临界值）］×33。

阶段性阈值法的公式如下：

$$\begin{cases} \lambda_{ik} = 0, \ (j_k = 1) \\ \lambda_{ik} = (j_{ik} - 1) \times 33 + \left[(X_{ij} - \min_{ij})/(\max_{ij} - \min_{ij}) \right] \times 33, \ (j_{ik} = 2, \ 3, \ 4) \\ \lambda_{ik} = 100, \ (j_{ik} = 5) \end{cases}$$

式中，i 代表第 i 个指标，k 代表第 k 年指标，λ_{ik} 为 i 指标 k 年的评测值（$\lambda_{ik} \in [0, 100]$），$j_{ik}$ 为 i 指标 k 年所处的阶段（$k=1, 2, \cdots, 5$）。如果 $j_{ik}=1$，则 $\lambda_{ik}=0$（即 i 指标 k 年还处于前工业化阶段）；如果 $j_{ik}=5$，则 $\lambda_{ik}=100$（即 i 指标 k 年已经进入后工业化阶段），X_{ik} 为 i 指标 k 年的实际值，$\max_{ij}$ 为 i 指标在 j

阶段的最大参考值，$\min_{ij}$ 为 i 指标在 j 阶段的最小参考值。

（2）权重确定。

指标权重的确定是评价成都工业化发展水平的一项重要内容，权重确定的科学、客观与否，将直接影响最终的综合评价值。本书采用层次分析法（AHP）确定各评价指标的相应权重，参考专家的意见构造出各指标的比较判断矩阵，并应用 MathPro 软件进行权重处理，处理结果见表1-6。

表1-6 工业化各指标判断矩阵

指标名称	人均 GDP	产业产值结构	城镇化率	就业结构	单排序权值
人均 GDP	1	2	3	4	0.467 3
产业产值结构	1/2	1	2	3	0.277 2
城镇化率	1/3	1/2	1	2	0.160 1
就业结构	1/4	1/3	1/2	1	0.095 4

注：以 I 代表纵向指标，J 代表横向指标，如果 I 与 J 同等重要，标度值为1；I 比 J 稍重要，标度值为3；I 比 J 相当重要，标度值为5；I 比 J 非常重要，标度值为7；I 比 J 极端重要，标度值为9；重要性在上述表述之间，标度值分别为2、4、6、8；两元素相比，若前者对后者取上述值，则后者对前者取其倒数。

判断矩阵的一致性检验：

最大特征值：Lambder（max）= 4.031 0E+00

一致性指标：CI = 1.032 9E-02

平均随机一致性指标：RI = 8.931 0E-01

一致性比例：CR = 1.156 5E-02

该矩阵的最大特征根为 4.031 0，相对一致性指标 CR = CI/RI<0.1。通过逻辑一致性检验，各个指标相应的权重如表1-6所示，人均 GDP 约为 46%，产业产值结构约为 28%，城镇化率约为 16%，就业结构占比约为 10%，也就是说，对衡量工业化发展水平而言，人均 GDP 的重要性>产业产值结构的重要性>城镇化率的重要性>就业结构的重要性。

1.3.3 数据处理及划分结果

为确保历年数据的可比性和研究的延续性，对不能直接获取的个别指标的部分年份数据，笔者将参考相关研究成果，对其进行修正或用相邻年份数据进行修正替代。另外，如何将人均 GDP 换算为美元，学术界仍存在争议，目前比较通用的换算方法有汇率法、购买力平价法（PPP）、大国贸易法、汇率-平价法等，上述方法各有利弊。考虑到数据的可获得性，笔者选择汇率-平价法对改革开放以来成都市历年人均 GDP 进行折算。再者，关于城市化率的测算存在城镇人口占总人口比重和非农业人口占总人口比重两种统计和计算方法，出于可比性和延续性的考虑，我们用非农人口的占比来计算城镇化率。表 1-7 为 1978—2016 年成都市工业化进程原始数据。

表 1-7　1978—2016 年成都市工业化进程原始数据

年份	人均 GDP /元	人民币对美元汇率	按当年价和汇率折算 /美元	一二三产业产值比/%			非农业人口比重/%	一二三产业就业比/%		
				一	二	三		一	二	三
1978 年	449	1.745 5	257	31.8	47.2	21.0	22.3	63.4	16.2	20.4
1979 年	510	1.745 5	292	30.6	47.4	22.0	23.0	63.3	16.2	20.5
1980 年	565	1.745 5	324	27.2	49.7	23.1	23.3	63.3	16.1	20.6
1981 年	592	1.745 5	339	26.6	48.8	24.6	23.7	63.3	16.5	20.2
1982 年	661	1.922 7	344	29.4	48.4	22.2	24.2	63.9	17.1	19.0
1983 年	742	1.980 9	375	27.6	50.3	22.1	24.6	64.2	17.6	18.2
1984 年	836	2.575 5	325	26.6	48.3	25.1	26.4	59.1	22.5	18.4
1985 年	1 008	3.201 5	315	24.2	48.6	27.2	27.2	55.5	26.7	17.8
1986 年	1 092	3.722 1	293	23.7	46.1	30.2	26.0	54.7	25.7	19.5
1987 年	1 315	3.722 1	353	23.6	44.6	31.8	26.3	54.8	25.7	19.5
1988 年	1 641	3.722 1	441	22.0	46.9	31.1	26.7	53.4	26.2	20.4
1989 年	1 814	4.722 1	384	21.0	45.2	33.8	27.0	53.8	26.1	20.1
1990 年	2 123	5.222 1	407	20.9	39.7	39.4	27.3	53.5	25.9	20.6
1991 年	2 520	5.434 2	464	17.8	37.8	44.4	27.6	52.4	26.4	21.2
1992 年	3 138	5.751 8	546	15.5	37.2	47.3	28.5	51.2	26.7	22.1
1993 年	4 125	5.800 0	711	13.9	38.6	47.5	29.2	50.7	25.4	23.9
1994 年	5 319	8.446 2	630	14.7	39.2	46.1	30.3	47.8	28.5	23.7
1995 年	6 700	8.317 4	806	14.5	38.0	47.5	31.0	47.0	29.9	23.1
1996 年	7 911	8.298 4	953	13.6	37.7	48.7	31.6	45.2	29.3	25.5
1997 年	8 888	8.279 6	1 073	12.4	37.1	50.5	32.2	44.4	29.1	26.5
1998 年	9 686	8.278 7	1 170	11.6	36.9	51.5	32.8	45.0	27.7	27.3
1999 年	10 446	8.279 3	1 262	10.7	36.8	52.5	33.5	43.6	26.2	30.2
2000 年	11 471	8.278 1	1 386	10.1	36.5	53.4	34.1	44.9	26.5	28.6
2001 年	13 004	8.276 6	1 571	9.0	37.1	53.9	34.8	41.9	25.7	32.4

表1-7(续)

年份	人均GDP/元	人民币对美元汇率	按当年价和汇率折算/美元	一二三产业产值比/%			非农业人口比重/%	一二三产业就业比/%		
				一	二	三		一	二	三
2002年	14 536	8.277 3	1 756	8.4	37.5	54.0	35.6	39.6	27.1	33.3
2003年	16 454	8.276 7	1 988	8.0	38.3	53.7	37.0	37.2	28.1	34.7
2004年	19 307	8.276 5	2 333	8.3	39.7	52.0	42.8	34.9	29.9	35.2
2005年	22 139	8.070 2	2 743	7.7	42.4	49.9	50.3	32.3	30.8	36.9
2006年	25 171	7.808 7	3 223	7.1	44.0	48.9	51.8	29.5	30.7	39.8
2007年	30 006	7.304 6	4 108	7.1	45.2	47.7	53.5	26.1	30.6	43.3
2008年	34 873	6.834 6	5 141	6.9	46.6	46.5	54.4	24.6	30.5	44.9
2009年	39 765	6.828 2	5 824	5.9	44.5	49.6	55.2	22.3	31.9	45.8
2010年	48 511	6.622 7	7 237	5.1	44.7	50.2	56.6	20.3	33.2	46.5
2011年	60 117	6.300 9	9 235	4.7	45.2	50.1	60.7	18.7	34.6	46.7
2012年	69 664	6.285 5	10 534	4.3	46.2	49.5	61.1	17.9	34.7	47.4
2013年	77 150	6.096 9	11 836	3.9	45.9	50.2	61.3	16.8	35.2	33.8
2014年	83 849	6.119 0	12 591	3.6	44.8	51.6	62.4	16.5	33.8	49.7
2015年	88 578	6.493 6	12 399	3.9	43.7	52.8	67.5	16.4	34.3	49.3
2016年	87 693	6.937 0	11 346	3.9	42.7	53.4	56.1	16.1	32.8	51.1

注：①人均GDP、一二三产业产值比、非农业人口比重、一二三产业就业比数据均来自《成都统计年鉴》；②因为未查到1978年至1980年人民币对美元的汇率，为保证评价结果的连续性，此处我们用1981年的汇率水平（1美元=1.745 5元人民币）来替代；③人民币对美元汇率（年末价、年末中间价）来自《中国对外经济统计年鉴》；④2002—2016年人民币汇率来自中国人民银行网站。

根据上述综合评价方法，可以分别计算出成都市历年各项指标的工业化评价得分和综合指数，进一步判断历年所处的工业化阶段。表1-8为1978—2016年成都市各项指标的工业化评价得分、综合指数及其所处阶段。我们用"一""二""三""四""五"依次分别表示前工业化阶段、工业化初期阶段、工业化中期阶段、工业化后期阶段和后工业化阶段，"Ⅰ"和"Ⅱ"分别表示某阶段的前半阶段（综合指数值未超过该阶段的中间值）和后半阶段（综合指数值超过该阶段的中间值），比如"二（Ⅰ）"的综合指数K∈（0，16.5），表示该年份成都市工业化进程处于工业化初期的前半阶段。

表 1-8　1978—2016 年成都市各项指标的工业化评价得分、综合指数及阶段判断

年份	人均 GDP/元		一二三产业产值比		非农业人口比重		一二三产业就业比		综合指数	工业化阶段
1978 年	—	0.0	二	20.0	—	0.0	—	0.0	5.5	二（Ⅰ）
1979 年	—	0.0	二	21.3	—	0.0	—	0.0	5.9	二（Ⅰ）
1980 年	—	0.0	二	25.1	—	0.0	—	0.0	7.0	二（Ⅰ）
1981 年	—	0.0	二	25.7	—	0.0	—	0.0	7.1	二（Ⅰ）
1982 年	—	0.0	二	22.7	—	0.0	—	0.0	6.3	二（Ⅰ）
1983 年	—	0.0	二	24.6	—	0.0	—	0.0	6.8	二（Ⅰ）
1984 年	—	0.0	二	25.7	—	0.0	二	2.0	7.3	二（Ⅰ）
1985 年	—	0.0	二	28.4	—	0.0	二	9.9	8.8	二（Ⅰ）
1986 年	—	0.0	二	28.9	—	0.0	二	11.7	9.1	二（Ⅰ）
1987 年	—	0.0	二	29.0	—	0.0	二	11.4	9.1	二（Ⅰ）
1988 年	—	0.0	二	30.8	—	0.0	二	14.5	9.9	二（Ⅰ）
1989 年	—	0.0	二	31.9	—	0.0	二	13.6	10.1	二（Ⅰ）
1990 年	—	0.0	二	32.0	—	0.0	二	14.3	10.2	二（Ⅰ）
1991 年	—	0.0	三	36.6	—	0.0	二	16.7	11.7	二（Ⅰ）
1992 年	—	0.0	三	40.4	—	0.0	二	19.4	13.1	二（Ⅰ）
1993 年	—	0.0	三	43.1	—	0.0	二	20.5	13.9	二（Ⅰ）
1994 年	—	0.0	三	41.7	二	0.5	二	26.8	14.2	二（Ⅰ）
1995 年	—	0.0	三	42.1	二	1.6	二	28.6	14.6	二（Ⅰ）
1996 年	—	0.0	三	43.6	二	2.7	二	32.6	15.6	二（Ⅰ）
1997 年	—	0.0	三	45.5	二	3.6	二	34.3	16.5	二（Ⅱ）
1998 年	—	0.0	三	46.9	二	4.7	二	33.0	16.9	二（Ⅱ）
1999 年	—	0.0	三	48.3	二	5.8	三	36.1	17.8	二（Ⅱ）
2000 年	二	1.6	三	49.3	二	6.8	三	33.2	18.7	二（Ⅱ）
2001 年	二	5.7	五	100	二	7.9	三	39.8	35.4	三（Ⅰ）
2002 年	二	9.5	五	100	二	9.2	三	44.9	37.9	三（Ⅰ）
2003 年	二	13.9	五	100	二	11.5	三	50.2	40.8	三（Ⅰ）
2004 年	二	20.5	五	100	二	21.1	三	55.2	45.9	三（Ⅰ）

表1-8(续)

年份	人均GDP/元		一二三产业产值比		非农业人口比重		一二三产业就业比		综合指数	工业化阶段
2005年	二	27.8	五	100	三	33.9	三	60.9	51.9	三（Ⅱ）
2006年	三	34.5	五	100	三	38.9	四	66.8	56.5	三（Ⅱ）
2007年	三	42.6	五	100	三	46.2	四	72.4	61.7	三（Ⅱ）
2008年	三	52.4	四	98.9	三	47.5	四	74.9	66.6	四（Ⅰ）
2009年	三	59.3	五	100	三	50.2	四	78.7	71.0	四（Ⅰ）
2010年	四	70.0	五	100	三	54.8	四	82.0	77.2	四（Ⅰ）
2011年	四	82.1	五	100	四	67.5	四	84.6	85.0	四（Ⅱ）
2012年	四	89.6	五	100	四	68.4	四	86.0	88.8	四（Ⅱ）
2013年	四	97.2	五	100	四	68.9	四	87.8	92.6	四（Ⅱ）
2014年	五	100	五	100	四	71.3	四	88.3	94.3	四（Ⅱ）
2015年	五	100	五	100	四	82.5	四	88.4	96.1	四（Ⅱ）
2016年	四	94.4	五	100	三	53.1	四	88.9	88.8	四（Ⅱ）

注：由于用人均GDP判断工业化进程时，表中仅计算了部分年份人民币对美元的换算因子，而本文原则上需要改革开放以来历年的换算因子，从实际计算结果看，成都是从2000年开始进入工业化初期阶段的，根据前面假设，不需要2000年以前的换算因子（前工业化阶段综合指数均为0），只需要补齐2000—2007所缺年份数据。由于从2000年以来中美经济总体上均处于相对稳定发展，为简化过程，2001年、2003年的换算因子我们将分别用2000年和2002年的中间值、2002年和2004年的中间值替代，而2006年和2007年由于人民币汇率升值较快，我们在前几年已有数据基础上进行趋势外推，并进行适当调高相关数据得到2006年和2007年的换算因子。采用这种方法，可能会带来一定的误差，但我们认为这不会对整个判断结果产生重大影响。

将表1-8中的综合指数转化为趋势图，可以更直观地观察成都市工业化进程的变动情况，见图1-1。由图1-1可以看出，改革开放40年来，成都市工业化进程实现了从工业化初期阶段向工业化后期阶段的跨越，1978—2000年完成了工业化初期的后半阶段，2001—2004年完成了工业化中期的前半阶段，2005—2007年完成了工业化中期的后半阶段，2008—2010年完成了工业化后期的前半阶段，从2011年至今处于工业化后期的后半段，并朝着后工业化阶段迈进。

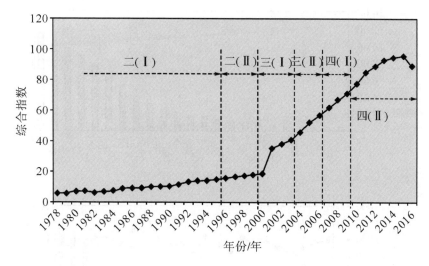

图 1-1　1978—2016 年成都市工业化综合指数及阶段判断

1.3.4　工业化各阶段特征

1.3.4.1　改革开放后的工业化初期阶段（1978—2000 年）

通过对成都市整个工业化历程的考察可以发现，成都从 1958 年开始进入工业初期阶段，一直到 2000 年才完成工业化初期阶段，整个工业化初期阶段历时较长。由于本书主要考察改革开放以后的工业化历程，而且关于改革开放前的工业化特征在 1.1 已做了简要阐述，因此本节主要对成都改革开放后的工业化初期阶段（1978—2000 年）的特征进行评价。

（1）工业化进程不断提速，但总体水平仍显滞后。

党的十一届三中全会上，国家确定将工作的重心转移到经济建设上来，由此成都市的工农业生产、科教文化以及其他社会事业逐步得到恢复和发展，工业化进程开始提速。到 2000 年，成都市 GDP 达到 1 156.8 亿元，是 1978 年的 32 倍；人均 GDP 达到 11 471 元，是 1978 年的 25 倍；工业总产值由 1978 年的 43.0 亿元增长至 2000 年的 1 408.3 亿元，年均增长速度达到 17%。从综合指数分析，改革开放以来，一直到 2000 年工业化初期阶段结束，22 年间成都市工业化综合指数绝对值上升了 13.2，年均提高 0.6，相对于 1958—1978 年的工业化速度（年均提高 0.28）明显加快。1978—2000 年成都市人均 GDP 与工业发展情况见图 1-2。

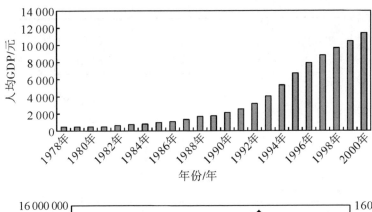

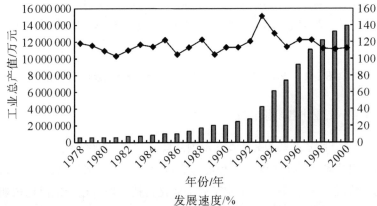

图 1-2　1978—2000 年成都人均 GDP 与工业发展情况

从横向来看，2000 年成都市已经完成了工业化初期阶段，工业化整体进程虽然明显高于全国平均水平、四川省及重庆市。但与其他国家中心城市比较，成都工业化进程仍显滞后。2000 年，北京、上海已经进入工业化后期的前半阶段，广州、天津处于工业化中期的后半段，杭州、武汉、西安和郑州均处于工业化中期的前半阶段，而全国平均水平、四川省及重庆市均处于工业化初期的前半阶段。2000 年，全国及部分省市工业化各分项指标原始数据见表 1-9。2000 年，全国及部分省市工业化各项指标评价得分、综合指数及阶段判断见表 1-10。

表 1-9　2000 年全国及部分省市工业化各分项指标原始数据

城市	人均 GDP /美元	一二三产业产值比/%			非农业 人口比重 /%	一二三产业就业比/%		
		一产	二产	三产		一产	二产	三产
上海	3 584	1.6	46.3	52.1	74.6	10.8	44.3	44.9

表1-9(续)

城市	人均GDP/美元	一二三产业产值比/%			非农业人口比重/%	一二三产业就业比/%		
		一产	二产	三产		一产	二产	三产
广州	3 096	3.8	41.0	55.2	62.8	19.0	40.1	40.9
杭州	2 699	7.5	51.3	41.2	36.5	28.8	35.2	36.0
武汉	1 822	6.7	44.2	49.1	35.3	21.9	35.6	42.5
重庆	678	17.8	38.9	43.3	21.4	55.5	17.3	27.2
成都	1 386	10.1	36.5	53.4	34.1	44.9	26.5	28.6
四川	599	24.1	36.5	39.4	18.6	56.7	18.7	24.6
全国	949	15.1	45.9	39.0	36.2	50.0	22.5	27.5

表1-10 2000年全国及部分省市工业化各项指标评价得分、综合指数及阶段判断

城市	人均GDP/美元		一二三产业产值比/%		非农业人口比重/%		一二三产业就业比/%		综合指数	工业化阶段
上海	三	44.8	五	100.0	四	98.1	四	97.7	73.7	四(Ⅰ)
广州	三	38.7	五	100.0	四	72.2	四	84.2	65.4	三(Ⅱ)
杭州	三	33.7	四	74.3	二	10.7	四	68.0	44.5	三(Ⅰ)
武汉	二	12.6	五	100.0	二	8.7	四	79.4	42.6	三(Ⅰ)
重庆	一	0.0	三	36.6	一	0.0	二	9.9	11.1	二(Ⅰ)
成都	二	1.7	三	49.3	二	6.8	三	33.2	18.7	二(Ⅱ)
四川	一	0.0	二	28.5	一	0.0	二	7.3	8.6	二(Ⅰ)
全国	一	0.0	三	41.1	二	10.2	二	22.0	15.1	二(Ⅰ)

（2）由单一的国有经济向国有与非国有经济共同发展转变。

20世纪80年代乡镇企业的迅速发展，打破了"国有经济一统天下"的局面。到1993年，我国社会主义市场经济体制确立，国家经济体制改革委员会将成都列为全国新一轮综合配套改革、率先建立社会主义市场经济体制试点城市，改革进入了加快推行"两个根本性转变"的新阶段。这一阶段以坚持建立现代企业制度的改革方向，推进和深化国有企业改革，并坚持以公有制经济为主体，多种所有制经济共同发展的方针，调整和改善所有制结构，对个体私营经济采取"四不限"政策，即不限制发展比例、发展速度、经营方式、经营规模的政策，大力扶持个体经济和外资经济，这使得成都非国有经济，特别是私营和"三资"工业发展很快。在全市工业经济类型结构中，个体私营经济所占比例由 1978 年的 0.7% 上升到 2000 年的 44.4%；"三资"经济也从无到有，在工业经济中所占比例由 1990 年 0.4% 提高到 2000 年的 8.1%。2000 年，成都市民营经济占 GDP 比重达到 37.8%。民营经济已经成为改革开放后成都工业化的重要推动力量。

（3）由单一的城市工业化向城市与农村工业化并存转变。

改革开放初期，成都的工业化仍属于计划经济时期的工业化，工业化路径与我国其他地区基本相似，即以计划经济体制为核心，以国家力量为推手，工业化与国民经济计划有机结合，形成以城市工业为中心，以政府力量为主导的一元工业化路径。随着我国体制改革的不断突破，1984 年，成都被国务院列为全国综合体制改革试点，但农民进城后的就业和生活条件仍有很大困难，迫使农民只能在农村发展工业，从而促进了 20 世纪 80 年代农村工业化的异军突起，乡镇企业得以迅速发展。但由于产业准入制度、融资制度等方面的限制，农业工业化被挤压在狭小的空间中，成都工业化由此形成了城市工业化与农村工业化并存的二元工业化格局。

（4）产业结构不断调整优化。

重工农业、轻服务业的传统经济增长模式得到校正。改革开放之初，成都的产业结构以工农业为主，1978 年第一、第二、第三产业占 GDP 比重为31.8：47.2：21.0。成都作为西部特大中心城市，第一产业比重接近 1/3 的产业结构显然不合理。对此，1992 年成都市委市政府出台了《关于加快发展第三产业的决定》，明确重点发展第三产业和具有先导性的产业，提出"优先发展投资少、收效快、效益好、就业容量大、与促进工农业生产和人民生活关系密切的行业；优先发展与振兴地方经济和科技进步相关的新兴产业；优先发展对国民经济发展具有全局性、先导性作用的行业"。此后，成都市的服务业快速发展起来，1991 年，服务业增加值达到 103.4 亿元，占 GDP 比重为 44.4%，首次超过第二产业，逐渐成为成都市的第一大产业。到 2000 年，第一、第二、第三产业占 GDP 比重调整为 9.8：44.7：45.5，服务业比重快速提高，第一产业比例显著降低。同时，三次产业就业结构也由 1978 年的 61.3：16.2：20.4，调整为 2000 年的 26.1：30.6：43.4。成都重工农业、轻服务业的传统经济增长模式得到改变，三次产业结构的合理化程度大幅提高。图 1-3 为 1978 年和2000 年成都市产业结构和就业结构对比图。

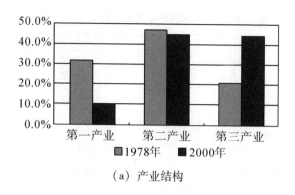

（a）产业结构

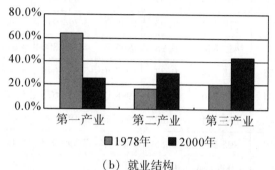

（b）就业结构

图1-3 1978年与2000年成都市产业结构和就业结构对比图

　　轻工业快速发展，工业结构轻型化趋势明显。改革开放以后，为了解决因长期推行重工业化战略而导致的轻重工业比例失调问题，国家对轻工业给予一定的政策优惠，实行原材料、燃料、电力供应优先，挖潜革新、改革措施优先，基本建设优先，银行贷款优先，使用外汇和改造技术优先，交通运输优先等"六优先"，加之在市场需求的引导下，纺织工业、造纸工业、食品工业、民用电子工业重点投资得到优先发展。1978年成都轻工业产值占工业总产值的43.9%，1981年迅速提高到54.6%。1982—1992年，轻工业产值比重有所回落，但也在46%左右徘徊。从1993年开始，成都轻工业产值占工业总产值的比重又开始迅速上升，到2000年，达到54.4%，接近1981年的历史最高水平。从增长速度上看，成都轻工业在1978—2000年平均增长速度为17.4%，同期重工业为16.5%。由此可以看出，改革开放后成都工业结构具有明显的轻型化趋势。之所以出现这种特殊的演变模式，究其原因，是由中国所选择的优先发展重工业为特色的工业化道路决定的。1978—2000年成都轻重工业比重变迁见表1-11。

表 1-11 1978—2000 年成都轻重工业比重变迁

年份	轻工业总产值/万元	重工业总产值/万元	霍夫曼比例	年份	轻工业总产值/万元	重工业总产值/万元	霍夫曼比例
1978 年	188 732	241 552	0.78	1990 年	933 052	1 079 745	0.86
1979 年	216 728	277 991	0.78	1991 年	1 144 504	1 283 563	0.89
1980 年	257 049	286 966	0.90	1992 年	1 231 252	1 505 103	0.82
1981 年	309 338	257 580	1.20	1993 年	1 847 910	2 370 681	0.78
1982 年	326 386	304 433	1.07	1994 年	2 951 811	3 170 449	0.93
1983 年	371 491	370 772	1.00	1995 年	3 704 971	3 683 499	1.01
1984 年	404 430	412 840	0.98	1996 年	4 748 800	4 619 735	1.03
1985 年	454 658	518 914	0.88	1997 年	5 830 648	5 186 135	1.12
1986 年	481 704	555 846	0.87	1998 年	6 617 075	5 578 625	1.19
1987 年	590 742	665 211	0.89	1999 年	7 181 699	6 026 328	1.19
1988 年	775 519	905 536	0.86	2000 年	7 599 043	6 483 575	1.17
1989 年	931 092	1 008 684	0.92				

服务业得到较快发展，但仍以传统服务业为主。改革开放以后，服务业的发展逐步得到重视，尤其是在 1992 年南方谈话及 1993 年党的十四届三中全会确立我国社会主义经济体制以后，成都提出并实施了一系列重大战略举措，出台了《关于加快发展第三产业的决定》，明确重点发展第三产业和具有先导性产业，由此成都服务业发展进入快车道。到 2000 年，成都第三产业增加值达到 618.3 亿元，是 1978 年 7.5 亿元的 82 倍。但从服务业内部结构看，传统服务业仍是服务业的主力，2000 年，"交通运输、仓储和邮政业""批发和零售业""住宿和餐饮业"等传统服务业占服务业比重仍达到 64.6%。

（5）开发区成为推进工业化的新载体。

改革开放后，成都工业区建设在工业全面大发展的前提下，又有了质的飞跃，出现了一种新型的工业区发展模式——开发区。开发区建设是改革开放后的新生事物，最初是 1980 年国家在深圳建立的经济特区，通过引进国外资金和管理经验，进行基础设施建设，发展外向型经济，取得了巨大成功。成都借鉴深圳特区的成功经验，于 1990 年建立了第一个开发区——成都高新技术产业开发区。随后，成都又陆续建立了一批不同规模、不同级别、不同类型的开发区，到 1994 年达到 56 个（后经筛选确定为 14 个）。其中列入全市一级和二级目标管理的有成都高新技术产业开发区、成都海峡两岸科技产业开发区、成都经济技术开发区、西南航空经济开发区、新都卫星城工业区、都江堰工业开发区和四川中美（外）中小企业发展园区，合计规划面积 100 多平方千米。开发区对内、对外产生了强大的吸引力和辐射力，成为 20 世纪 90 年代推进成都工业化进程的重要载体。

1.3.4.2 工业化中期阶段（2001—2007 年）

（1）工业化速度进一步加快。

进入新世纪，成都积极走新型工业化道路，大力推进城乡一体化战略，加上 1999 年开始实施的西部大开发战略成效显现，成都经济实现了快速发展，综合实力大幅提升，工业化进程进一步加快。2007 全市 GDP 超过 3 324.4 亿元，按可比价格比 2000 年增长 116%；第一、第二、第三产业分别实现增加值 236 亿元、1 504 亿元和 1 585 亿元，三次产业比例由 2000 年的 10.1∶36.5∶53.4 调整为 7.1∶45.2∶47.7，人均 GDP 达到 30 006 元，接近 2000 年的 3 倍。从工业化综合指数绝对值上看，成都进入工业化中期后的综合指数攀升速度进一步加快的趋势明显，由 2001 年的 35.4 上升到 2007 年的 61.7，年均上涨了 3.7，远快于 1978—2000 年年均 0.6 的上涨速度。

从横向看，与 2000 年相似，2007 年成都与全国及部分省市的工业化进程排序没有大的变动，成都的工业化进程仍不及上海、北京、广州、杭州、武汉等城市，但要快于西安、重庆、四川和全国。表 1-12 为 2007 年全国及部分省市工业化各项指标原始数据。表 1-13 为 2007 年全国及部分省市工业化各项指标评价得分、综合指数及阶段判断。

表 1-12　2007 年全国及部分省市工业化各项指标原始数据

城市	人均GDP/美元	三产产值比/%			非农业人口比重/%	三产就业比/%		
		一产	二产	三产		一产	二产	三产
上海	9 086	0.8	46.6	52.6	86.8	5.9	37.7	56.4
广州	9 831	2.1	39.5	58.4	89.8	12.4	39.7	47.9
杭州	7 200	4.0	50.2	45.8	48.2	15.7	46.0	38.3
武汉	4 860	4.1	45.8	50.1	63.6	18.8	33.1	48.1
重庆	2 007	11.7	45.9	42.4	27.1	46.5	20.1	33.4
成都	4 108	7.1	45.2	47.7	53.5	26.1	30.6	43.3

表1-12（续）

城市	人均GDP/美元	三产产值比/%			非农业人口比重/%	三产就业比/%		
		一产	二产	三产		一产	二产	三产
四川	1 765	19.3	44.2	36.5	24.3	47.9	22.5	29.6
全国	2 592	11.3	48.6	40.1	44.9	40.8	26.8	32.4

表1-13　2007年全国及部分省市工业化各项指标评价得分、综合指数及阶段判断

城市	人均GDP/美元		三产产值比/%		非农业人口比重		三产就业比/%		综合指数	工业化阶段
上海	四	80.1	五	100.0	五	100.0	五	100.0	90.7	四（Ⅱ）
广州	四	84.0	五	100.0	五	100.0	四	95.0	92.1	四（Ⅱ）
杭州	四	70.4	四	85.8	二	30.0	四	89.6	70.0	四（Ⅰ）
武汉	三	50.4	五	100.0	四	73.9	四	84.5	71.2	四（Ⅰ）
重庆	二	8.7	三	46.7	一	0.0	二	29.7	19.8	二（Ⅰ）
成都	三	42.6	五	100.0	三	44.6	四	72.4	61.7	三（Ⅱ）
四川	二	3.6	三	34.2	一	0.0	二	26.6	13.7	二（Ⅰ）
全国	二	20.8	三	47.4	二	24.6	三	42.2	30.8	二（Ⅱ）

（2）传统工业化道路开始向新型工业化道路转型。

党的十六大报告指出："坚持以信息化带动工业化，以工业化促进信息化，走出一条科技含量高、经济效益好、资源消耗低、环境污染少、人力资源优势得到充分发挥的新型工业化道路。"成都市确立了走新型工业化道路、实现工业新跨越的发展思路，开始了工业新跨越的探索与实践，成都工业经济进入由传统工业化向新型工业化道路转型的关键时期。

首先，高新技术产业快速发展。这一时期，成都高科技行动计划开始推进，数字成都、电子政务等信息化建设加快，实施了一大批国家、省、市重点科技项目，建设了高新技术产业公共技术服务平台、中医药现代化基地、国家软件产业基地（成都）。以高新技术改造创投产业，更新改造投资从2001年的65.9亿元提高到2007年的5 076.5亿元，2007年科技进步对经济增长的贡献率达到36.8%。

其次，成都工业经济效益得到较大提高。2007年成都市全部独立核算工业企业综合经济效益指数达到214.8，在全国大中城市居前列，相比2000年的

103.1 有较大幅度提高，利税达到 306.7 亿元，是 2000 年的 39 倍，销售收入在 500 万元以上的企业亏损面仅为 19.2%，比 2000 年下降 19 个百分点。

最后，成都市单位资源消耗逐渐降低，环境污染不断减少。2007 年成都市万元工业增加值能耗下降到 1.63 吨标准煤，单位工业增加值废水配方量和用电量均有较大程度降低，2007 年，单位工业增加值废水排放量仅为 0.002 万吨，为 2000 年的 1/5，单位工业增加值用电量为 0.074 万千瓦时，仅为 2000 年的一半左右。

（3）现代服务业得到初步发展。

进入 21 世纪以后，成都服务业持续快速发展，2001—2007 年服务业增加值年均增速达到 11.9%。从服务业内部结构来看，一个显著的特征是现代服务业得到初步发展，现代服务业产业体系初步形成。2007 年，服务业增加值前 6 个行业分别是批发和零售业，房地产业，交通运输、仓储和邮政业，金融业，住宿和餐饮业，信息传输、计算机服务和软件业，这 6 个行业增加值占全市服务业增加值的 65.8%。全市 14 个大类服务业中，现代服务业增加值比重继续提升，由 2000 年 35.4% 上升到 38.4%，提高了 3 个百分点。从优势行业看，成都的住宿餐饮业、文化娱乐业、信息服务业、科技服务业、水利环境和公共设施管理业、居民服务业等行业发展较好，在直辖市和副省级城市中优势明显，软件产业已形成一定优势，2007 年内全市软件产业累计实现营业收入 310 亿元，同比增长 50.3%，四川省软件产业指标在全国排名由 2006 年的第 11 位上升至第 7 位。旅游业发展良好，2006 年，成都被评为中国首批最佳旅游城市。成都金融业在西部地区又一直保持领先地位，是西部金融机构种类最全、数量最多的城市，这些优势行业为成都市服务业构建现代服务体系奠定了良好的基础。

（4）重大产业化项目推动工业化特征明显。

2002—2007 年，全市先后通过"项目年""产业年""三年突破年"等狠抓产业化工业建设。全市累计推进投资额 2 亿元以上重大产业化项目上百个，总投资额超过千亿元，其中投资额 10 亿元以上的项目 13 个、5 亿元以上的项目 25 个，丰田"霸道"越野车、攀成钢 φ340 连轧管机组、成都卷烟厂、英特尔芯片封装测试一期、联邦制药等项目竣工投产，中芯国际封装测试、友尼森封装测试、成芯半导体、成都一汽搬迁改造、攀成钢 40 万吨镀锌板、四川亚东水泥、金堂电厂等项目加快建设，80 万吨乙烯项目已奠基。依托这些重大产业化项目的示范带动作用，成都形成了一系列具有特色的优势产业集群，如高新区依托英特尔、中芯国际等项目的示范带动作用，集成电路设计与制造产业已在全国具有较强竞争力；依托天威能源、四川阿波罗太阳能等项目，光伏产业集群已经初步形成；围绕 80 万吨乙烯项目和 1 000 万吨炼油项目，形成了新津精细化工产业园。依托重大产业化项目推动工业化，是成都进入工业化中期阶段后工业化进程中的又一个重要特征。

（5）新一轮产业转移为工业化提供了机遇。

由于企业经营成本控制要求及市场扩张的需要，进入 21 世纪以后，全球掀起了新一轮的产业转移浪潮，形成了发达国家向发展中国家转移，发达地区向欠发达地区转移的多梯度转移趋势。自 1999 年开始实施的西部大开发战略，成为西部地区承接国内外产业转移的重要推动力。据统计，实施西部大开发战略以来，沿海地区约有 1 万多家企业到西部投资创业，投资总规模达 3 000 多亿元，仅浙江省在中西部地区的投资就已达 1 800 亿元。成都作为中国西部地区重要的中心城市，是国家西部大开发战略的支撑点和重要的依托基地。成都紧紧抓住历史机遇，相继引进了英特尔、摩托罗拉、花旗银行、全球游戏联盟、中芯国际、华为、腾讯等国内外知名企业，大大促进了产业结构的升级，推动了工业化进程。

1.3.4.3 工业化后期阶段（2008 年至今）

（1）工业化进程逐步放缓。

2008 年以后，随着全球经济危机爆发和我国经济进入新常态等宏观环境的变化，成都工业化速度明显放缓。从工业化综合指数绝对值上看，成都进入工业化后期后半段的攀升速度明显放缓，由 2008 年的 66.6 上升到 2016 年的 88.8，年均上涨了 2.5，低于 2001—2007 年 3.7 的平均上涨速度。特别是工业化后期的后半段，用时 6 年，与完成工业化初期后半段、工业化中期前半段、工业化中期后半段以及工业化后期前半段所用的 4 年、4 年、3 年、3 年时间相比明显变长。"十二五"期间，成都工业化速度明显放缓，成都经济增速自 2014 年开始从以前的高于 10% 下降到保持在 8% 左右，经济社会发展进入了"新常态"。2016 年 5 月 16 日，简阳市正式由成都市代管，使得 2016 年成都的人均 GDP、城镇化率出现回落，2016 年的工业化综合指数与 2012 年持平，可以推断，今后一段时间内，成都将在加快区协调发展进程中继续处于工业化后期发展阶段。从横向来看，北京、上海等城市已率先进入后工业化阶段，广州、天津、杭州等城市工业化进程仍快于成都，但成都的工业化进程超过全国和四川。

（2）8 大特色优势产业确立主体地位。

成都市借助承接世界制造业布局调整和我国东部区域产业转移的契机，形成了电子信息、机械、汽车、石油化工、食品饮料及烟草、冶金、建材、轻工业8大特色优势产业。到2017年，8大特色优势产业主营业务收入（规模以上企业）占全市主营业务收入的88.9%，利税总额占84.7%，利润总额占80.3%，成为成都市工业发展的主力军。特色优势产业内部结构也不断优化，高新技术产业规模不断扩大，主营业务收入由2008年的792.1亿元增长至2017年的3 217.7亿元，占全市规模以上工业比重从2008年的21.4%提升到2017年的26.3%，成为国家重要的高新技术产业基地。2008—2017年成都GDP及增速见图1-4。

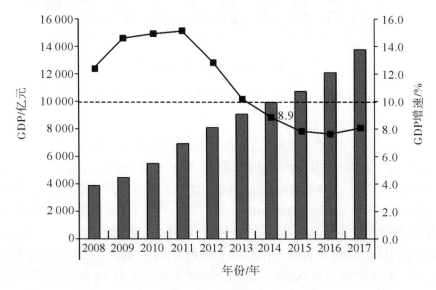

图1-4　2008—2017年成都GDP及增速

（3）生产性服务业发展不断加快。

随着工业化进程的推进，社会对直接或间接为工业生产过程提供中间服务的服务性产业需求逐渐扩大。从服务业内部结构看，生产性服务业占比稳步上升，由2008年的41.5%上升至2016年的49.8%，与生活性服务业平分秋色。生产性服务业包含的行业中，金融业所占比重上升最快，由2008年11.0%的上升至2016年的21.7%，成为服务业发展的支柱产业。其次分别是交通运输业、仓储和邮政业、租赁和商务服务业、信息传输业、计算机服务和软件业、地质勘查业。随着生产性服务业的不断壮大，其占全社会从业人员数量的比例也在不断上升。生产性服务业从业人员从2008年的70.4万人增加至2016年的148.2万人，每年平均增加8.6万人。生产性服务业的发展，为激发内需潜力，增加就业岗位，持续改善人民生活，引领产业向价值链高端提升提供了重要支撑。2008—2016年成都服务业内部结构变动见图1-5。

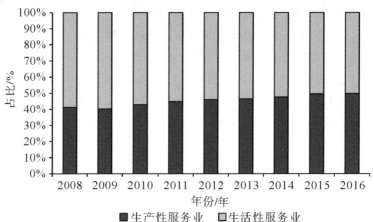

图1-5 2008—2016年成都服务业内部结构变动

（4）大中小企业竞相发展。

党的十八届三中全会提出"使市场在资源配置中起决定性作用和更好发挥政府作用"，随着经济体制改革向纵深推进，各类市场主体活力被充分激发，成都形成了大、中、小企业竞相发展的局面。规模以上工业大型企业数量占比虽然只是从2008年的0.65%上升至2016年的3.19%，但是工业总产值占比由2008年的13.7扩大到2016年的42.8%，大企业已成为产业发展的绝对主力，大企业的数量和规模都在不断提升。小型企业仍占绝大多数，数量占比虽由2008年的90.4%下降至2016年的78.9%，但是工业总产值仍占据31.6%的份额。可以看出，成都企业由充满活力的中小企业主导，转变为小企业"铺天盖地"、大企业"顶天立地"的发展格局，产业的整合能力和影响力也随之提升。2008年和2016年成都市大、中、小型工业企业总产值占比情况见图1-6。

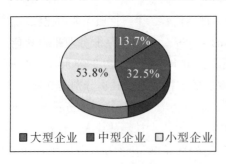

（a）2008年

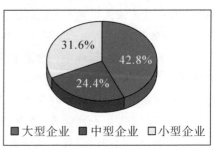

（b）2016年

图1-6 2008年和2016年成都市大中小型工业企业总产值占比情况

1.4 工业化评价

1978 年以来，成都在工业化领域取得了巨大成就，经济总量实现快速增长、产业结构由传统向现代转型、发展方式由粗放型向集约型转变、工业化进程由初中期向后期迈进。应该说，当前成都的工业化道路已经由原来的传统工业化道路开始向新型工业化道路转变，但离真正走新型工业化道路、实现工业的全面现代化，仍然任重而道远。

本节在前面详细论述的基础上，再进一步从宏观层面对前面内容进行概要性总结，并对存在的主要问题作简要评述。

（1）总体进程：历时较长、先慢后快。从主要发达国家工业化历程看，英国、法国、美国、德国、日本等先行工业化国家的工业化历程均长达一百年左右，而后起的新兴工业化国家的工业化历程一般要比先行工业化国家短。如亚洲四小龙之一的韩国，其工业化从 20 世纪 60 年代初开始，到 20 世纪 90 年代中期基本完成，整个工业化历程仅花了 30 多年时间。新中国成立前，成都处于前工业化时期，一直到 20 世纪 50 年代末期开始进入工业化初期。由于受"大跃进""文化大革命"及由发展重工业开始起步的特殊工业化道路的影响，成都到 20 世纪末才基本完成工业化初期阶段，整个工业化初期阶段就经历了 40 多年，相比韩国 30 多年的工业化历程，成都工业化进程明显偏慢。但纵向看，成都工业化进程先慢后快、逐步提速的趋势明显，仅用了 7 年时间就迈过了工业化中期，这主要有两个方面的作用：一是由发展重工业开始起步的特殊工业化道路为工业化中后期快速推进奠定坚实基础；二是西部大开发、统筹城乡等国家战略在成都的深入实践，大大加快了工业化进程。成都从 2008 年开始进入工业后期，目前已处于工业化后期向后工业化时期跨越的节点上。2016 年成都市代管简阳市，使得成都工业化进程整体放缓，但考虑到西部大开发深入推进、天府新区加快建设，预计在未来 5~8 年，成都将完成整个工业化阶段。

（2）发展路径：嵌入式特征显著。由于经济发展背景与初始条件不同，世界各国和地区工业化道路的模式也有差异，如英国和美国的内生型工业化、韩国与我国珠三角地区的出口导向型工业化等。成都由于地处西南内陆，既不靠海也不沿江、沿边，在对外开放方面处于天然劣势，新中国成立前一直是个典型的消费型城市，工业化基础非常薄弱，但也正是基于这种天然劣势的区位条件，成都工业化走出了一条具有自身特色的不平凡的发展道路，即通过国家在"一五""二五"以及"三线"建设时期一大批重大项目的布局，以重工业的直接嵌入作为成都工业化道路的起点，奠定了成都工业乃至整个国民经济的发展基础，这深刻影响着成都的整个工业化历程，不管是主导产业还是空间布局的形成，均带有鲜明的嵌入式特征。这种通过国家行政指令或招商引资直接植入对本地区影响重大的外部资源，是工业化落后地区加快经济发展的一种重要模式，有利于区域经济在短时期内做大规模，实现快速增长。同时，这种与传统的"轻工业—重工业—服务业"的工业化道路不同的发展路径，在初期因为产业结构不合理导致工业化进程发展缓慢的同时，也因为工业化起步较高，在经济发展到一定程度后，尤其是到了工业化中后期工业化进程将会不断提速，后劲充足，对推进区域工业化进程具有重要意义。但从目前成都实际情况来看，这种模式也存在一些问题，由于植入的企业与本土企业在产业链对接、技术标准、产品标准等方面存在较大差异，往往难以与本土企业形成良好的互动发展局面。一方面，外来企业难以获取本土配套资源；另一方面，本土企业难以适应外来企业产业链分工体系，如近十多年来高速发展的汽车产业本地配套率尚不足30%，远低于上海、长春、重庆等城市。如何更加有效促进植入资源与本地资源的衔接、融合、互动，成为下一阶段成都发展新型工业化道路亟待解决的重大课题。

（3）产业结构：构建现代化产业体系任重道远。成都作为一个西部中心城市，产业结构向服务化、技术化发展是客观要求和必然趋势。改革开放以来，成都产业结构得到了优化调整，重工农业、轻服务业的传统经济增长模式得到校正，轻工业得到补充性发展，现代服务业得到初步发展，产业结构开始由传统向现代转变。但从近些年的实际情况看，成都工业发展速度远超服务业发展速度，工业增加值占GDP比重由2002年的28.5%增长到2007年的35.3%、再到2017年37.6%，一共提高了9个百分点。另外，在工业内部结构中，重型化趋势又非常明显，霍夫曼比例由2004年的0.61下降到2016年的0.35，这对成都的资源环境承载力提出了更大的挑战；在服务业内部结构中，金融、物流等现代服务业核心领域在国内外均未有足够话语权和影响力，现代服务业比例仍然偏小，服务业发展层次仍然较低，与国家服务业核心城市的远景目标存在较大差距，要建立起符合成都实际的现代化产业体系任重道远。

（4）动力因素：主导力量逐步由投资向创新驱动转变。改革开放以来，成都经济增长的技术贡献率不断提高，资本贡献率总体上呈倒"U"形趋势，从 20 世纪 90 年代后期至新世纪初达到最高值，随后在近些年呈下降趋势，说明资本投入对经济增长的推动力有所减弱。根据 1996—2016 年相关数据测算，成都资本、劳动力及技术进步的贡献率分别为 41.05%、11.68%、47.27%，到 2016 年全市技术进步贡献率更是达到了 63.4%，高出全国平均水平（2017 年为 57.5%）约 6 个百分点，技术进步的贡献率已经超过资本对经济增长的贡献率。但总体来看，成都经济仍处于"高技术贡献、低技术水平"的低层级发展阶段，尚未出现在全国、全球拥有绝对话语权和影响力的技术和产品，而且缺乏可预期的明星潜力企业。2018 年 3 月，科技部发布的《2017 年中国独角兽企业发展报告》列出的 164 家独角兽企业中，成都仅新潮传媒一家企业上榜。因此，如何在进一步提升技术进步贡献率指标水平的基础上，全面提升技术水平和技术能力，并有效转化为产业优势，着力打造"高技术贡献、高技术水平"的经济动力增长格局，势在必行。

（5）企业层面：所有制结构与产业组织结构不断优化调整，但工业化微观基础仍然不强。改革开放以来，成都市工业化微观基础发生了一系列重大变化，最为显著的是企业所有制性质由单一的国有企业逐步向国有、私营、合营、股份制等多种所有制转变，2007 年民营经济（个体、私营经济与外商、港澳台经济）占 GDP 比重达到 50.9%，首次超过公有制经济比重，为工业化进程注入了巨大活力。同时，产业组织结构也发生了重大变化，改革开放初期成都市产业组织结构主要由数量少而规模相对较大的企业构成，到了 20 世纪 90 年代初期，乡镇企业异军突起，在带来经济活力的同时大大降低了整个产业集中度。进入 21 世纪后，以攀成钢为代表，成都企业掀起了一股兼并重组热潮，企业规模迅速扩张。但从横向看，成都市仍然缺乏大企业、大集团和具有国际竞争力的行业龙头企业。按企业总部所在地区统计（包括央企和省属企业），成都市入围"2017 中国企业 500 强"的企业数量为 10 家，与深圳（28 家）、杭州（21 家）差距较大；从企业规模看，目前成都规模最大的企业为新希望集团，2017 年营业收入为 685.6 亿元，与深圳、杭州营业收入超过 1 000 亿元企业就达到 10 家、4 家的差距非常明显。总体而言，成都工业化的微观基础仍然薄弱，尤其是具有市场话语权和影响力的本地企业严重不足，企业竞争力不强，这成为阻碍成都快速推进新型工业化的重要环节。

（6）发展趋势：复合型工业化。传统工业化理论普遍认为，进入工业化后期也意味着即将摆脱要素驱动、资源环境消耗的工业化发展道路，进入以服务型经济为主的后工业化阶段。但是进入 21 世纪以来，新一轮科技革命和产业变革孕育兴起，信息技术、生物技术、新材料技术、新能源技术的发展不断颠覆已有的生产发展方式，变革工业化传统路径，工业呈现出绿色、智能的特征，工业化发展不断焕发新的生命力。从实践来看，一些已经进入后工业化发展阶段的发达国家，在经历了全球金融危机后意识到以现代金融为主的后工业化经济体系对抗经济风险的脆弱性，为此主要发达国家相继提出制造业回归、"工业4.0"计划、"社会5.0"等战略，以推动国家的再工业化进程。由此，我们可以判断，未来一段时期内虽然成都在人均GDP等传统工业化判断指标上将呈现后工业化阶段特征，但成都不太可能直接进入以服务型经济为主导的后工业化阶段，而先进制造业与现代服务业依然将在很长一段时期内成为成都工业化进程的"双引擎"，成都总体上将在很长一段时间内处于既有传统工业化后期特征又有后工业化特征的复合型工业化阶段。

2 新型工业化

2.1 新型工业化研究评述

2002 年，党的十六大报告首次提出"实现工业化仍然是我国现代化进程中艰巨的历史性任务，信息化是我国加快实现工业化和现代化的必然选择。坚持以信息化带动工业化，以工业化促进信息化，走出一条科技含量高、经济效益好、资源消耗低、环境污染少、人力资源优势得到充分发挥的新型工业化路子"。这一论断是"新型工业化"的初始表述，是党中央在全面总结我国工业化历史经验，深刻洞察信息技术迅猛发展趋势的基础上，在我国进入全面建设小康社会、加快推进社会主义现代化的新的发展阶段做出的重大战略决策①。

随后，国内学者对"新型工业化"进行了广泛深入的研究。耿修林（2012）在"新型工业化"概念提出 10 年后总结了学术界的研究情况，"新型工业化"大致可以分为 4 个阶段：第一阶段侧重于研究新型工业化的范畴及其基本特征；第二阶段主要集中在新型工业化水平评价和测度研究方面；第三阶段聚焦于新型工业化专门化和实证研究；第四阶段主要以"两化融合"即工业化与信息化之间的融合为研究重点②。随着国家新的战略调整，新型工业化的研究范畴也进一步拓展。"十二五"时期，学术界开始转向开展新型工业化与新型城镇化协同发展研究。2016 年，国家提出"把生态文明建设融入经济、政治、文化、社会建设各方面和全过程，协同推进新型工业化、城镇化、信息化、农业现代化和绿色化"，随后一批学者专门就"五化协同"开展研究。当然，这些研究并不完全按照时间顺序展开，不少研究都是交替进行的。笔者从以上方面对国内"新型工业化"相关研究做简要综述。

---

① 唐兵. 新型工业化道路：中国现代化必由之路 [J]. 学理论，2003（4）：16-17.
② 耿修林. 近年来我国新型工业化进程的测评与分析 [J]. 中国科技论坛，2012（9）：53-58.

2.1.1 新型工业化的内涵及特征

2.1.1.1 新型工业化的内涵

从现有文献看，关于新型工业化内涵的研究，主要是基于党的十六大报告提出的"坚持以信息化带动工业化，以工业化促进信息化，走出一条科技含量高、经济效益好、资源消耗低、环境污染少、人力资源优势得到充分发挥的新型工业化路子"进行阐述。江小涓（2003）认为新型工业化道路，就是一条信息化、工业化、城镇化相辅相成，充分利用国内国际两种资源、两个市场，既高速增长又不大量消耗资源和污染环境，既优化产业结构又扩大就业，速度与效益相结合的工业化道路[①]。崔向阳（2003）将新型工业化概括为"一个核心、五个要求"，"一个核心"是可持续发展，"五个要求"是市场化、信息化、城市化、国际化和绿色化，要通过妥善处理工业化的关系，实现经济的可持续发展。张海静（2003）认为，新型工业化内涵丰富，至少包括3个方面的内容，即新型工业化道路的最重要特点和实现方式是信息化，以信息化带动工业化，以工业化促进信息化；新型工业化道路的基本标志和最终目标是走出一条科技含量高、经济效益好、资源消耗低、环境污染少、人力资源优势得到充分发挥的新型工业化路子；新型工业化道路的可靠根基和支撑力量是科教兴国战略和可持续发展战略。孙孝科（2003）认为："新型工业化既指一种科技含量高、经济效益好、资源消耗低、环境污染少、人力资源优势得到充分发挥的工业化，又指一种虽以信息化带动但却支持信息化和工业化相互融合与协调发展的工业化，同时更指一种在新的历史条件下体现时代特征与符合中国国情的具有过渡特征的工业化。"

此外，部分学者还从工业化与信息化之间的关系、新型工业化与传统工业化之间的区别等角度对新型工业化道路的内涵进行了界定。侯彦峰（2013）从世界工业化的进程视角，提出中国新型工业化道路是以信息化带动工业化、工业化促进信息化、实现跨越式发展的工业化，是集约型、内涵式发展的工业化，是同可持续发展战略相结合的工业化，是充分发挥人力资源优势的工业化。韩斌（2014）认为新型工业化的内涵集中体现在新型工业化与信息化、新型工业化与产业结构调整、新型工业化与人力资源开发、新型工业化与城市化以及新型工业化与可持续发展5个方面的关系上[②]。

---

① 江小涓. 新型工业化：全面实现小康社会的必由之路 [J]. 哈尔滨商业大学学报（社会科学版），2003（2）：3-5.

② 韩斌. 我国新型工业化的特征和实现路径 [J]. 市场经济与价格，2014（7）：28-30.

2.1.1.2 新型工业化特征

新型工业化是相对传统工业化提出的概念，两者均属于工业化范畴，因此新型工业化应该具有一般意义的工业化特征。与新型工业化内涵的研究类似，学术界关于新型工业化特征的研究，也基本是基于党的十六大报告提出的新型工业化道路表述，从不同角度对其进行阐述。李江、赵秀芳（2006）认为新型工业化具有以信息产业为主导的独有特征、"二元化"向同质的"一元化"收敛的产业结构特征、可持续利用的资源特征、经济周期性波动的"软着陆"的增长特征①。韩斌（2014）认为与发达国家的工业化相比，中国的新型工业化是以信息化带动的跨越式的工业化，以可持续发展为基础，以充分就业为先导，以政府为主导；与中国传统工业化相比，中国的新型工业化是以完成工业化任务和实现工业现代化为双重目标，强调市场机制的作用，突出集约型经济增长方式和对外开放②。张哲思（2015）认为新型工业化的"新"特征包括信息化和工业化同时进行，重视可持续发展问题，通过建立一个具有统一性、开放性，竞争有序的市场体系来推进工业化进程，充分利用市场机制进行间接调节。

2.1.2 新型工业化水平评价和测度研究

自 2002 年国家提出新型工业化概念以来，关于新型工业化水平评价和测度方面的研究，持续成为学者们研究的重点。张克俊等（2004）认为新型工业化的标准的指标评价体系由两部分构成，一是反映一般意义上工业化特征的指标体系，二是反映工业化是"新型"的指标体系。其中人均 GDP 指标、产业结构指标、劳动力结构指标主要作为衡量工业化水平的指标，信息化程度指标、科技创新与进步指标、经济效益指标、资源消耗指标、环境污染指标、人力资源利用指标主要反映工业化之所以是"新型"的指标③。任方才、陈元江等（2005）认为新型工业化指标应同时反映工业化进程和增长质量。汪晓昀、吴纪宁（2006）认为可持续发展原则是进行新型工业化测度时不能忽视的，应该从工业化水平、工业化质量和工业化协调性与可持续性 3 个方面构建评价指标体系。李同宁（2006）认为充分体现经济增长方式的转变是评价监测新

---

① 李江. 赵秀芳. 论"新型工业化"的特征 [J]. 河北师范大学学报（哲学社会科学版），2006（6）：32-37.

② 同①：54-57.

③ 张克俊，曾科. 新型工业化标准与评价指标体系研究 [J]. 中国科技论坛，2004（6）：125-127.

型工业化进程时应当首要考虑的因素。谢春、李健（2011）系统构建了由经济发展、创新环境、技术进步、结构变动、综合效益、资源利用、绿色制造和人力资源 8 大类、37 个指标组成的中国特色新型工业化评价指标体系①。耿修林（2012）从推进新型工业化的投入情况、推进新兴产业工业化的过程强度以及新型工业化实际带来的成果 3 个模块设置新型工业化进程综合评价体系②。这些研究成果有一个共同点，那就是均是以党的十六大报告对新型工业化道路的界定为基础，从不同角度设置相应评价指标体系对国家或某个区域（省、区、市）进行新型工业化水平的评价和测度，评价指标体系虽有差异，但在测评方法上基本类似。

2.1.3 新型工业化实现路径和发展模式研究

从现有文献看，关于新型工业化实现路径、道路、模式等方面的研究，应该说是自党的十六大报告提出新型工业化概念后最为活跃的研究领域，也是目前研究成果最为丰富的领域之一。一是从涉及经济发展的重点领域提出相应推进路径。如李海舰（2003）提出从所有制结构、经济运行方式、工业与国民经济其他部门关系、信息技术改造传统产业、企业生产组织的社会化、工业可持续发展、发展科技与教育、利用国际国内两个市场 8 个方面推进新型工业化道路③。二是从新型工业化原始表述中抽离出相关战略，以此来推进新型工业化发展。如任保平（2003）提出在我国新型工业化的实现过程中，要实施以信息化带动工业化的战略创新、可持续发展的战略创新、科教兴国和以自主创新为主的科技战略创新，以及人力资源开发战略的创新④。黄泰岩（2003）认为在新型工业化道路的政策安排上，最核心的是实施科教兴国战略、信息化带动工业化战略和可持续发展战略 3 大战略⑤。三是围绕新型工业化基本特征开展工业转型升级、制度安排等方面的研究。如张培刚等（2007）认为，走新型工业化道路必须以增强自主创新能力为核心，提高工业结构优化升级的效率⑥。翟书斌（2005）认为中国推进新型工业化，最为关键的是构建新型工业

① 谢春，李健. 中国特色新型工业化评价指标体系构建及实证分析 [J]. 系统工程，2011（3）：74-80.
② 耿修林. 近年来我国新型工业化进程的测评与分析 [J]. 中国科技论坛，2012（9）：53-58.
③ 李海舰. 论新型工业化的道路 [J]. 中国工业经济，2003（1）：56-62.
④ 任保平. 新型工业化：中国经济发展战略的创新 [J]. 经济学家，2003（3）：4-11.
⑤ 黄泰岩. 我国新型工业化的道路选择 [J]. 中国特色社会主义研究，2003（1）：35-41.
⑥ 张培刚，张建华，罗勇，等. 新型工业化道路的工业结构优化升级研究 [J]. 华中科技大学学报（社会科学版），2007（2）：82-88.

化战略所必需的有效的制度安排，并从企业制度、融资制度、就业制度、技术创新制度等方面做了相关探讨①。朱南、刘一（2009）基于生态经济效率视角，对中国31个省、自治区和直辖市（不含港澳台地区，下同）的新型工业发展模式进行实证分析，并划分出各地区在新型工业化发展进程中的4种新型工业发展模式②。

2.1.4　工业化和信息化融合的研究

工业化与信息化融合，一直是近些年来的研究重点领域。从现有研究文献看，关于工业化和信息化融合的研究，成果非常丰富，在知网搜索栏输入"工业化和信息化融合"关键词，搜索出1 400余篇学术成果，发表时间从2000年开始，主要集中在2007年及以后。其研究方向包括：①工业化和信息化融合的内涵、特征和机理。如童有好（2008）认为信息化与工业化融合主要包括发展战略的融合，信息资源与材料能源等工业资源的融合，虚拟经济与工业实体经济融合，信息技术与工业技术、IT设备与工业装备的融合③。②信息化与工业化融合的评价指标和方法的探讨。如龚炳铮（2008）从信息化与工业化融合广度、信息化与工业化融合深度、信息化与工业化融合效果3个维度设计评价指标体系，并采用综合分析评价法来最终评价信息化和工业化的融合水平④。③工业化和信息化融合的实证研究。如谢康等（2012）构建了完全竞争和不完全竞争条件下的工业化与信息化融合模型，并运用随机前沿分析方法，以2000—2009年中国31个省、自治区和直辖市面板数据对中国工业化与信息化的融合质量进行了深入探讨⑤。王晰巍（2009）⑥、许轶旻（2012）⑦、张戈（2011）⑧等学者也从不同角度对工业化和信息化融合进行了实证研究。

①　翟书斌. 中国新型工业化路径选择与制度创新 [D]. 武汉：华中科技大学，2005.

②　朱南，刘一. 中国地区新型工业化发展模式与路径选择 [J]. 数量经济技术经济研究，2009（5）：3-16，106.

③　童有好. 信息化与工业化融合的内涵、层次和方向 [J]. 信息技术与标准化，2008（7）：4-6.

④　龚炳铮. 信息化与工业化融合的评价指标和方法的探讨 [J]. 中国信息界，2008（8）：52-56.

⑤　谢康，肖静华，周先波，等. 中国工业化与信息化融合质量：理论与实证 [J]. 经济研究，2012（1）：4-16，30.

⑥　王晰巍，靖继鹏，杨晔. 信息化与工业化融合的基本理论及实证研究 [J]. 情报科学，2009（11）：1649-1653，1683.

⑦　许轶旻，孙建军. 江苏省企业信息化与工业化融合影响因素及实证研究 [J]. 情报杂志，2012（5）：134-138，165.

⑧　张戈，王洪海，朱婧. 企业信息化与工业化融合影响因素实证研究——基于山东省调查数据的结构方程模型分析 [J]. 工业技术经济，2011（9）：13-18.

④信息化和工业化融合的路径、模式研究。如葛继平等（2010）提出信息化与装备制造业产业价值链各环节融合等融合路径①。荣宏庆（2013）②、胥军（2008）③ 等学者也对信息化和工业化融合的路径、模式提出相应建议。

2.1.5　新型工业化与新型城镇化协同发展研究

自 2008 年中国新型城镇化研究开始兴起，关于新型工业化与新型城镇化协同发展方面的研究一直是学术界关注的重要内容之一。冉启秀等（2008）以重庆市全国统筹城乡综合配套改革试验区为例，实证研究发现，重庆市及其各个区县工业化和城镇化发展不协调，并指出新型工业化和新型城镇化协调发展是统筹城乡发展，实现变农民为市民、缩小城乡差距的关键④。费志荣（2011）指出西部地区城镇化与工业化发展缺乏有效协调，提出要科学把握城镇化与工业化的互动关系、统筹进行城镇化与工业化规划、推进城镇化与工业化协同发展⑤。郭丽娟（2013）基于新型工业化与新型城镇化协调发展的内涵，突出"新型"和"互动"，构建了新型工业化与新型城镇化协调发展综合评价模型，并以四川省为例进行实证分析⑥。高志刚（2015）在阐释新型工业化与新型城镇化协调发展的内在机理的基础上，构建了两者协调发展评价指标体系，测算了新疆 2000—2012 年新型工业化与城镇化综合发展水平⑦。余川江（2018）提出新发展理念下新型工业化与新型城镇化同步发展的理论机理，并基于进度、方式、目的 3 个维度设立新型工业化与新型城镇化同步发展的评价体系⑧。总体来看，关于新型工业化与新型城镇化协同发展的研究成果并不丰富，研究主要集中在两者协同发展的重要性以及协同发展水平评价方面，而对协同发展的对策建议方面的研究成果相对较少。

---

① 葛继平，林莉，黄明. 信息化提升中国装备制造业国际竞争力的机理与路径研究 [J]. 工业技术经济，2010（6）：43-46.

② 荣宏庆. 新型工业化与信息化深度融合路径探讨 [J]. 社会科学家，2013（7）：73-76.

③ 胥军. 中国信息化与工业化融合发展的影响因素及策略研究 [D]. 武汉：华中科技大学，2008.

④ 冉启秀，周兵. 新型工业化和新型城镇化协调发展研究——基于重庆市全国统筹城乡综合配套改革试验区的实证 [J]. 重庆工商大学学报：西部论坛，2008（2）：39-45.

⑤ 费志荣. 西部地区新型城镇化与新型工业化协调发展的思考 [J]. 中国浦东干部学院学报，2011（5）：126-128.

⑥ 郭丽娟. 新型工业化与新型城镇化协调发展评价 [J]. 统计与决策，2013（11）：64-67.

⑦ 高志刚. 新型工业化与新型城镇化耦合协调发展的机理与测度分析：以新疆为例 [J]. 中国科技论坛，2015（9）：13-18.

⑧ 余川江. 新发展理念下新型工业化与新型城镇化同步发展的理论机理及评价体系研究 [J]. 中国经贸导刊，2018（26）：101-104.

2.1.6 "四化"同步和"五化"协同研究

党的十八大报告首次提出要"坚持走中国特色新型工业化、信息化、城镇化、农业现代化道路，推动信息化和工业化深度融合、工业化和城镇化良性互动、城镇化和农业现代化相互协调，促进工业化、信息化、城镇化、农业现代化同步发展"。由此，学术界关于"四化"同步的相关研究逐渐成为一个新的研究领域。现有研究主要集中在以下3个方面：

（1）关于"四化"同步的内涵阐释和推进路径的研究。如李二超、韩洁（2013）认为"四化"同步的核心是"四化"发展的全面、协调和可持续，应以推进工农协调化发展、实现城乡一体化发展、促进区域协同化发展为战略途径，重点从城乡产权制度、城乡公共服务制度、投入体制、科技体制等方面进行制度创新①。徐晓军（2015）② 等也对"四化"同步的推进路径做了相应研究。

（2）关于"四化"同步发展水平的评价分析和实证研究。如刘文耀等（2014）在分析"四化"同步理论内涵及本质特征的基础上，提出加快建立健全评价衡量"四化"同步发展的6个指标体系③。熊巍（2014）④、阮家港（2016）⑤、郭俊华（2017）⑥、张鸿（2015）⑦ 等在阐述"四化"同步发展概念内涵基础上，构建相应的指标体系或评价模型，对全国各省市或某一个区域（省、区、市）的"四化"同步发展水平进行了实证分析。

（3）基于"四化"同步背景下开展某一领域的研究。如洪银兴（2015）认为目前落后的农业是我国"四化"同步的短板，提出在农业中引入现代生产要素是发展现代农业的基本途径⑧。冯献等（2014）认为农业现代化是"四

---

① 李二超，韩洁."四化"同步发展的内在机理、战略途径与制度创新 [J]. 改革，2013（7）：152–159.

② 徐晓军."四化同步"发展新型城镇化：主要困境及推进路径 [J]. 江汉大学学报（社会科学版），2015（1）：13–19.

③ 刘文耀，蔡焘."四化同步"的本质特征和指标构建 [J]. 改革，2014（8）：65–71.

④ 熊巍，祁春节. 湖北省"四化"同步发展水平评价与对策研究 [J]. 科技进步与对策，2014（9）：130–135.

⑤ 阮家港."四化"同步发展水平动态评价研究：基于时序全局主成分分析方法 [J]. 西南交通大学学报（社会科学版），2016（3）：51–57.

⑥ 郭俊华，许佳瑜. 工业化、信息化、城镇化、农业现代化"四化"同步协调发展测度与对策研究：以陕西为例 [J]. 西北大学学报（哲学社会科学版），2017（4）：32–39.

⑦ 张鸿，范阳梓，关启轩. 区域"四化"同步发展水平评价 [J]. 西安邮电大学学报，2015（4）：84–91.

⑧ 洪银兴. 以三农现代化补"四化"同步的短板 [J]. 经济学动态，2015（2）：4–11.

化"同步发展的关键，要坚持用新型工业化的理念推进农业产业化，用新型城镇化的理念推进城乡一体化，用现代信息化的理念推进农业技术创新，同时用农业现代化的理念推进农业农村改革①。姜玉砚（2016）从"四化"同步发展的分析出发，研究了中国经济发展进程中的产城融合问题②。

"五化"协同首次提出是在 2015 年 3 月 24 日中共中央政治局审议通过的《关于加快推进生态文明建设的意见》中：要按照党中央决策部署，把生态文明建设融入经济、政治、文化、社会建设各方面和全过程，协同推进新型工业化、城镇化、信息化、农业现代化和绿色化。"五化"协同是在原"四化"同步基础上增加了"绿色化"。与"四化"同步研究类似，"五化"协同研究也是在中央提出后随之展开，研究方向主要聚焦于"五化"协同发展的内在机理、协同水平测评、协同发展实证、协同发展路径等方面，并取得了一些成果。如杜俊平（2017）探讨"五化"协同发展的内在机理，并构建 VAR（在险价值）模型对其协同发展问题进行了实证研究③。刘方媛等（2019）结合"五化"指标评价体系与耦合协调度模型对黑龙江省的哈尔滨、牡丹江、齐齐哈尔 3 个国家新型城镇化试点城市 2000—2016 年的发展数据进行测算④。

2.2　新型工业化道路的特点与新趋势

上一节简要回顾和评述了新型工业化的相关理论，本节主要讨论 3 个方面的内容：一是简要归纳传统工业化道路的类型及特征；二是在已有理论的基础上，进一步对新型工业化道路的特点与优越性进行阐述；三是对新时期新型工业化道路呈现出的新趋势进行归纳和梳理。

2.2.1　传统工业化道路的类型及特征

工业化道路可以分为传统工业化道路和新型工业化道路，新型工业化道路是相对传统工业化道路而言的。我们可以把传统工业化道路分为三种类型：西

---

① 冯献，李宁辉，郭静利."四化同步"背景下我国农业现代化建设的发展思路与对策建议[J].农业现代化研究，2014（1）：11-14.

② 姜玉砚.四化同步进程中的产城融合研究［D］.太原：山西财经大学，2016.

③ 杜俊平.农业现代化、新型工业化、城镇化、信息化、绿色化"五化"协同发展研究[J].重庆文理学院学报（社会科学版），2017（1）：119-125.

④ 刘方媛，陈慧群，王佳莹，等.黑龙江省农业现代化-工业化-城镇化-信息化-绿色化"五化"耦合协调发展研究：以新型城镇化试点城市为例［J］.经济研究导刊，2019（35）：46-48.

方发达国家的传统工业化道路、计划经济条件下的传统工业化道路和新兴工业化国家的传统工业化道路。

2.2.1.1　西方发达国家的传统工业化道路

西方发达国家是世界上最先实现工业化的国家，由于经济发展的背景和起始条件不同，比如各国的资源条件、人口基础和经济差异，形成了以市场机制为基础的英美工业化模式、以政府主导的德日工业化模式。总体而言，西方发达国家的传统工业化道路具有以下特点：

（1）充分发挥市场机制作用。从英国和美国这两个典型国家看，虽然两者推进工业化进程的时间不一致，但两者的工业化的动力机制具有类似性，都是依靠市场方式自发推进工业发展。如英国最初以毛纺织业为代表的工业利益大于传统农业部门的利益，推动了土地产权和农业经营方式、生产组织的变化，当资本积累达到一定程度时，便发生了工业革命，这期间诸多的技术革新带来了以纺织业为先导的工业部门的扩张，促使工业化向其他行业进一步扩散，导致英国经济结构发生根本性变化，最终实现了工业化①。

（2）强调制度建设。英国能够首先发生工业革命的一个重要原因就在于其具有其他国家所没有的制度环境。比如，17世纪至18世纪上半期，英国先后制定了一系列保护财产和合同的法律，如《人身保护法》《货物买卖法》等，建立起保护消费者的商品检验制度和价格控制制度，出台了世界上最早的保护发明者权益的《专利法令》，制定了保护投资者权益的《取缔证券投机法》，建立起保护劳动者权益的评定工资制度、工厂法和济贫法②。德国在工业化过程中的制度创新是其后来居上的重要原因，其创新之处主要在于加强政府的引导，如通过各种政府补贴、贷款来扶持一些特定行业和部门，保证其就业需要，提高其社会竞争力，以促进产业技术进步；制定保障竞争的政策，防止企业之间通过契约和协调行动形成垄断，保证各类市场的开放性；实行区域统筹政策，缩小地区经济差别，实行双轨制职业教育等③。

（3）注重科学技术。科学技术一直以来都是西方发达国家工业化的主要动力。18世纪60年代，蒸汽机的发明有力地推动了英国纺织、冶金、机器制造、交通运输、采矿等行业的迅速发展，随即导致了工业化。19世纪初期，以美国为代表的西方发达国家广泛采用新技术，把工业从蒸汽化推向电气化，

---

① 张丽娜. 发达国家工业化道路的比较分析及对我国的启示［D］. 长春：东北师范大学，2006.

② 王珏. 世界经济通史［M］. 北京：高等教育出版社，2005.

③ 陈冬. 新型工业化理论与实证分析［M］. 北京：社会科学文献出版社，2006.

发明了发电机、电灯、无线通信技术、内燃机等，推动了生产力的巨大发展。20世纪50年代初，日本通过大量引进欧美先进技术，用20年左右的时间，掌握了全世界用了半个世纪研发的科技成果，极大地提高了社会生产力，为日本的工业化和现代化提供了技术支持。世界历史上的四次工业革命见图2-1。

第一次工业革命   第二次工业革命   第三次工业革命   第四次工业革命
——水/蒸汽   ——电力   ——自动化   ——信息物理系统

图2-1   世界历史上的四次工业革命

与此同时，西方发达国家的传统工业化道路也存在以下缺陷：

（1）环境污染问题。工业革命期间，英国的城市环境污染问题是非常有名的。由于工业废水和生活污水的排放，英国国内的许多河流变得污浊不堪，就连英国人视为生命之河的泰晤士河都成了知名的"臭河"。工业革命时期以煤为燃料的各类工厂和家用炉灶所排放的烟尘，以及硫氧化物、氮氧化物等有害气体严重污染了空气，首都伦敦也因此成为有名的"雾都"。环境污染直接或间接地导致了诸如霍乱、呼吸系统疾病流行等社会问题，在很大程度上侵蚀着工业化的成果。美国采矿业的发展使森林资源遭受严重破坏。1800—1870年，"木材采伐业从大西洋沿岸向西发展，越过阿巴拉契亚山脉进入威斯康星州和明尼苏达州北部，这一带的木材采伐业到19世纪末才宣告结束"[①]。滥砍滥伐及火灾等致使森林资源急剧减少，并导致水土流失严重。

（2）收入分配差距拉大，社会矛盾激化。据统计，1801年，英国1.1%最富有者取得国民收入的25%；到1848年，英国1.2%的最富有者就取得35%的国民收入；1867年，英国2%的最富有者所聚敛的财富占国民收入的40%。相反，体力劳动者在国民收入中所占比例却从1803年的42%下降到1867年的39%。贫富差距的扩大使英国社会出现了严重的两极分化，由此导致激烈的社会冲突。社会研究者通常把工业革命时期看成是英国近代历史上社会冲突和社会矛盾最尖锐的时期[②]。

---

① 拉尔夫·布朗. 美国历史地理 [M]. 北京：商务印书馆，1990.

② 黄光耀，刘金源. 成功的代价——论英国工业化的历史教训 [J]. 求是学刊，2003（4）：116-120.

（3）资源浪费问题。从 1825 年开始，西方发达国家在工业化过程中始终存在周期性爆发的生产过剩经济危机，造成了社会生产力的巨大浪费和破坏，加剧了工业化发展的曲折波动，延缓了工业化的进程。19 世纪末 20 世纪初，资源浪费问题开始逐渐为一些有识之士所认识。美国总统西奥多·罗斯福指出："我们必须未雨绸缪，必须了解一个事实。浪费与破坏我们的资源，损耗与榨尽地力而不善加以利用以增加其效益，其结果终将损害我们子孙应享的繁荣。"为此，美国政府开始逐步采取措施遏制资源浪费问题①。

2.2.1.2 计划经济条件下的传统工业化道路

计划经济条件下的传统工业化道路，典型代表是苏联和我国的传统工业化道路。陈东（2004）对苏联工业化特征做了总结：①苏联工业化是用排斥市场、一统到底的中央指令性计划来实现的，这是苏联工业化最基本的特征；②片面强调重工业的发展，而置轻工业、农业于从属、次要地位；③用压缩人民群众消费的办法强行提高积累率，以筹集工业化所需的资金②。总体而言，不管是苏联还是我国的传统工业化道路，均具有以下典型特征：

（1）国家计划推动的工业化道路。社会主义国家在建国初期，都以实现工业化为经济建设的主要任务，其普遍认为西方国家的工业化道路存在严重缺陷，必须走一条与资本主义不同的社会主义工业化道路。这种工业化道路最突出的特点，就是建立以占绝对优势的国有经济为基础的计划经济体制，主要由国有企业从事工业生产，靠国有经济发展工业，由政府运用国家的力量，通过指令性计划来发动和推进工业化。这种工业化的发动和推进方式，虽然能够集中力量办大事，在较短的时期内建立起相当强的工业基础，但是实行中央高度集中统一管理的传统计划经济体制，管得太死、统得过多，使整个国民经济缺乏活力，往往还造成经济发展的大起大落、剧烈波动，工业化难以顺利和高效地推进；生产主要由国有企业垄断经营，国有企业又实行政企不分、国家计划直接管理和统负盈亏的制度，结果是不仅不能充分调动和利用社会上一切可以利用的人力、物力和财力发展工业生产，而且使得国有企业既缺乏生产经营的动力，又没有竞争的压力，因而也就丧失了活力，造成企业经济效益低下。

（2）重工业优先发展的工业化道路。社会主义国家开始工业化时，基本上都面临严重的内忧外患，处于敌对势力的包围之中，为了生存和发展，必须加快工业化进程，迅速增强国防实力和经济实力，而重工业的发展是工业化的

---

① 张彦. 资源与环境：美国工业化时期的经验与教训 [J]. 特区经济，2010 (3)：78-79.

② 陈东. 可持续基础上的跨越式发展——新型工业化的理论研究与实证分析 [D]. 福州：福建师范大学，2004.

集中体现，也是经济和军事实力的基础，再加上理论上对生产资料生产更快增长规律的片面理解，过分强调发展重工业，因而特别重视重工业的发展，自然而然地走上了优先发展重工业的道路。重工业是资本和技术密集型产业，需要巨额的资金投入，社会主义国家工业化进程开始时，普遍缺乏资本，技术落后，只有劳动力资源丰富价廉的比较优势，既不能像西方发达国家那样靠对外掠夺积累发展工业的原始资本，在相当长的时间内也不可能大量引进西方发达国家的资本，工业又很落后，投资少、见效快、收益高的轻纺工业也不被重视，工业本身不可能提供很多的积累，只能把农业的剩余作为积累，转化为发展重工业的资金。在发展重工业的过程中，社会主义国家往往又忽视轻工业和农业的发展，重工业发展不是为农业和轻工业服务，提供更多更好的技术、设备和工业原材料，武装和改造传统的农业和轻纺工业，促进农业和轻工业的发展，而是自我循环、自我服务。这种优先发展重工业的道路，虽然使重工业有了较大的发展，但形成了"重工业太重，轻工业太轻、服务业太少、农业落后"的畸形产业结构，造成严重的比例失调和资源浪费，使农村长期改变不了贫穷落后的面貌，农产品供应短缺，工业消费品也是长期供不应求，比较优势得不到发挥，整体上延缓了工业化的进程，降低了工业化的效率。

（3）以粗放型增长方式为主的工业化道路。经济增长有粗放型和集约型两种不同的方式，实现工业化也有粗放型和集约型两条不同的途径。粗放型是靠增加生产要素的投入，扩大生产规模，实现工业生产的发展和经济增长；集约型是靠提高生产要素的生产率，扩大生产规模，实现工业生产的发展和经济增长。粗放型的增长主要靠增加投入，所以经济效益比较低，而且要受到资源稀缺性的限制，增长是有限的、不可持续的；集约型的增长主要靠科学技术进步、劳动力素质和管理水平的提高，是高效率的、可持续的。社会主义国家在工业化进程开始时，一般来说技术都比较落后，加上传统计划经济体制和国有的企业制度又缺乏推动技术进步和采用先进技术的动力和机制，因此一直主要靠增加生产要素的投入，消耗自然资源，从外延上发展工业生产，走的是一条以粗放型增长方式为主的工业化道路，造成过度的资源消耗，工业发展受到严重制约，不能长期保持较快的增长。

（4）过分追求高速度的工业化道路。社会主义国家建国时，经济发展普遍比较落后，相反西方发达国家都已经实现工业化，经济实力和军事实力十分强大，而社会主义国家与西方资本主义国家又处于敌对状态，使得新生而幼小的社会主义国家面临巨大的生存和发展的压力，如果不能迅速实现工业化，改变贫穷落后的面貌，赶上西方发达国家，就有灭亡的危险，这就决定了社会主义国家在工业化过程中，普遍推行赶超战略，急于求成，拼命追求经济增长的高速度，往往只求产值、不计成本，只要数量、不顾质量，只重速度、不讲效益，结果是投入多、消耗大、成本高、质量差、效益低。

（5）排斥城市化的工业化道路。工业化是城市化的发动机，城市化又是工业化的促进器和现代化的必由之路。机器大工业导致了大规模的集中生产和商业的繁荣，而工业的集聚和商业的繁荣必然产生大规模的城市，正是工业革命加速了城市化的进程，使现代城市成为世界的主宰。城市的根本特点是集中，城市化正好适应了工业化和经济市场化的需求，能够产生集聚效益和规模效益，形成先进发达的城市文明，极大地推动工业化和整个社会经济的发展。但是中国在相当长的时期内片面地看待西方发达国家工业化和城市化过程中曾经出现过的城乡差别扩大、城乡严重对立的现象和 20 世纪六七十年代部分发达国家出现的"搬到郊外去"的所谓"逆城市化"倾向，认为发达国家走了一条在工业化的同时实行城市化的弯路，同时还不正确地总结了部分发展中国家出现"过度城市化"的教训，错误地认为城市化必然带来严重的"城市病"，没有清醒地认识到城市化是工业化的必然趋势，因而只搞工业化，不搞城市化，甚至排斥城市化，通过建立户籍制度等办法限制农民向城市和非农产业的流动和转移，存在要走一条没有城市化的工业化道路的倾向，造成城市化发展的严重滞后，形成了典型的落后的二元经济结构，延缓了工业化的进程和农村经济的发展。

（6）片面强调自力更生的工业化道路。社会主义国家是在经济相当落后的情况下开始工业化的。工业化开始时，社会主义国家就处于西方国家的封锁、禁运、包围之中，面临着极为不利的国际政治、经济环境，很难引进国外的资本和先进技术，更不可能得到西方发达国家的援助，只能得到社会主义国家的援助，中国在中苏关系恶化之后甚至几乎完全失去了外援。在这种特殊的国际环境中，中国不得不高度强调自力更生，依靠自己的力量搞工业化，同时为了保护须优先发展但又不具比较优势的重工业，也要采取贸易保护政策，从而走上一条相对封闭、高度保护、实行全面进口替代的内向型发展战略的工业化道路。这种不得不走的道路，不能充分利用国内国外两个市场、两种资源，不利于克服资金不足、技术和管理落后的困难，也不能发挥本国的比较优势和后发优势，而且使工业企业没有国际竞争的压力，不能更好地推动技术进步和效益提高，严重延缓了工业化进程。

2.2.1.3 新兴工业化国家的工业化道路

新兴工业化国家的工业化道路，比如亚洲"四小龙"之一的韩国，虽然其只用了二三十年的时间就实现了工业化，但其工业化道路与发达国家是基本一致的，主要具有以下特征：①工业化过程经历了轻工业阶段和重化工业阶段，20世纪60年代初期承接以美英为代表的西方发达国家失去比较优势的轻纺工业作为重点发展方向，20世纪70年代承接日本失去比较优势的钢铁业等重工业和化学工业为重点发展方向。②政府主导下的资本主义工业化道路，这种政府主导下的市场经济主体化模式使得韩国的经济得到迅速发展，工业化进程进一步加快，创造了"汉江奇迹"，由此韩国实现了工业化。③高度重视教育、技术引进和技术创新，据统计，技术进步对韩国经济增长的贡献分别为：1970—1979 年为 12.84%，1979—1990 年为 18.70%，1990—2000 年为 39.54%[①]。

2.2.2　新型工业化与传统工业化的比较

新型工业化是人类在推进工业化的过程中通过新的、积极的探索形成的一种模式，它脱胎于传统工业化，是对传统工业化模式的扬弃。新型工业化与传统工业化既存在一定的联系，也有本质上的区别。

（1）超越农业社会，转向现代化工业社会是二者的共同目标。工业化强调的是从传统的农业社会向现代化工业社会转变，意味着经济结构的变化，体现在对落后的农业部门的改造和先进的工业部门的产生和发展。从这个角度讲，新型工业化与传统工业化的目的是一致的。从我国的情况来看，新中国成立以后的第一个五年计划，就提出了要实现工业化的任务。从"一五"计划时期算起，我国为实现工业化已经奋斗了半个多世纪，逐步把一个落后的农业大国建设成为拥有相对独立的、比较完整的、并在部分领域达到现代化水平的工业体系的工业国。在这一过程中，我们的工业化很大程度上属于传统工业化模式，但正是这种模式为我们更好地推进工业化积累了经验，为走新型工业化道路奠定了良好的基础。

（2）推进信息化的时序不同。传统工业化是"先工业化，后信息化"，新型工业化是信息化与工业化协调并进。信息化与工业化是人类文明进程中的两个重要社会发展阶段。信息化兴起于20世纪八九十年代，西方发达国家早期的工业化是自由经济的工业化模式，是在工业化之后推行信息化，可以说走的是先实现工业化再实现信息化的工业化道路。现阶段，我国面临同时完成工业化和信息化的双重任务，要实现现代化，必须在工业化中推进信息化，走一条

---

① 王世珍. 日韩工业化发展特点及其规律［J］. 合作经济与科技，2017（24）：56-57.

以信息化带动工业化，以工业化促进信息化的新型工业化道路。

（3）经济增长内涵不同。传统工业化重速度、轻效益，重数量、轻质量，过分强调经济增长的高速度，导致经济增长大起大落；单纯强调经济增长的高速度，不仅浪费了大量人力、物力，还给人民生活和经济发展造成严重的困扰。新型工业化坚持实事求是、解放思想的方针，以提高经济效益为中心，既积极进取又量力而行，在遵循客观经济规律的基础上，实行有效的宏观调控，正确处理速度与效益、经济增长与人民生活的相互关系，注重提高产品和服务质量及合理实在的增长速度，使人民生活水平随经济增长而不断提高，努力实现国民经济持续稳定和适度的快速增长。

（4）对待可持续发展的态度不同。传统工业化是以大量消耗资源和牺牲环境为代价，走的是"先发展经济，后治理环境"的路子。新型工业化则坚持实施可持续发展战略，强调在工业化过程中，严格控制人口增长，注重资源节约、生态建设和环境保护，提高工业产品科技含量，努力降低资源消耗和环境污染，做到经济建设与人口、资源、环境协调发展，实现新型工业化与可持续发展的良性互动。新型工业化与传统工业化的比较见表2-1。

表2-1　新型工业化与传统工业化的比较

类别	发展模式	基本特征	基本内涵	基本路径	进行时间	发展方式
发达国家的传统工业化	①资本主义自由市场经济模式（英、美、德、法等）②资本主义不完全市场经济模式（日、韩及一些拉美国家等）	从农业社会转向工业社会、后工业社会	①结构性变化②高投入、高产出③先污染、后治理	机械化、电气化、自动化、信息化	英国100多年，美国60~70年，法国近70年，德、日两国20多年	从不可持续转向可持续发展
中国的传统工业化	社会主义计划经济和市场经济模式	从农业社会转向半农业半工业社会	①结构性变化，但城市化滞后②高能耗、粗放型③高积累、低消费	机械化、电气化、自动化、信息化	50年	从不可持续转向可持续发展
中国的新型工业化	社会主义市场经济模式	从半农业半工业社会转向工业社会和信息社会或者工业—信息社会	①结构性变化②科技含量高、经济效益好、资源消耗低、环境污染少、人力资源优势充分发挥	以信息化带动工业化、以工业化促进信息化	21世纪至今	可持续发展、跨越式发展

2.2.3　新型工业化的新趋势

工业化作为人类社会发展的重要阶段，随着宏观经济形势变化而动态演进。2008年金融危机爆发以来，世界主要国家的工业化出现了一些新的趋势。

2.2.3.1　发达国家大力实施"再工业化"战略

金融危机全面爆发以后，"去工业化"致使发达国家抵抗危机不足的弱点充分暴露，以美国为代表的国家，对制造业的重要性进行了重新审视，开展了一系列研究，并提出了"产业公地"① 等一些具有较大影响力的观点和结论。欧美国家最终采纳了这些意见，并将"再工业化"作为重塑国家竞争优势的重要战略，推出大力发展新兴产业、鼓励科技创新、支持中小企业发展等政策和措施，以重振本土制造业。美国政府先后发布了《重振美国制造业政策框架》《先进制造伙伴（AMP）计划》《先进制造业国家战略计划》等政策，以提升美国制造业的竞争力。世界主要发达国家"再工业化"战略的主要措施见表2-2。

表2-2 世界主要发达国家"再工业化"战略的主要措施

序号	国家	战略名称	主要措施
1	美国	先进制造业国家战略计划	完善先进制造业创新政策；加强"产业公地"建设；加快中小企业投资；提高劳动力技能；建立健全伙伴关系；优化调整政府投资；加大研发投资力度，加强研究和试验税收减免
2	德国	"工业4.0"战略	建设一个网络，即信息物理系统网络。研究两大主题，包括智能工厂和智能生产。实现三项集成，包括横向集成、纵向集成与端对端的集成。实施标准化和参考架构，管理复杂系统，一套综合的工业宽带基础设施，培训和持续的职业发展等8项计划，以保障实现"工业4.0"战略
3	英国	先进制造领域一揽子新政策	加大投资力度，设立制造业咨询机构；设立英国创新投资基金，支持生命科学、信息和通信技术等产业的发展；培育先进制造技能，采用学徒制、成立国家制造业和材料生产与供应技能院校；积极推广新技术，重点支持高价值制造、电子工业和光电工业等领域技术的研发和应用。2011年英国政府投资1.25亿英镑，实施"先进制造业产业链倡议"，旨在支持英国制造业企业在全球市场发挥重要作用
4	法国	工业新法国	投入35亿欧元，实施34项工业复兴新计划，主要包括：可再生能源、电动车充电设施、自动驾驶车辆、卫星电力推进、大数据、云计算、物联网、网络安全等，最终实现国家制定的三大优先事项：生态和能源转型、民生经济、发展新技术

① 产业公地：一系列能够支撑多个行业发展的关键能力的集合，如基础设施、专业知识、工程制造能力等。

表2-2(续)

序号	国家	战略名称	主要措施
5	日本	日本再兴战略	增长战略、货币宽松和财政政策、减税政策、设置国家战略特区、放宽制度限制促进投资增长等
6	韩国	未来增长动力落实计划	从205项产业中遴选出智能汽车、5G移动通信、智能机器人等13个有望带动韩国经济发展的未来增长动力产业,其中制造业有9个,明确13大动力产业的推进方向,聚集研发、市场、企业及人才四大产业基础

2.2.3.2 我国全面实施制造强国战略

虽然我国在2010年进入工业化后期阶段,工业规模已处于世界第一,但工业特别是制造业在全球的竞争力仍然不强。现阶段,我国为应对新一轮工业革命和产业变革带来的巨大冲击,启动实施了制造强国战略,发布了《中国制造2025》,提出通过"三步走"实现制造强国的战略目标,明确了提高国家制造业创新能力、大力推动重点领域突破发展、深入推进制造业结构调整等九大战略任务,实施五大工程,重点推进十大重点产业发展。可以看出,在工业化后期,我国仍高度重视工业尤其是制造业的发展,并且通过发展服务型制造业和生产性服务业,推进三次产业的互动融合发展,最终提升制造业竞争力。

2.2.3.3 新型工业化的新趋势

随着新一轮科技革命和产业变革的不断深入,人工智能、大数据、物联网等新技术、新应用、新业态正在孕育突破,加上我国全面实施制造强国战略,加快建设现代化经济体系,开启全面建设社会主义现代化国家新征程,新型工业化也随之出现一些新的发展趋势。近年来,新型工业化出现了新趋势:产业范式出现新变化,更加强调依靠创新和技术进步推动产业水平提升和价值链升级;产业组织形态呈现新特点,平台经济成为新的产业组织形态,在一定程度上改变了企业内部的组织结构和企业之间的分工合作关系;绿色发展成为新型工业化的重要内容和新的战略任务,并将带来新一轮绿色革命①。2008年国际金融危机爆发以来,世界经济面临增长动能和发展方式的深刻转变,这对我国推进新型工业化既提出了新挑战,也带来了新机遇。我们要抓住新机遇、应对新挑战,在推进新型工业化中实现制造业高质量发展。一是要抓住全球价值链重构和产业分工格局重塑的机遇,大力实施创新驱动发展战略,促进我国产业

---

① 赵昌文. 新型工业化的三个新趋势 [J]. 智慧中国, 2019 (4): 38-39.

向价值链中高端攀升。二是要抓住国内市场规模持续扩大的机遇，通过激励有条件的制造业企业加大创新力度，发展自主创新技术和自主品牌。三是要抓住新一轮高水平对外开放的机遇，通过共建"一带一路"，促进对外投资发展和国际产能合作①。为有效应对外部环境与内部条件深刻复杂变化给我国经济发展带来的严峻挑战，要以新发展理念引领新型工业化：创新是引领发展的第一动力；推动一二三产业、实体经济与虚拟经济、城乡与区域等协调发展，是新型工业化的重要内容；大力发展现代服务业，促进现代服务业与制造业深度融合，提高全要素生产率和科技对经济增长的贡献率，实现工业绿色发展；提升发展的内外联动性，用好国际国内两个市场、两种资源，重点加强与"一带一路"参与国的经贸合作，探索贸易与产能合作新模式，实现扩大对外开放与国内区域协调发展和产业布局优化调整互促共进；深化利益分配机制改革，注重形成合理的产业结构，厚植经济发展与促进就业的基础，确保我国新型工业化的道路越走越宽广、越走越平坦。

2.3　新型工业化实践分析考察

2002 年，党的十六大报告提出"实现工业化仍然是我国现代化进程中艰巨的历史性任务，信息化是我国加快实现工业化和现代化的必然选择，要坚持以信息化带动工业化，以工业化促进信息化，走出一条科技含量高、经济效益好、资源消耗低、环境污染少、人力资源优势得到充分发挥的新型工业化路子"。为此，全国上下正式拉开了新型工业化推进步伐，成都作为国家中心城市，在推进新型工业化领域积极探索实践，并取得了显著成效，截至 2017 年年底，成都经济技术开发区、青白江区相继被工信部确立为"国家新型工业化产业示范基地"。

2.3.1　研究维度选取

虽然国家对新型工业化已经进行了精辟和科学的阐述，但由于其内涵异常丰富，并且部分词语内涵之间存在一定交叉，因此理论界对新型工业化内涵的解读也是各不相同，这对深入研究一个区域（城市）新型工业化道路带来了困扰。本节拟在国家对新型工业化内涵表述的基础上，结合理论界现有观点和

---

① 刘志彪. 努力向全球价值链中高端攀升 [N]. 人民日报，2019-03-29.

成都实际，尝试从"两化融合"、科技创新、资源开发利用等方面构建成都新型工业化道路研究分析框架。

（1）信息化与工业化融合。20世纪90年代以来，信息技术在生产生活各个领域广泛应用，不仅成为我国经济社会加快发展的强大推动力，而且促使人类生产活动和社会活动开始进入信息化和智能化时代。正是基于对这一发展趋势的准确研判，国家才提出"要坚持以信息化带动工业化，以工业化促进信息化"，把"两化融合"作为我国实现新型工业化的首要推进手段和路径。因此信息化与工业化融合，也必然成为研究城市新型工业化道路的主要维度之一。具体而言，主要包括当前"两化融合"的水平、"两化融合"具体实践两个方面。

（2）科技创新。发达国家的工业化历史就是一部贯穿科技革命的工业化历史。长期以来，我国就把科学技术放在整个国家经济社会发展的突出位置，"科学技术已成为真正的第一生产力"。这也是党的十六大报告中提出新型工业化的重要内涵之一——"科技含量高"。作为西南科教中心，成都在推进新型工业化道路的过程中，到底有没有发挥出与其科教资源相匹配的应有作用、下一步该如何通过科技创新来加快推进成都新型工业化进程等，这些都要求将科技创新作为研究成都新型工业化道路的重要维度。

（3）合理开发利用资源。改革开放以来，我国基本上走的是高投入、高消耗、高污染的传统工业化路子，而随着工业化进程不断推进，资源环境约束已非常突出，成都自然也不例外。为此，本书将合理开发利用资源作为我们研究成都新型工业化道路的维度之一。鉴于本书有专门研究成都绿色发展等相关章节，但又为保证新型工业化研究范围的系统性，本节将党的十六大报告中的"资源消耗低、环境污染少、人力资源优势得到充分发挥"的内容放到本维度中一起论述。

需要说明的两点：一是研究范围。本节研究更多的是聚焦于新型工业化的路径，而关于新型工业化的最终推进效果将放到下一节中进行阐述评价，因此我们并未将党的十六大报告中新型工业化的"经济效益好"的内涵作为本节的研究维度。另外，一般意义上的工业化涵盖整个国民经济，但不管是传统工业化理论还是党的十六大报告提出新型工业化概念内涵，均将新型工业化更多地指向工业领域，因此本节对新型工业化的研究也主要集中于工业领域，这既是考虑到现有数据资料的可获取性，也为了研究更加聚焦和有针对性。二是研究时间阶段。考虑到新型工业化概念是在党的十六大报告中首次提出的，而且尚处于探索实践阶段，因此本节研究的时间跨度主要集中在党的十六大之后，即 2002—2019 年。下面，本书就从信息化与工业化融合、科技创新和合理开发利用资源 3 个方面，对成都新型工业化进程进行梳理分析。

2.3.2　信息化与工业化融合

"两化融合"是信息化和工业化的高层次的深度结合，是指以信息化带动工业化、以工业化促进信息化，走新型工业化道路。"两化融合"的核心就是信息化支撑，追求可持续发展模式。为大力推进信息化与工业化深度融合，促进经济发展方式转变和工业转型升级，成都市在组织机构设立调整、推进路径等方面均做出了积极探索。

从组织机构看，2010 年经四川省委、省政府批准，成都市委、市政府决定开展新一轮政府机构改革工作，组建成都市经济和信息化委员会，将成都市信息化办公室整体划入成都市经济和信息化委员会，由此工业化和信息化融合发展推进工作正式起步。2013 年，由 60 多家会员单位组成的成都市"两化融合"企业联盟正式成立。

在推进路径上，成都通过落实工信部《信息化和工业化深度融合专项行动计划（2013—2018 年）》，加快数字化、智能化技术在成都制造业各领域的融合渗透，促进信息化和工业化深度融合。比如 2017 年，成都启动建设汽车生态圈云平台，全年推动 62 个两化融合示范项目建设，形成汽车、模具等 5 个行业的信息化共性解决方案，推进成都工业云平台创新应用，为 1 850 家企业提供基础设施资源（IAAS）、云应用服务（SAAS），举办首届"智慧中国杯"全国大数据创新应用大赛、"制造业与互联网融合发展深度行（四川站）"等重大活动，积极为企业提供信息化规划、信息化项目管理等技术服务。成都落实工信部"工业云创新行动"，按照"企业投资、政府扶持、市场运作"的原则，推进成都工业云平台建设。2015 年 8 月该平台首发上线，具备为成都市企业提供基础资源服务、平台资源服务和应用资源服务的能力，有效降低了中小企业的信息化门槛，提升了企业信息化应用水平。

2017 年，四川科伦药业股份有限公司、成都飞机工业（集团）有限责任公司，被评为国家级"两化融合"管理体系贯标示范企业；中国石油天然气股份有限公司西南油气田分公司等 14 家企业被评为国家级"两化融合"管理体系贯标试点企业。2018 年，博世汽车部件（成都）有限公司、成都迪康药业股份有限公司等 15 家企业，被评为国家级"两化融合"管理体系贯标试点企业。2017 年国家级"两化融合"管理体系贯标示范企业名单见表 2-3。2017 年国家级"两化融合"管理体系贯标试点企业名单见表 2-4。

表 2-3　2017 年国家级"两化融合"管理体系贯标示范企业名单

序号	行业（示范方向）	示范企业名称	重点打造并形成的信息化环境下的新型能力
1	供应链管控与服务	四川科伦药业股份有限公司	药品购销全过程数字化管控能力
2	现代化生产制造与运营管理	成都飞机工业（集团）有限责任公司	航空产品的一体化生产管控能力

表 2-4　2017 年国家级"两化融合"管理体系贯标试点企业名单

序号	企业名称	序号	企业名称
1	中国石油天然气股份有限公司西南油气田分公司	8	日立电梯（成都）有限公司
2	四川国光农化股份有限公司	9	四川天邑康和通信股份有限公司
3	成都大唐线缆有限公司	10	成都成量工具集团有限公司
4	中国石化西南油气分公司	11	成都成发科能动力工程有限公司
5	成都凯天电子股份有限公司	12	成都康泰塑胶科技集团有限公司
6	国网四川省电力公司	13	成都雅思特家私有限公司
7	雷迪波尔服饰股份有限公司	14	四川金忠食品股份有限公司

　　由于目前难以获取成都市在推进信息化与工业化融合方面的相关数据资料，本书在此仅做定性评价。一方面，成都市"两化融合"推进成效显著。从纵向看，经过十多年的努力，成都市工业化和信息化融合水平提高明显，计算机辅助设计（CAD）、电子商务等信息技术广泛应用于企业研发、设计、生产等过程，拥有西门子成都数字化工厂等世界领先的"两化融合"知名企业。从工信部对各城市"两化融合"水平的评估结果看，2017 年成都"两化融合"发展水平得分提高至 57.7 分，在副省级城市排名由第 12 位上升至第 9 位。另一方面，"两化融合"水平仍待提升。从上述工信部评估结果也可以看出，目前成都"两化融合"发展水平仍有很大提升空间，尚未达到及格线（60 分）。在具体实践中，还表现为政府推进"两化融合"与企业"两化融合"并未实现同频共振的效果，政府采取了成立专门机构、每年推进贯标评估、下拨专项资金支持等系列措施，但许多企业并未采取强有力措施推进"两化融合"，而是依据自身实际需要"我行我素"，这对下一步如何找准企业"痛点"、切实提高"两化融合"政策实施效果提出了更高要求。

2.3.3　科技创新

改革开放以来，成都一直是西南地区的科教中心，科教资源较为丰富，拥有四川大学、电子科技大学、西南财经大学、西南交通大学等重点高校和一大批国家级重点实验室以及国内外知名科技创新人才。在实践中，成都积极将科教资源优势转化为产业优势，尤其是在国家提出走新型工业化道路以来，科技创新更是被提到了前所未有的高度。下面，本书将从科技创新角度对成都新型工业化推进实践历程进行梳理。

2.3.3.1　高新技术产业与企业

2019 年，成都市拥有国家高新技术企业突破 4 100 家，入库国家科技型中小企业 5 235 家，新增国家级孵化器 3 家，总数达到 67 家，高新技术产业主营收入突破 9 300 亿元，同比增长 14%。高新技术企业数与高新技术产业产值分别为 2002 年的 5.4 倍和 25.5 倍。考虑到 2009 年国家对高新技术企业认定标准的调整和成都官方公开发布的数据情况等因素，下面仅对部分年份数据进行比较。

从具体企业看，成都除了引进了英特尔、腾讯、华为等一大批国内外知名的高新技术企业外，近年来涌现了科伦药业、康弘药业、三泰控股、亨通光通信等一批具有相当竞争力的本土高新技术企业。正是一批类似科伦药业的本土高新技术企业和外部引进企业，共同构成了成都新型工业化推进实践主体，也成为成都推进实施新型工业化战略取得成效的最佳助推手。2002—2019 年成都市高新技术企业情况见图 2-2。2015—2019 年成都市专利申请、授权量见图 2-3。

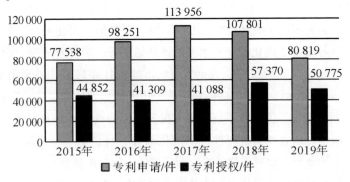

图 2-3　2015—2019 年成都市专利申请、授权量

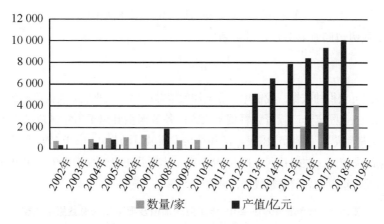

图 2-2　2002—2019 年成都市高新技术企业情况①

> **专栏　本土高新技术企业代表：科伦药业**
>
> 　　科伦药业自 2002 年成立后保持多年快速发展，2010 年在上海证券交易所上市，2017 年营业总收入达到 114.3 亿元、市值超过 400 亿元，构建起了以成都研究院为核心，苏州、天津、美国新泽西研究分院为分支的集约化研发体系，涵盖了大容量注射剂（输液）、小容量注射剂（水针）、注射用无菌粉针（含分装粉针及冻干粉针）、片剂、胶囊剂、颗粒剂、口服液、腹膜透析液以及原料药、医药包材、医疗器械，以及抗生素中间体等共计 598 个品种 996 种规格的产品，已成为目前国内医药行业最具研发实力的企业之一和中国医药行业企业集团十强企业。

2.3.3.2　科技贡献率分析

　　前面章节从整个国民经济的角度，运用 C-D 生产函数对成都改革开放 40 多年间的经济增长要素贡献及效率进行了分析。在此，笔者再一次运用 C-D 生产函数对成都工业经济增长要素贡献进行分析，以此来探究科技创新在成都新型工业化道路探索实践中的作用和地位。

　　（1）成都工业的 C-D 函数。

　　本书首先对成都市的生产函数进行拟合，在不考虑技术因素和规模报酬的条件下，产出（Y）仅与劳动力投入（L）和资本投入（K）有关，即认为在技术不变和规模报酬不变的条件下，即：

---

　　① 2019 年成都市高新技术产业规模统计口径为"主营业务收入"，与图 2-2 中其他年份"产值"不同，因此图 2-2 中不做比较。

$$Y = AK^{\alpha}L^{\beta}(\alpha > 0, \ \beta > 0), \ \alpha + \beta = 1 \qquad (2-1)$$

函数两边同时取对数，可得到：

$$\ln\frac{Y}{L} = \alpha\ln\frac{K}{L} + \ln A \qquad (2-2)$$

根据可获得的数据，我们用工业增加值解释产出，工业从业人员总量解释劳动力投入，工业固定资产投资解释资本投入。各数据主要源于历年《成都市统计年鉴》《成都年鉴》《成都市国民经济和社会发展统计公报》。由于 1990 年及以前统计数据缺失较多，数据基期选择为 1991 年。计算后获得成都市 1991—2019 年工业增加值及要素投入总量原始数据，见表 2-5。

表 2-5　成都市 1991—2019 年工业增加值及要素投入总量原始数据

年度	全口径工业增加值/亿元	工业固定资产投资/亿元	工业从业人员/万人	ln（Y/L）	ln（K/L）
1991 年	77.85	21.37	109.93	8.87	7.57
1992 年	101.95	35.83	112.70	9.11	8.06
1993 年	160.00	41.07	114.38	9.55	8.19
1994 年	211.90	47.06	119.05	9.79	8.28
1995 年	264.34	53.90	108.41	10.10	8.51
1996 年	326.48	68.25	114.98	10.25	8.69
1997 年	386.76	82.59	113.61	10.44	8.89
1998 年	416.15	87.90	103.60	10.60	9.05
1999 年	440.97	93.28	92.19	10.78	9.22
2000 年	484.55	95.91	89.24	10.90	9.28
2001 年	542.19	117.92	81.32	11.11	9.58
2002 年	598.00	140.98	84.46	11.17	9.72
2003 年	670.43	155.93	87.60	11.25	9.79
2004 年	609.60	226.26	92.78	11.09	10.10
2005 年	757.35	391.91	111.46	11.13	10.47

表2-5(续)

年度	全口径工业增加值/亿元	工业固定资产投资/亿元	工业从业人员/万人	ln (Y/L)	ln (K/L)
2006 年	923. 67	535. 51	109. 35	11. 34	10. 80
2007 年	1 173. 41	727. 60	115. 63	11. 53	11. 05
2008 年	1 430. 04	943. 69	117. 47	11. 71	11. 29
2009 年	1 664. 81	1 251. 62	124. 52	11. 80	11. 52
2010 年	2 062. 82	1 301. 25	131. 30	11. 96	11. 50
2011 年	2 610. 80	1 496. 34	144. 84	12. 10	11. 55
2012 年	3 127. 60	1 747. 90	149. 31	12. 25	11. 67
2013 年	3 493. 08	1 625. 01	155. 28	12. 32	11. 56
2014 年	3 855. 43	1 402. 65	156. 56	12. 41	11. 40
2015 年	4 056. 19	1 517. 09	156. 94	12. 46	11. 48
2016 年	4 478. 56	2 246. 16	155. 85	12. 57	11. 88
2017 年	5 217. 18	3 008. 72	164. 87	12. 66	12. 11
2018 年	3 730. 56	2 290. 40	163. 42	12. 34	11. 85
2019 年	4 118. 40	2 317. 70	162. 94	12. 44	11. 87

注：第四次全国经济普查对 2018 年、2019 年工业增加值数据进行了调整。

利用 SPSS（统计产品与服务解决方案）软件，对方程进行最小二乘法回归分析，得到如下方程：

$$\ln \frac{Y}{L} = 0.733\ln \frac{K}{L} + 3.741 \qquad (2-3)$$

判定系数 R^2 为 0.928，大于 0.85，说明回归方程估计参数的显著性较高。根据回归结果，该模型的选择和计算较为合理，可以反映成都市工业增长的实际情况。将式（2-3）还原，即得到成都工业增长的 C-D 函数：

$$Y = e^{3.741} K^{-0.733} L^{0.267} \qquad (2-4)$$

可以看出，资本产出弹性 $\alpha = 0.733$，表明在 1991—2016 的 26 年当中资本增加 1 个百分点，带动工业增加值增长 0.733 个百分点；劳动投入弹性 $\beta =$

0.267，表示劳动力增长 1 个百分点，工业增加值增长 0.267 个百分点。

（2）数据处理及结果。

利用式（2-4）计算出的资本、劳动力产出弹性 α 和 β，运用式（2-4）计算各要素对工业增长的贡献率。通过计算，我们发现各年度的要素贡献率存在较大波动，为了更好地反映资本、劳动力及技术进步变化对成都工业增长的作用，我们将 1991—2019 年分为：1991—1992 年、1993—2009 年和 2010—2019 年三个阶段，进而计算各个阶段的贡献率和 1991—2019 年的总体贡献率。1991—2019 年成都市工业产出、要素投入增速及各个阶段贡献率见表 2-6。

表 2-6　1991—2019 年成都市工业产出、要素投入增速及各个阶段贡献率

年度	增速/%			贡献率/%		
	全口径工业增加值	工业固定资产投资	工业从业人员	资本	劳动力	技术进步
1991 年	9.8	9.3	4.1	170.3	7.1	−77.4
1992 年	14.9	51.3	2.5			
1993 年	24.9	−1.1	1.5	81.3	1.0	17.7
1994 年	13.8	−9.4	4.1			
1995 年	12.6	−2.5	−8.9			
1996 年	11.2	15.4	6.1			
1997 年	11.1	14.5	−1.2			
1998 年	10.2	6.1	−8.8			
1999 年	9.8	8.0	−11			
2000 年	11.3	2.6	−3.2			
2001 年	13.6	22.0	−8.9			
2002 年	14.0	21.1	3.9			
2003 年	15.1	8.3	3.7			
2004 年	15.8	39.7	5.9			
2005 年	19.0	69.3	20.1			
2006 年	20.2	34.2	−1.9			
2007 年	22.3	29.2	5.7			
2008 年	19.9	24.4	1.6			
2009 年	18.7	32.2	6			

表2-6(续)

年度	增速/%			贡献率/%		
	全口径工业增加值	工业固定资产投资	工业从业人员	资本	劳动力	技术进步
2010 年	20.5	0.9	5.4			
2011 年	20.5	9.1	10.3			
2012 年	16.5	13.4	3.1			
2013 年	13.0	-7.1	4			
2014 年	11.2	-13.4	0.8	52.0	6.1	41.8
2015 年	7.4	8.2	0.2			
2016 年	6.9	41	-0.7			
2017 年	8.4	33.9	5.8			
2018 年	7.6	7.5	-0.9			
2019 年	7	1.2	-0.3			
1991—2019 年	13.9	14.8	1.5	77.6	2.9	19.5

总体来看，1991—2019 年的 29 年间，成都市资本、劳动力及技术进步的贡献率分别为 77.6%、2.9%、19.5%。其中，资本投入贡献率最大，表明资本是成都工业增长的主要动力；技术进步贡献率次之，劳动力贡献率最小。从变化趋势来看，技术进步贡献率稳步提升，2010—2019 年成都工业经济增长技术进步的平均贡献率达到 41.8%，较 1993—2009 年平均水平（17.7%）提高了 24.1 个百分点。而同期资本贡献率一直保持较高水平，但下降趋势明显，2010—2019 年资本平均贡献率达到 52.0%，较 1993—2009 年（81.3%）下降了 29.3 个百分点。

主要阶段成都工业经济增长要素贡献变动情况见图 2-4。

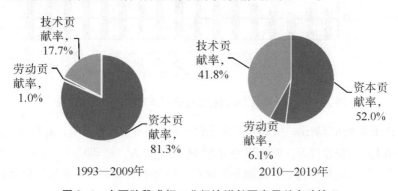

图 2-4　主要阶段成都工业经济增长要素贡献变动情况

2.3.4 合理开发利用资源

2.3.4.1 人力资源开发利用

"人力资源优势得到充分发挥"是党的十六大报告提出的新型工业化的内涵之一。为此，首先需要确定"人力资源优势得到充分发挥"的标准问题，即用什么指标来衡量"人力资源优势得到充分发挥"。从现有文献看，衡量指标虽然在表述上有些许差异，但大体还是比较类似，包括劳动生产率、从业人员人均受教育年限、万人 R&D 科学家和工程师数、专业技术人数、预算内教育经费支出占财政支出比例、城镇登记失业率等指标。笔者认为，除劳动生产率指标外，上述其他指标均属于过程性、条件性指标，并不能说明这些指标优秀就必然得出人力资源优势得到充分发挥的结论，它们既不是充分条件也不是必要条件，而劳动生产率作为一项结果性指标，能够较为准确地衡量一个城市的人力资源优势发挥程度。本节主要是对 2000 年以来成都新型工业化进程中人力资源的开发利用做梳理分析，更多地站在回顾总结的角度，同时也为了使研究更加简洁明了，笔者采用工业全员劳动生产率指标来分析成都工业人力资源开发利用情况。2002—2017 年成都工业全员劳动生产率变化情况见图 2-5。

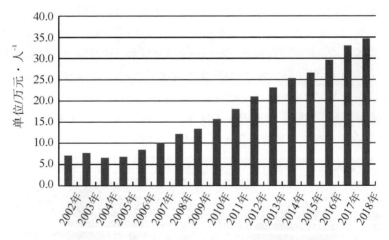

图 2-5　2002—2017 年成都工业全员劳动生产率变化情况

由图 2-5 可以看出，从 2002 年国家提出新型工业化概念以来，成都市工业全员劳动生产率快速提升，到 2018 年达到 34.7 万元/人，是 2002 年 7.1 万元/人的 4.9 倍，年均提升 10.4%。从细分指标看，16 年间，成都市工业增加值增长迅猛（年均增长 15.1%），而同期工业从业人员数增长相对平缓（年均增长 4.2%），尤其是近年来工业从业人员数增长非常缓慢，年均增长仅为 1%。这在一定程度上，反映出该阶段成都市工业人力资源开发利用相对较好，为成都市推进新型工业化提供了较高质量的人力资源要素保障。

2.3.4.2 资源节约

成都历来高度重视节约资源，在降低单位产出综合能耗、提高单位土地面积产出效益等方面做了大量工作，通过吸引高产出、低消耗企业来实现"以增量调结构"，淘汰整合一大批钢铁、火电、水泥等高耗能企业，调整工业园区空间布局，从而有效降低单位产出的资源消耗水平、提出单位资源的产出效益。下文将从与新型工业化密切相关的单位产出综合能耗和单位土地面积产出效益两个指标，来探讨成都市资源节约问题。

（1）单位产出综合能耗。

在 2005 年之前，成都市并未公布单位 GDP 能耗和单位工业增加值能耗数据，而且随后官方公布的数据也不全，因此我们就以 2005 年为基础，再对重点年份进行比较分析。从数据看，2005—2017 年，单位 GDP 能耗和单位工业增加值能耗下降都非常明显，2018 年，全市单位 GDP 能耗为 0.37 吨标准煤/万元，单位工业增加值能耗为 0.65 吨标准煤/万元，分别比 2005 年下降 64.0% 和 65.5%。由此反映出，该阶段成都市在推进新型工业化进程中节能降耗方面成效显著。2005—2018 年成都单位产出综合能耗情况见图 2-6。

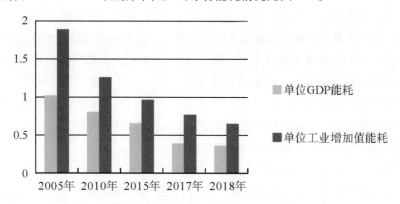

图 2-6 2005—2018 年成都单位产出综合能耗情况（单位：吨标准煤/万元）

（2）单位土地面积产出效益。

2000 年以后，土地资源日益成为经济发展的重要制约因素，一方面新增空间受限，另一方面存量空间产出效益偏低。为此，自 2003 年开始，成都积极采取规范管理工业建设用地、清理和盘活工业用地存量、提高单位土地的投入强度、推进多层标准厂房建设等措施，探索产业用地的高效利用新路径，其中不少具体做法在国内首创或成为全国样板，比如东郊工业区的调整改造、

"一区一主业"、工业用地指标管理权限归属工业部门等，而且效果较为明显。2017 年，全市工业园区单位土地面积营业收入和利税分别达到 596.52 万元/亩和 72.71 万元/亩，近 10 年的年均增速均超过 13%。近 10 年成都工业园区土地集约利用水平相关指标对比见表 2-7。

表 2-7 近 10 年成都工业园区土地集约利用水平相关指标对比

指标	2008 年	2017 年
单位面积总营业收入/万元·亩$^{-1}$	193.0	596.52
单位面积利税/万元·亩$^{-1}$	26.53（2009 年）	72.71

2.3.4.3 污染控制

随着城市化和工业化进程的不断推进，人民群众对环境的关注度日益提高，尤其是在党的十六大报告提出走新型工业化道路之后，产业发展与环境保护的平衡问题随即成为地方经济社会的重要内容。作为一个消费型、休闲型城市，成都历来注重生态环境问题，节能减排和环境保护取得重大成效，仅在"十一五"时期，全市累计淘汰浪费资源、污染严重的企业 359 户，淘汰钢铁、火电、水泥、化工、印染、砂洗、小石灰窑等企业 498 户，年节能 102.3 万吨标准煤，减排二氧化硫 818.4 吨。近年来，环保问题进一步被提到前所未有的高度，成为成都经济发展的重要考量因素之一，政府推进传统产业改造升级、淘汰落后产能的力度也前所未有。截至 2017 年年底，成都依法依规推动 100户企业的落后产能退出，按照"依法关闭一批、整改规范一批、调迁入园一批"的原则，清理整治 14 148 户"散乱污"企业，推进 889 台燃煤锅炉淘汰或清洁能源改造。目前，全市已全面淘汰了小水泥、小火电、小石灰窑，整体退出了煤炭生产、烟花爆竹和钢铁长流程冶炼。

2019 年，成都市进一步按照国家产业指导目录，以铸造、砖瓦窑、化工、造纸等行业为重点，通过强化环保、能耗、安全等标准约束，加强部门联合执法，建立疏堵结合工作机制，推动 50 户落后产能企业的关停或淘汰部分生产线，经测算，年节约 36 万吨标煤，减排二氧化硫 0.6 万吨。同时，全市开展实施压减燃煤行动，在已基本完成燃煤锅炉淘汰和清洁能源改造、全面淘汰小水泥、小火电等耗煤行业的基础上，对各行业耗煤情况进行摸底、分析、研究，制定印发了《成都市 2019 年工业领域压减燃煤行动方案》。全市以进一步减少全市工业领域原煤消费量为目标，以火电、水泥、橡胶、烧结砖瓦等行业为重点，按照"清洁能源替代一批、技术改造减量一批、淘汰落后关停一批"

的原则，分类施策，组织开展工业领域压减燃煤，完成了成都兴华页岩砖厂等21户砖厂的淘汰关停，组织国电成都金堂发电有限公司等13户企业实施减煤技改工程，推进3台大蒸吨燃煤锅炉淘汰和清洁能源改造，全年压减燃煤38.77万吨。

专栏　污染控制典型案例

　　典型案例有二：一是2001年8月开始启动、2007年基本完成的东郊工业区结构调整工程，直接为城区减少水污染物排放1 335.61万吨/年、烟尘排放1 975吨/年、二氧化硫排放1 882吨/年、氮氧化物排放4 117吨/年；二是2015年成都市青白江区川化股份有限公司全面退出天然气化工产业、攀钢集团成都钢钒有限公司关停冶炼系统的成功实施，直接腾出土地6 000余亩（1亩≈667平方米），并大幅度降低全市环保压力，同时也为当前青白江区产业转型、加快"全域自贸"建设创造了历史条件。这是成都在探索新型工业化道路中的重大实践。

---

3 行业结构优化

3.1 现代产业体系内涵与产业结构演进规律

3.1.1 现代产业体系内涵

20 世纪七八十年代，现代产业体系的相关理论在一些发达国家出现，随着传统产业的升级，传统产业在发展过程中有了新的增长点。理论界在当前现代经济迅速发展的新局面下，仍未形成统一的现代产业体系的相关概念。陈建军（2008）认为中国现代产业体系实质上表明了产业发展的导向或者说产业结构优化升级的导向[①]。刘明宇、芮明杰（2009）指出现代产业体系是一国或地区当前的产业结构及其运行状态，而现代产业体系则要充分体现出其现代性，即动态的、与时俱进，所以他们认为现代产业体系是指具有竞争优势又具有未来发展趋势的产业体系，也就是说既反映一国或地区自身的优势（如要素禀赋），又包含了后天要素禀赋升级和专业化分工产生的动态比较优势的影响[②]。

党的十七大报告明确提出现代产业体系是以科技含量高、附加值高、能耗低、污染低、自主创新能力强的有机产业群为核心，以技术、人才、资本、信息等高效运转的产业辅助系统为支撑，以环境优美、基础设施完备、社会保障有力、市场秩序良好的产业发展环境为依托，并具有创新性、开放性、融合性、集聚性和可持续性及动态适应性等特征的新型产业体系。

因此，综合来看，现代产业新体系是指由具有鲜明现代元素特征的、不同产业及行业部门所构成的、对经济社会发展起到引领和支撑作用的、完整全面

---

① 陈建军. 关于打造现代产业体系的思考——以杭州为例 [J]. 浙江经济. 2008 (17)：13-15.

② 刘明宇，芮明杰. 全球化背景下中国现代产业体系的构建模式研究 [J]. 中国工业经济，2009 (5)：57-66.

且不断运动和发展的全新产业系统,其主要特征有创新性、开放性、融合性、生态性和动态适应性。在生态文明建设的背景下,构建现代产业体系,必须在可持续发展的条件约束下,通过产业融合来分化、解体和重组传统产业体系,并将其建设成一个开放式的创新型产业体系。

3.1.2 产业结构演进规律

早在 17 世纪,英国经济学家威廉·配第就开始对产业结构进行研究,20 世纪以后,克拉克、库兹涅茨、钱纳里、霍夫曼都从不同角度,对产业结构演进规律进行分析。改革开放后,国家的重心转移到了经济发展上来。经济发展,不可避免地要涉及产业结构调整问题,国内一些学者开始对国外产业结构优化升级理论和产业结构政策文献进行研究。产业结构演进规律代表性理论见表 3-1。

表 3-1　产业结构演进规律代表性理论

理论名称	理论简介
配第·克拉克定理	随着经济的发展和人均国民收入水平的提高,第一产业国民收入和劳动力的相对比重逐渐下降;第二产业国民收入和劳动力的相对比重上升,经济进一步发展;第三产业国民收入和劳动力的相对比重也开始上升
库兹涅茨法则	第一产业或农业所雇用的劳动力占全部劳动力的比例应该是不断下降的,在农业生产力相对稳定的情况下,其所创造的国民收入占整个国民收入的比重也会随之下降;第二产业或工业则不同,由于技术进步和固定资本投资的不断增加,雇佣劳动力所占的比重大体不变或者略有上升,但是创造的国民收入所占的比例总体上来看是上升的;第三产业或服务业在两个比例上都是上升的
钱纳里"标准结构"	在库兹涅茨研究的基础上,钱纳里对产业结构变动的一般趋势进行了更加深入的研究。钱纳里运用 101 个发展中国家特别是准工业化国家 1950—1970 年的统计资料,借助现代经济分析方法,通过比较这些国家的发展经历,研究这些国家产业结构转变的基本特征以及与经济增长的联系,提出了工业化过程中工业或产业"标准结构"
霍夫曼定理	各国工业化无论开始于何时,一般具有相同的趋势,即随着一国工业化的进展,消费品部门与资本品部门的净产值之比逐渐趋于下降,霍夫曼系数呈现不断下降的趋势,这就是著名的"霍夫曼定理"。霍夫曼定理揭示了产业结构发展的基本规律,该定理指出,在国家的工业化进程中,霍夫曼比例是不断下降的

表3-1(续)

理论名称	理论简介
筱原三代平的"动态比较费用论"	对于后进国家,通过制定合适的产业政策,随着部分产业生产要素禀赋的变化,原来处于劣势的产业可能成为优势产业,从而获得国际竞争力。该理论不仅论证了后起国家如何运用产业政策发展本国的劣势产业,而且说明了在开放条件下一国可以利用国际市场发展本国处于成长初期的产业,以实现产业结构的高度化
工业产业结构高度化	该理论包括两方面含义,一是工业结构的高加工度化,二是工业结构的技术集约化。工业结构的高加工度化是指在重工业化过程中,工业结构表现为以原材料工业为中心转向以加工装配业为中心的发展趋势,这一过程又称为高附加价值化。工业结构的高加工度化具有两大特征:一是产业链延长,附加价值提高;二是对能源、资源的依赖程度下降

3.2 区域工业结构优化调整影响因素

工业产业结构优化调整是一项综合性、系统性的研判工作。在实践中,应从世界产业发展趋势、经济发展阶段、区域资源禀赋和产业发展基础等方面进行综合考虑,科学合理地选择产业结构优化调整的方向和重点。

3.2.1 世界产业发展新趋势

(1)以先进制造业引领全球工业向高端发展。金融危机后,发达国家重新认识到实体经济和制造业支撑国民经济发展的极端重要性,以先进制造业为代表的实体经济受到重点关注,美国、欧洲等发达国家纷纷推出"再工业化"政策,以创新为中心、以高端为重点,重塑制造业竞争力。

(2)新兴产业发展孕育新突破。信息网络、生物、可再生能源等新技术正在酝酿新的突破,全球范围内新兴产业发展进入加速成长期,发达国家纷纷加紧在新兴科技领域前瞻布局,抢占未来科技和产业发展制高点。

(3)资源环境危机加速绿色低碳产业发展。随着资源和生态环境约束的进一步加剧,新工艺、新技术在传统产业节能降耗、增值增效领域的作用日益突出,新型节能环保技术、新能源技术等加速突破,将推动世界进入绿色、清洁、低碳发展的新阶段。

(4)工业化和信息化深度融合。网络和信息技术加速渗透和深度应用,将引发以智能、泛在、融合和普适为特征的新一轮信息产业变革,同时将加快信息技术与先进制造技术的深度融合，柔性制造、虚拟制造等日益成为世界先进制造业发展的重要方向。

（5）国际产业转移呈现新趋势。在国际金融危机的影响下，比较优势仍然是决定产业转移格局的主导力量，但国际产业转移将更加注重承接地的消费需求，并已进入技术、资本密集型产业与劳动密集型产业转移并存的阶段，新兴产业成为国际产业转移新焦点。整体来看，汽车、电子、石化、精细化工等产业均可能成为发展中国家承接产业转移的重点领域。

3.2.2 经济发展阶段新要求

3.2.2.1 工业化各阶段主导产业选择理论

发达国家和地区的经济发展实践表明，产业结构将随着经济发展阶段的变化经历一个由低级向高级演变的客观必然过程，在经济发展各个阶段对应着不同的主导产业部门。奥地利经济学家罗斯托通过对发达国家工业化发展历程的研究，提出了在经济发展各个阶段主导产业选择发展的 5 个阶段，见表 3-2。

表 3-2　罗斯托主导产业选择发展的 5 个阶段①

阶段	主导产业部门	主导产业群体或综合体
前工业化时期	棉纺部门	纺织工业、冶炼工业、采煤工业、早期制造业和交通运输业及其他工业
工业化初期	钢铁工业、铁路修建业	钢铁工业、采煤工业、造船工业、纺织工业、机器制造、铁路运输、轮船运输及其他工业
工业化中期	电力、汽车、化工和钢铁工业	电力工业、电器工业、机械制造业、化工工业、汽车工业及工业化初期主导产业群
工业化后期	汽车、石油钢铁和耐用消费品工业	耐用消费品工业、宇航工业、计算机工业、原子能工业、合成材料工业及工业化中期主导产业群
后工业化时期	信息产业	新材料工业、新能源工业、生物工程、宇航工业等新兴产业及工业化后期主导产业群

3.2.2.2 发达国家和地区工业化中后期主导产业选择实践及启示

当前成都市正处于工业化中期向工业化后期过渡的关键时期，根据目标导向性原则，本书仅对发达国家和地区工业化中后期的主导产业选择实践进行分析。

---

① 苏东水. 产业经济学［M］. 北京：高等教育出版社，2004.

以技术密集型产业为主导的韩国实践①。20 世纪六七十年代，韩国开始发展以轻纺工业为主的劳动密集型产业。20 世纪 70 年代后期，韩国开始由劳动密集型产业向资本密集型产业升级，重点发展重化工业；20 世纪 80 年代中期，韩国进入工业化中后期阶段，面对世界新技术革命的日益深入，韩国放弃了片面强调资本密集型重化工业的高速增长方式，提出"科技立国"的口号，重点发展汽车、电子、半导体、生物技术、精细化工等技术密集型产业，以科技创新带动产业升级。

巩固传统优势产业的意大利实践。同其他西方发达国家相比，意大利的资源较为贫乏，但意大利政府适时调整经济政策，重视优势产业的设计研发和引进新技术，大力实施品牌战略，培育了大量中小企业，促进了机械、皮革、制鞋、服装、家具、首饰、酿酒以及电子等工业的专业化发展，其中汽车制造、时装和时尚用品生产、奢侈品设计和制造、食品和葡萄酒生产已成为意大利最重要的四大支柱工业，也是意大利在全世界最具竞争力的行业。

以高新技术产业为主导的中国台湾实践。中国台湾工业以轻纺加工出口工业起步，经历了轻工业加工出口和重工业进口替代阶段、资本技术密集型阶段、高新技术产业阶段，基本上建立了比较齐全的以电子信息产业为主导的现代工业体系，涉及的主要行业包括电子信息、钢铁、机械、食品、制衣、汽车等，中国台湾现已成为全球最大的芯片代工基地。

突出支柱产业的上海实践。上海作为国内老工业基地之一，主要依托大基地、大企业、大项目、大品牌推动工业产业发展，多年来工业规模总量在全国各大城市稳居首位，形成了电子信息制造业、汽车制造业、石油化工及精细化工制造业、精品钢材制造业、成套设备制造业、生物医药制造业六大支柱产业。

从上述国家和地区的工业化中后期主导产业选择实践可以得出以下启示：一是以技术含量高的产业为导向。韩国、中国台湾、上海都将电子信息制造业作为主导产业，而意大利虽未将电子信息制造业列为主导产业，但其在巩固机械、皮革、制鞋、服装、家具等传统优势产业中，非常重视产业的设计研发和新技术引进。二是汽车、机械等重工业仍然是各发达国家和地区工业经济发展的重要支柱，在积极发展高新技术产业的同时，其并未完全放弃重化工业的发展。三是传统工业与新兴工业是相对的，即传统工业产业链中依然含有高技术的生产环节，同样可以技术占领市场，成为工业经济发展的重要力量，如意大

---

① 郭怀英. 韩国生产性服务业促进制造业结构升级研究 [J]. 宏观经济研究，2008（2）：17-19.

利制鞋、制革等传统产业。四是主导产业的选择应该立足区域实际，巩固传统优势产业的意大利与其资源贫乏密切相关，突出支柱产业的上海与其老工业基地密不可分。

3.2.2.3 基于工业化阶段的成都产业发展方向选择

通过前文分析，未来一段时期内成都将处于既有传统工业化后期特征又有后工业化特征的复合型工业化阶段，先进制造业与现代服务业依然将在很长一段时期内成为成都工业化进程的"双引擎"。从具体产业类型上看，未来成都工业主要集中在资金密集型和技术密集型产业，并且随着工业化进程的推进，逐步向技术密集型产业为主转变（如图3-1所示）。

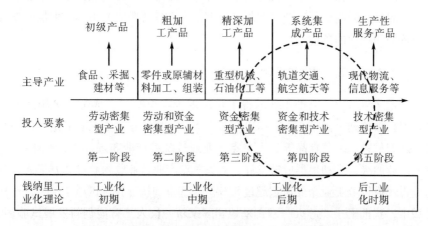

图3-1 基于工业化阶段的成都未来产业发展的选择

3.2.3 区域资源禀赋条件

技术人才优势。成都市是中国西南地区科技综合实力第一强市，拥有国家级重点实验室、工程技术研究中心、企业技术中心等研发平台36个，拥有软件、集成电路设计、新能源装备等国家级科技产业基地（园区）21个，国家级大学科技园3个，国家级企业孵化器9家。同时与全国其他主要城市相比，成都市不仅具有人才数量的相对优势，而且人力成本低于沿海地区，具有流动性低、稳定性高的特点，这对成都市选择技术密集型产业创造了良好的条件。

区域市场大。成都市是西部特大中心城市，产品市场直接辐射至四川省乃至整个西南地区。虽然成都不靠海不沿边，却地处"一带一路"和长江经济带重要的交汇点，是历史上"南丝绸之路"的起点和"北丝绸之路"的货源供应地，随着成都国际铁路港、天府国际机场等重大对外交通基础设施的建成运行，成都逐步将由内陆腹地向开放前沿转变，市场辐射空间进一步扩大。与此同时，由于缺乏水运条件，成都市在大件产品（设备）运输上依然存在较大困难，对大型设备生产形成了较大约束。同时，成都市内陆区位特征也不具备发展海洋工程成套设备等海洋型产业的条件。

环境与资源约束。成都市地处长江上游，承担着建设"长江上游生态屏障"的重任，2018 年 2 月，习近平总书记来川视察时指出"天府新区是'一带一路'建设和长江经济带发展的重要节点，一定要规划好建设好，特别是要突出公园城市特点，把生态价值考虑进去，努力打造新的增长极，建设内陆开放经济高地。"这是首次提出成都建设公园城市概念，对成都市产业发展提出了更高的环境保护要求。同时，成都市煤炭资源紧缺，石油、天然气短缺，不宜大规模发展高能耗产业。此外，成都市矿产资源匮乏，不具备大规模发展资源依赖型产业的条件。

3.2.4　区域产业发展基础

经过多年努力，成都工业取得了长足进步。2019 年，成都先进制造业城市发展指数位列全国第 8，较 2018 年提升 5 位，电子信息、装备制造、医药健康、新型材料、绿色食品等五大重点产业通过统筹产业布局，优化产业结构，提升产业能级，推动集群成链发展，五大重点产业营业收入超过 2 万亿元，制造业占规模以上工业企业比重超过 83%。成都市加快建设全国电子信息产业核心城市，获批国家"芯火"双创基地和国家新一代人工智能创新发展试验区；实施"蓉贝"软件人才计划，加快打造中国软件名城；集成电路、信息安全和软件服务业规模分别达到全国的 13%、15% 和 5%。汽车产业加速转型升级，全制式轨道交通装备制造及示范应用走在前列，中国商飞大飞机示范产业园揭牌运营，建成全球首个 10GW 高效晶硅电池基地，智能光伏、氢燃料电池产业水平全国领先。生物医药产业纳入国家第一批战略性新兴产业集群发展工程，"中国医美之都"加快建设。第三代化合物半导体材料等关键材料打破国外技术和产品封锁，碲化镉大面积发电玻璃、玄武岩连续纤维在全国率先实现产业化，新型材料产业快速发展。郫县豆瓣等 6 个地理标志产品进入 2019 中国品牌价值百强，绿色食品产业知名度不断提高。

新经济重点领域加快发展。积极发展数字经济、智能经济、流量经济，推动新一代信息技术、网络技术应用发展，积极发展"5G+""人工智能+""清洁能源+"等新经济重点领域，推动先进制造业和现代服务业深度融合。推进软件服务业和文化产业融合，网络视听、数字文创、动漫手游等新兴领域加快发展。加强 5G 产业顶层布局，积极推动研发、应用、生产"三大基地"建设，实现 5G 产业领先发展。引育人工智能企业 300 余家，8 家企业入选工信部人工智能创新重点任务揭榜目录。全市大力培育发展战略性新兴产业工作获国务院通报表扬。

产业生态加速构建。按照"一个产业、一个专班、一个路线图、一套政策体系、一批承载功能区"的发展思路，成都加快构建以电子信息、医药健康、绿色智能网联汽车、智能制造等先进制造业为牵引的产业生态圈，编制产业生态圈推进方案、细分产业领域行动计划，制定产业生态圈评价体系，以构建产业生态圈创新生态链为核心转变经济工作组织方式，推进产业发展取得积极成效。

顶层设计优化提升。坚持产业功能区建设是城市经济组织方式的重大变革，全市规划 31 个工业和信息化类产业功能区，优化产业空间布局。统筹规划产业布局，精准定位各功能区主导产业、细分领域，动态修编"两图一表"，实现全域统筹下的错位协同发展。统筹规划空间布局，指导各功能区编制优化城市总规、控制性详规和空间边界，发展集中度和功能区辨识度不断增强。

3.3　重点行业优化发展

3.3.1　电子信息产业

2019 年，全市电子信息规模以上企业实现营业收入 8 402 亿元、同比增长 14%；聚集规模以上企业 1 400 余家，其中包括世界 500 强企业 39 家，从业人员 60 余万人；获批国家"芯火"双创基地、国家网络视听产业基地、国家超高清视频产业基地。集成电路、新型显示、智能终端、软件、人工智能、信息网络 6 大主导产业发展势头强劲，成都电子信息产业功能区、成都新经济活力区、成都科学城、成都芯谷、成都金牛高新技术产业园区 5 大产业功能区带动全市电子信息产业蓬勃发展，产业规模位列中西部城市第一。

3.3.1.1　集成电路

（1）产业概况。

2019 年成都集成电路产业产值约 1 000 亿元，同比增长 19.5%，规模总量位居全国第五。其中，IC（集成电路）设计销售收入 70.4 亿元，排名全国第七；销售收入过亿元的企业共有 20 家左右，生产集成电路 52.44 亿块。成都集成电路产业聚集相关技术人才约 2.5 万人，上下游企业 150 余家，汇聚了英特尔、德州仪器、华为、紫光展锐等国内外集成电路领军企业,以及振芯科技、费恩格尔、和芯微、三零嘉微、雷电微力、海威华芯等本土知名企业,初步形成了包括 IC 设计、晶圆制造、封装测试、材料与配套、系统与整机等在内的相对完整的产业体系。

(2)重点发展领域。

2019 年,成都市推动了集成电路在 5G 通信、北斗导航、信息安全、化合物半导体、IP 核等细分领域的应用,初步形成了特色优势,促进了本地支撑性行业龙头企业的进一步成长。个别产品在全球供应链条占据一席之地,英特尔成都工厂对全球 50% 以上的笔记本电脑 CPU 进行封装测试,70% 以上的 CPU(中央处理器)芯片进行晶圆级的预处理。IC 设计领域初具规模、发展迅速,每年营业收入增速近 30%。

(3)重点项目推进。

2019 年,成都市积极推进了德州仪器集成电路封装测试生产项目厂房及附属设施工程、莫仕连接器扩产、宇芯生产线改造和三期新厂建设等 12 个项目开工建设,实际完成投资 17.2 亿元;推进紫光芯城、紫光成都存储器制造基地等 18 个项目建设,实际完成投资 131.2 亿元。

(4)产业布局。

成都集成电路产业呈现"一核双园多点"承载体系,形成了以高新区为集成电路产业发展核心区、以双流区和天府新区为集成电路产业发展重点园区的产业布局,结合全市各区特色及优势,全面覆盖集成电路设计、制造、封装测试、设备及材料等全产业链环节。成都"芯火"双创基地以成都市高新区为核心,先期设西区和南区两个点,西区选址成都电子信息产业功能区,南区选址新川科技园。

(5)下一步工作重点。

培育行业龙头企业。重点支持紫光 IC 国际城、"银杏"项目、成都"芯谷"、西部地理信息产业园等重大项目和英特尔、德州仪器等重点企业,吸引产业链上下游配套企业,以成都高新南区为主体建设高端集成电路综合设计园区,促进集成电路发展,全力打造集成电路产业生态体系。

优化产业营商环境。认真执行《进一步支持集成电路产业项目加快发展若干政策措施》和《支持集成电路设计业加快发展的若干政策》,发挥精准效能。积极支持国家"芯火"双创基地创建为国内一流、西部领先的产业创新和服务基地。继续举办中国(成都)电子信息博览会、青城山 IC 高峰论坛等产业交流活动,打造全球电子信息产业的成都品牌。

构建金融支撑体系。继续推动入资国家集成电路产业投资基金二期，提升成都在国家集成电路产业中的战略地位。积极加强与沪深证券交易所和申万宏源、中电华登、芯鑫融资租赁、四川省集安基金等专业投融资机构的合作，支持本土龙头企业上市。

构建产业协作链条。发挥绵阳、德阳、资阳、眉山、遂宁、乐山、雅安等市电子信息产业基础和比较优势，与各地进行对接，找到集成电路产业协作切入点，积极推动集成电路产业跨区域协同配套。鼓励各地积极招引集成电路领域共性薄弱环节、缺失环节项目，互补产业短板，建设跨区域协作分工体系，形成优势互补、有序分工的电子信息产业一体化发展格局，共同培育万亿级电子信息集群。

3.3.1.2 新型显示

（1）产业概况。

2019 年，成都市新型显示产业持续保持快速增长态势，全年实现主营业务收入 350 亿元，同比增长近 40%；纳入全市重点跟踪服务体系的 12 个重大项目完成投资 98.3 亿元。新增规上企业 3 户，贡献主营业务收入约 90 亿元，占显示产业总产值的 25.9%。其中，新增的 3 户规模以上企业，涵盖产业链上游原材料（日东材料偏光片）、中游面板制造（中电熊猫液晶显示面板）以及下游显示终端（京东方车载显示）。

（2）重点发展领域。

2019 年，成都市新型显示产业链不断完善，产业生态圈初步建成。成都市引进京东方、中电熊猫、深天马 3 户面板制造生产领军企业，聚集美国康宁、路维光电等 30 余户涉及玻璃基板、有机发光材料等上游配套企业，带动显示器、笔记本、智能手机等下游应用产业快速发展，形成了较为完备的新型显示产业链和生态圈。

（3）重点项目推进。

面板制造企业产能提升。中电熊猫 8.6 代 TFT-LCD 生产线于 2019 年 3 月实现满产，达到设计产能 120K 片/月；京东方 6 代 AMOLED 生产线不断优化完善工艺和流程，良率爬坡超过 70%。

产业链配套企业加快建设。京东方 AMOLED 触控一体化显示器件生产项目开工建设，设计产能 48K 片/月，进展顺利；中电熊猫高端新型显示终端项目于 2019 年 10 月 28 日启动开建，建成后年产整机 100 万台；路维光电国内首条 G11 代掩膜版于 2019 年 1 月 23 日成功下线，标志着我国首次具备超大尺寸面板用掩膜版的量产能力；虹宁显示 8.6 代玻璃基板项目于 2019 年 2 月竣工投产，达产产能 120K 片/月玻璃基板。

2019 年成都市新型显示产业亿元以上重大工业项目投资完成情况见表 3-3。

表 3-3　2019 年成都市新型显示产业亿元以上重大工业项目投资完成情况

项目类别	数量/个	计划总投资/亿元	2019 年计划投资/亿元	2019 年完成投资/亿元	完成年度计划/%
竣工投产	4	53	11.3	8.8	77.9
加快建设	4	482.2	171.8	88.8	51.7
促进开工	3	18	7.3	0.7	10
合计	11	553.2	190.4	98.3	51.6

（4）产业布局。

在 AMOLED 生产线和 TFT-LCD 生产线的带动下，成都形成"两点成片"的产业格局，即以成都高新区、双流区为"新型显示生产制造点"，并辐射、带动郫都区、崇州市等区（市、县）连成"智能应用及配套产业片区"，逐步构建新型显示产业高质量发展、配套设施高品质契合的完整生态圈。

（5）下一步工作重点。

成都将继续按照"规划指引+项目实施+政策配套"产业推进模式，加强部门、行业、区域合作，解决产业发展重大问题，打造国际级新型显示产业集群，力争全市新型显示产业实现"四再"目标。①产业规模再扩大。实现面板生产线全部满产达产，总产能达 258K 片/月，确保规模以上企业主营业务收入增速达到 20%。②产业配套再完备。加强招商引资，引进 2~3 家产业链配套企业，提升区域配套率。③创新能力再提升。引导企业加强产学研合作，促进 R&D（研究与开发）投入达到 5%以上，强化关键核心技术突破，加强前瞻领域技术储备。④产业生态圈再升级。发挥 AMOLED 生产线和 TFT-LCD 生产线的辐射带动效应，通过"两点成片"产业格局，形成新型显示产业高质量发展、配套设施高品质契合的完整生态圈。

加大政策实施。落实《关于进一步促进光电产业高质量发展若干政策的意见》的要求，尽快出台配套实施细则，切实解决企业发展中的痛点、难点，促使成都新型显示及关联产业不断完备产业链、整合供应链、提升价值链，推进产业有序发展。

重视技术创新。鼓励推动现有面板生产企业提升技术，推动关键技术、共性技术、前瞻性技术的研发和自主创新成果的产业化。围绕原材料和设备卡脖子领域，着力"吸收消化再创新"，建立以企业为主导、产学研用相结合的自主创新体系。

优化发展环境。完善产业数据、知识产权和环境保护预警机制，针对行业发展中遇到的突出问题及时分析预警。发挥行业协会的桥梁和纽带作用，密切联系新型显示企业和政府部门，为企业排忧解难。举办"成都品牌"的新型显示产业会展，提升成都新型显示产业的行业地位。积极对接区县，在产业功能区内选址打造新型显示和激光（光电）产业社区，形成产业链集聚态势，培育产业生态。

3.3.1.3　软件和信息技术服务

（1）产业概况。

2019 年，成都市软件服务业累计实现营业收入 4 487.5 亿元，增长 14.3%。其中，软件业务收入 3 520.2 亿元，增长 15.5%，增速较 2018 年提升 1.2 个百分点，在全国 15 个副省级城市中排名第 5。2019 年，全市新登记信息传输、软件和信息技术服务业市场主体 3 万余家，新增注册资本 2 096 亿元，同比增长 7.9%；软件类上市企业 29 家；实现税金总额 146.9 亿元，增长 10.9%；软件著作权累计申请达 14.7 万件，新增 4.5 万件，增长 23.6%；新增软件类专利授权约 1.2 万件；从业人员 38.9 万人，增长 7.7%；全市信息传输、软件和信息技术服务业市场主体合计 11.4 万户，注册资本合计 8 382.4 亿元。

（2）重点发展领域。

2019 年，成都市前瞻布局"关键技术+主要产品+新兴服务"的产业核心体系，在数字化、网络化、平台化、服务化、智能化、生态化 6 个维度推进产业生态的融合演进，深耕工业软件（含嵌入式系统）、数字文创、网络信息安全、集成电路设计（含测试）、智慧旅游 5 大领域，形成核心技术支撑、融合应用推动、比较优势凸显、行业特色引领的高质量发展新架构。成都市软件产业发展总体架构见图 3-2。

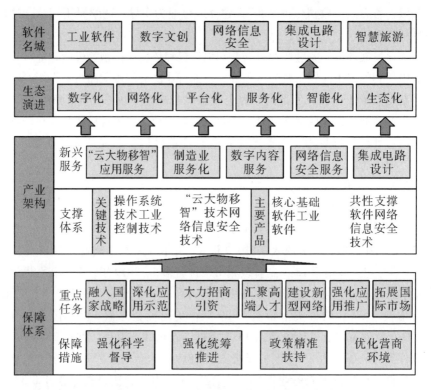

图 3-2 成都市软件产业发展总体架构

（3）重点项目推进。

2019 年，成都市入选工信部特色型信息消费示范城市；锦江区、青羊区、金堂县 3 个区（县）、10 个街道（镇）获批第二批智慧健康养老示范基地、示范街道（乡镇）；中国网安"面向装备制造行业生产控制系统的安全防护解决方案"入选工信部 2019 年工业互联网试点示范项目；成飞集团"航空复杂装备协同制造工业互联网平台"等 3 个项目入选工信部 2019 年制造业与互联网融合发展试点示范项目；成都博恩思"智能腹腔镜微创手术机器人"等 8 个项目入选工信部新一代人工智能产业创新重点任务揭榜入围名单。2019 年，成都市推进与华为签署"共同构建信息通信技术产业生态战略合作协议"，浙江大华、中软国际等重大项目成功落地，全市签约软件类重大项目 27 个，总投资约 683.66 亿元，其中，成都高新区 413.66 亿元，青白江区 145 亿元，双流区 53 亿元，居全市前三；第十七届中国国际软件合作洽谈会签约项目 14 个，总投资约 145.66 亿元。13 个重点跟踪的软件类市级重大项目实际完成投资 26.9 亿元，占全年计划投资的 118.0%。2019 年成都市软件服务业重大工业项目投资完成情况见表3-4。

表 3-4　2019 年成都市软件服务业重大工业项目投资完成情况

项目类别	数量/个	计划总投资/亿元	2019 年计划总投资/亿元	2019 年完成投资/亿元	完成年度计划/%
竣工投产	2	3.8	0.6	0.6	100
加快建设	8	260	17.3	22.2	128.3
促进开工	3	171.1	4.9	4.1	83.7
合计	13	434.9	22.8	26.9	118

（4）产业布局。

产业生态圈。2019 年，成都市按照"1+5"总体格局，错位发展、梯次配套，打造世界级、国家级、区域级产业名片，支持有条件的区（市、县）和产业功能区结合资源禀赋推动软件产业与主导产业融合发展，构建高质量软件产业生态圈。

核心聚集区。2019 年，成都市重点依托成都高新区，加快提升天府软件园品牌影响力和国际化能力，布局落地国产软件重大项目，引进国际、国内软件巨头，打造世界级高端软件研发聚集区，软件业务规模超过 3 000 亿元。

五大产业基地。2019 年，成都市重点依托四川天府新区成都片区、锦江区、青羊区、双流区、都江堰市，加快建设网络信息安全、数字文创、工业软件、集成电路设计、智慧旅游五个产业基地，培育增长新动能，打造中国软件名城的产业名片，软件业务规模分别超过 500 亿元、1 000 亿元、1 000 亿元、500 亿元、300 亿元。

（5）下一步工作重点。

服务企业共克时艰。搭建由市级部门、区（市、县）协同的软件企业复工信息共享平台，及时掌握企业复工动态、疫情防控情况和问题诉求，依托"软件服务业发展推进工作联席会议制度"机制，解决好企业经营发展中出现的瓶颈问题。

积极融入国家战略。一是争取国家重大工程。围绕 5 大类软件产品、4 大产业链环节、3 大基础能力，主动对接国家关键软件自主创新工程。二是打造公共技术平台。围绕自主软硬件系统、网络信息安全等领域布局国产软件协同攻关及体验推广中心。三是建设人才培养基地。围绕优化人才培养体系推动打造一批新型软件学院、软件新工科基地、软件实训（实习）基地。四是争创

"中国软件名园"。积极争取工业和信息化部等国家部委、经济和信息化厅等省级部门的支持，推动区（市、县）依托自身特色组团打造"中国软件名园"。对标中国软件名园指标体系引导策略，加强与国家级研究机构合作，拟制创建中国软件名园工作方案，力争入围全国首批"中国软件名园"。

重点突出人才支撑。一是推出"蓉贝"续集。继续实施"蓉贝"软件人才计划，统筹谋划第十八届中国国际软件合作洽谈会、第十四届中国成都国际软件设计与应用大赛。二是加大选才力度。加强"蓉贝"软件人才评选工作专班建设，调整优化"蓉贝"软件人才评选条件、标准及流程，加大评选力度，推出"第二批成都软件人才榜单"。三是加强人才服务。强化宣传策划，提升政策覆盖面和知晓度，打造"蓉贝"软件人才公共服务平台，促进国际国内软件人才来蓉创（置）业。四是办好软件大赛。创新办赛机制，提升中国成都国际软件设计与应用大赛品牌影响力。

大力招商引资。一是深化与华为的合作。着力打造汽车电子产业园，支持华为办好数字车载供应商峰会，开展汽车电子产业链招商；着力打造鲲鹏生态基地，推动基于 ARM 体系的产业链招商，促进产业链关键环节企业聚集发展。二是加强落实会展招商。充分利用中国国际软件合作洽谈会、C3 安全峰会、成都全球创新创业交易会、中国网络视听大会等大型产业交流平台，对接跟踪重点企业，大力引进知名软件企业落户成都。三是促进新签项目开工。一方面做好远洋大数据生态产业园项目、中国电信"云锦天府"云计算中心项目等13 个已签约项目的服务工作，推进其落地注册、开工建设；另一方面促进2019 年第十七届软洽会新签约的中软国际新经济创新总部基地项目、大米科技西区总部及 LingoBus 全球总部项目等 14 个项目落地注册、加快建设。四是加快重大项目建设。促进省通信产业服务总部基地暨云计算创新产品研发运营中心项目开工建设，推动方正西南区总部及研发中心项目、欧珀第二运营基地项目等 5 个项目加快建设，促进天象互动天创科技中心项目、中国移动外包服务中心项目等 3 个项目竣工投运。

着力强化保障机制。一是强化对上协调。积极与工信部信息技术发展司、省领导联系软件服务业机制办公室工作协同，推动形成部省市软件产业工作会商机制，参与国家软件产业投资基金。二是强化市级推动。发挥好全市联席会议机制作用，建立市级创建中国软件名园工作机制；进一步落实软件服务业行业统计制度，科学评估新冠肺炎疫情对行业发展的影响；运用好《成都市世界软件名城发展评估指标体系》和《成都市中国软件名城示范区指标体系》成果，完善评估机制，客观评价和科学研判行业形势。三是强化专班支撑。在

"1+5"区（市、县）强化软件产业发展推进及争创中国软件名园的工作专班配置，支持成都市工业经济发展研究中心、成都市软件产业发展中心等单位强化或组建软件产业发展研究的有关工作单元。

积极实施标准引领。一是推广国家标准。开展"软件工程软件开发成本度量规范"试点，推进软件成本度量与价值评估应用，支持企业开展 ITSS（信息技术服务标准）、DCMM（数据管理能力成熟度评估模型）符合性评估。二是加强地方标准体系建设。完成修订区域性地方标准"成都市软件和信息技术服务企业能力成熟度评价体系"，研究制定地方标准"智能服务框架体系"。

3.3.1.4 信息安全

（1）产业概况。

2019 年，成都市网络信息安全产业规模达到 271.14 亿元，同比增长20.2%。2019 年，成都市成功举办 2019 年国家工业信息安全技能大赛、"C3安全峰会·2019"、"天府杯"国际网络安全大赛暨高峰论坛、首届世界信息安全大会等重大活动，产业聚集力和城市影响力进一步提升。

（2）重点发展领域。

2019 年，成都市基于网络信息安全产业发展现状和技术发展趋势，结合现有产业基础和需求，重点发展工业互联网安全、物理安全、数据安全、区块链安全、信创产业和安全服务等领域。

（3）重点项目推进。

2019 年，国家工控安全质检中心西南实验室、锦江金融安全产业园、绿盟科技第二总部基地等 20 余个重要载体和重大项目在成都签约落地，总投资超过 150 亿元。成都主动对接浪潮、同方、航天科工等 60 余户国内领军企业，签约及即将签约企业突破 30 户。支持承担国家重大项目建设，3 户企业代表全市首次成功中标国家工业互联网创新发展工程安全类项目，1 户企业中标国家工业强基专项，5 户企业成功入选全国网络安全技术应用试点示范项目。

（4）产业布局。

全市网络信息安全产业已形成"1+2"的空间布局。"1"个核心发展区包括成都高新区南部园区、四川天府新区成都片区、双流区。重点支持信息技术应用创新、传统安全产品、网络信息安全服务和新兴领域安全四个网络信息安全领域，形成网络信息安全产业的主要聚集区与核心发展区。"2"个特色产业协作区包括武侯产业园和锦江产业园。以传统安全产品为主的武侯产业园重点发展无线电监测、抗电磁干扰等传统网络信息安全产业，以金融安全为主的锦江产业园重点发展征信大数据、风险控制等金融安全服务。

（5）下一步工作重点。

加快推进网络信息安全产业发展。把信创产业纳入网络信息安全产业统筹谋划，深入开展产业分析，研究出台网络信息安全产业专项政策，推动相关领域技术研发、园区建设和应用示范。瞄准紫光、曙光、海尔、360政企安全集团等行业龙头企业，开展重大项目招商引资，争取重大项目，扩大投资总量。推动四川省信息技术应用与保障中心、四川省商用密码检测机构加快建设。继续办好国家工业信息安全技能大赛、"天府杯"国际网络安全大赛暨高峰论坛等重大活动。

积极争取国家支持。扎实推进国家工业信息安全创新中心筹建工作，争创国家级制造业创新中心零的突破。继续做好国家网络安全产业园区争创工作，支持国家无线电监测中心在蓉设立西部检测中心。加大工业互联网创新发展工程、无线电频率占用费等国家专项经费争取力度。

持续完善工业信息安全科学治理体系。开展全市工业信息安全保障体系规划设计，启动成都市工业信息安全监测平台二期建设，主动对接国家和四川省监测体系，逐步完善工业互联网、工业App等重要领域监测能力，新增服务企业能力。

精心开展大运会无线电保障筹备工作。按照国家重大赛事无线电保障指南要求，编制大运会无线电安全保障总体方案，细化形成频率管理、无线电监测、无线电检测、无线电执法、应急预案、风险评估等分项工作方案。统筹争取使用国家和成都市建设经费，全面启动龙泉山一类监测站、3座三类站等13个技术设施建设项目，涉及设备软件上百台（套）。

3.3.2 装备制造产业

2019年，成都市装备制造产业主要发展汽车、航空航天、轨道交通、智能制造与精密机械、节能环保等领域。其中，汽车制造规模以上企业246户，实现主营业务收入1 686.2亿元；航空航天制造规模以上企业82户，实现营业收入707.8亿元；轨道交通规模以上企业97家，实现主营业务收入285.2亿元；智能制造与精密机械规模以上企业344家，实现营业收入424.7亿元；节能环保规模以上企业367户，实现主营业务收入821.6亿元。

3.3.2.1 汽车

（1）产业概况。

2019年，成都市规模以上汽车企业246户（含500亿元以上1家，300亿元以上 2 家，100 亿元以上 5 家，10 亿元及以上企业 15 家，1 亿元及以上企业 133 家），其中整车企业 28 户，产能规模已达到 200 万辆，从业人员超过 9 万人。全市汽车产业实现汽车产量 102.58 万辆，同比下降 19.9%，实现主营业务收入 1 686.2 亿元，同比下降 12.6%，实现税收 242.4 亿元，实现利润 129.8 亿元。2019 年成都市汽车产业主要经济指标见表 3-5。2019 年成都市主要汽车产品产量见表 3-6。

表 3-5　2019 年成都市汽车产业主要经济指标

工业增加值增速/%	主营业务收入		利税/亿元	利润/亿元
	总量/亿元	增速/%		
-9.0	1 686.2	-12.6	242.4	129.8

表 3-6　2019 年成都市主要汽车产品产量

车型	产量/万辆	车型	产量/万辆
新速腾轿车、新捷达轿车	47.3	柯斯达客车、普拉多越野车	16.2
标致 4008、标致 5008、天逸 350	4.4	一汽专用	0.1
沃尔沃 XC60、S60L	10.8	重汽王牌商用车	1.8
吉利 SUV	9.5	野马汽车	0.8
成都造客车	0.26	大运轻卡货车、专用车	8.2
成都雅骏专用车	0.05	一汽解放中重型载重车	3.1

（2）重点发展领域。

2019 年，成都市紧抓汽车产业电动化、网联化、智能化、共享化发展趋势，以新能源汽车和智能网联汽车为突破口，引领汽车产业转型升级，着力整车、关键零部件、汽车后市场及服务三大领域，以产业生态圈理念为统揽，推进产业链协作、创新链协同、供应链建设、要素精准配置和市场空间拓展，推动形成空间集聚、规模经济、创新融合和多维协同的产业生态圈发展格局，加快世界级绿色智能网联汽车产业集群建设。

（3）重点项目推进。

2019 年，成都市重大汽车项目共计 71 个，计划总投资 1 539.7 亿元，中德智能网联汽车四川试验基地项目、吉利 BMA 乘用车平台项目和长江新能源纯电动乘用汽车及锂离子动力电池项目，单个投资均超过 100 亿元；全年累计完成投资 137.5 亿元，占年计划的 96.4%；吉利新能源电动汽车项目、EBO 新车型和新速腾 MQB 平台改造项目等 34 个项目竣工投产；四川航天世源汽车部件有限公司发动机零部件扩建项目、成都大运汽车集团有限公司生产车间智能化、数字化技术改造项目等 9 个项目加快建设；康鸿塑胶汽车零部件制造扩能增产项目、中德智能网联汽车四川试验基地项目等 28 个项目开工建设。

（4）产业布局。

2019 年，成都市明确了由成都汽车产业功能区为核心，统筹简州新城、中法生态园、四川天府新区新能源新材料 4 个产业功能区，形成"1 核+3 新"的产业空间布局。以成都汽车产业功能区为核心，重点发展先进制造、研发设计、总部经济、检验检测与认证等，突出存量项目转型升级、扶优做强，增量引进集群成链、聚链成圈；简州新城重点发展新能源和智能网联整车，融合动力电池、汽车电子、车联网设备等关键部件设备研制，打造绿色智能网联汽车产业智造新城；中法生态园重点发展车联网、智能网联、工业数字化运用，打造智能网联汽车产业国际商务、对外交往的新窗口；四川天府新区天府新能源新材料产业功能区重点发展动力电池、储能电池产业、新能源汽车零部件和各类新材料，打造智能网联汽车产业加速前行动能新引擎。

（5）下一步工作重点。

加强政策研究和行业指导。进一步研究国家发改委《汽车产业投资管理规定》和工信部《道路机动车生产企业及产品准入管理办法》，紧跟行业发展步伐和时代要求，更好指导行业按照国家要求实现转型升级。

秉持生态圈理念，坚持创新驱动发展战略。明晰汽车产业发展方向，坚持有所为有所不为，大力发展新能源和智能网联汽车产业；提高核心竞争实力，以构建产业生态圈、创新生态链塑造比较优势，打造和提升具有国际竞争力和区域带动力的现代汽车产业集群；融入全球产业分工，以成都国际铁路班列为平台，推动汽车产业产能平台与销售渠道全球布局，强化平台建设和区域协作，构建开放包容的汽车发展体系。

促进汽车产业转型升级和结构优化。落实国家 2019 年新能源汽车推广应用政策要求，将新能源汽车地方补贴资金转移到支持新能源汽车的使用和运营上，在财税方面给予新能源汽车产业发展支持政策，调整完善全市新能源汽车产业发展和推广应用支持政策。

做好氢能产业引导和培育工作。引导和支持产业快速聚集，加快推进氢能产业基地建设，支持创新研发、生产要素保障、人才支撑体系建设、建立国别合作园区、示范应用等。同时，继续在全市投入 100 辆氢燃料公交车，建立燃料物流车运营平台，开展氢燃料物流车验证性示范运营。

推进智能网联汽车发展。发布《智能网联汽车道路测试管理规范实施细则》，在技术研发和创新平台体系建设、配套基础设施建设、产业引导和扶持、示范应用、中德智能网联汽车测试基地建设、智能网联汽车道路测试管理规范实施上，明确责任分工、推进措施和时间节点，为未来汽车"电动化、智能化、高端化、国际化"打下坚实的基础。

3.3.2.2 航空航天

（1）产业概况。

2019 年，全市 82 户航空航天制造规模以上企业实现营业收入 707.8 亿元，同比增长 14.7%。其中，68 户实现营业收入 654.6 亿元，同比增长 15.1%；14 户实现营业收入 53.1 亿元，同比增长 9.8%。

（2）重点发展领域。

整机研制与生产领域。防务整机飞行器设计关键技术领域及相关设备研发水平不断提升，具备主力战机总体设计、系统集成能力。防务整机生产保持全国领先，飞机结构制造、大型零部件成型、复材加工、数控高精度加工和总装集成等领域优势突出。自主研制的"翼龙"等型号无人机亮相国庆七十周年阅兵，"云影"等型号无人机出口多国，大型货运无人机 AT200 成功首飞，"成都造"全球影响力进一步扩大。

航空发动机研制与生产领域。具备航空发动机整机研制、试验能力，拥有亚洲最大的高空试验台，承担了大量国家急需军用飞机、大型民用客机动力装置以及高空模拟技术的研究和试验任务。具备航空发动机研制生产所需的成套能力，建立了适应国际航空发动机制造的完整体系，在设计、研发、技术、管理等方面积累了丰富的国际合作经验，中小推力航空发动机、叶片等领域积累了较强的技术实力和制造能力。

核心大部件研制与生产领域。中国商飞上飞院（成都）机头设计中心是国产大飞机机头唯一的定点生产企业，承担了国产中型客机 C919、支线客机 ARJ21、水陆两栖飞机 AG600 的机头研制任务，也是空客、波音等国际知名航空企业的部件供应商，承接波音 757 尾段、空客 A320 后登机门等项目转包生产业务，形成了机头、舱门类、翼面和壁板类的制造专业化优势。

航空机载设备和航电设备领域。成都是国内飞行器大气数据系统、通信导航等航电设备的重要制造基地。成都的飞机大气数据系统、飞行集成数据系统、仪表及传感器、无线数据传输系统、航空燃油测控系统、航空发动机点火系统、机场弱电产品和系统集成等产业处于国内领先。中电科航空电子有限公司承担 C919 客机的通信、导航和机舱娱乐系统的研制工作，正在从集成总装向系统自研和系统供应商升级发展。民航二所和川大智胜等单位自主研制的导航系统具有较高的市场占有率。

飞机维修领域。成都军用航空发动机维修、军用直升机维修的技术水平达到亚洲领先水平。海特高新、四川国际、川航维修、川航发动机维修和华太等维修企业在飞机整机、航空发动机、导航、雷达、通信和仪表电器系统维修能力处于国内领先。四川国际航空发动机保税维修项目一期已完成，正在开展二期建设，年维修能力将达 300 台。

卫星载荷和导航服务领域。卫星导航定位、航天器大部件及核心机构、测运控和卫星载荷领域具有较强的产业基础，正加快推进建设四川航天高新技术军民融合产业基地、重大宇航装备智能制造基地、中国航天装备西部制造基地。振芯科技已发展成为国内综合实力最强、产品系列最全、技术水平领先的北斗关键元器件研发和生产企业之一，初步形成了北斗卫星应用产业基础，具备了航天大部件批量生产能力。国星通信开发出的车载型、手持型等多种卫星导航定位终端产品广泛应用于水利监测、海洋渔业等多个民用领域，核心技术填补了多项国内空白。

（3）重点项目推进。

2019 年，成都市 32 个航空航天亿元以上产业化项目完成投资 71.5 亿元，完成年度投资计划的 102.3%，中国商飞民机示范产业园等 11 个项目竣工投产，中国民航飞行学院天府校区等 9 个项目开工建设。国家高端航空装备技术创新中心进展顺利，正加快打造国际知名的航空智能制造技术创新和工程应用基地；四川航空产业园一期竣工，加快建设"四中心""四平台"等公共服务平台，加速打造高品质四川成都航空产业园。

（4）产业布局。

航空航天产业功能区主导产业基本明确，细分领域逐渐精准，空间布局日益稳定，初步形成了青羊总部经济区、成都空天产业功能区为"双核心"，双流航空经济区、成都高新航空经济区为"双枢纽"，新都现代交通产业功能区、淮州新城为"双特色"的错位协同发展格局，6 大功能区支撑全市航空航天产业高质量发展。

（5）下一步工作重点。

完善航空航天创新体系和科研实验基础设施。支持航空工业成飞牵头申报国家高端航空装备技术创新中心，打造国际知名的航空智能制造技术创新和工程应用基地；建成中国航发涡轮院研发总部，做强航空发动机研发；推进四川联合航空维修与再制造协同创新中心加快建设，服务军民用航空装备维修保障；依托民航二所、中国民航飞行学院，建成中国民航科技创新示范区，加快适航技术研究、人才培训和试验试飞验证条件建设。

全面增强整机发动机研制能力。加快建设航空整机产业基地，增强在国家防务装备制造体系中的支撑力量；发挥无人机整机研发制造、飞行控制系统、配套运营服务为一体的完善产业链优势，建立5G网联无人机创新实验基地，推动5G新技术在无人机领域的应用，加快建设中航无人机研发平台、大鹏无人机等项目，重点支持军贸无人机、货运无人机及工业级无人机研制，推进无人机产业规模化发展；主动服务"两机专项"等国家战略；支持以高性能燃气涡轮发动机、活塞发动机为代表的中小推力航空发动机自主研制，积极引进国外成熟的整机和关键零部件生产线。

优化提升机载和航电设备研制能级。支持航空工业泛华、凯天及中电科航电等单位，重点发展价值链高端的航空传感器、机载通信导航系统、数据链系统、客舱信息系统、卫星通信系统及飞行模拟技术；支持民航二所、中电科航电建设航电系统适航审定中心，加速适航取证、航空电子系统及分系统集成与测试验证技术取得突破，奠定成都在全国适航试验和认定领域的龙头地位。

全面提升民机关键大部件总装集成水平。支持成飞民机加快研制C919、CR929客机机头、舱门等民用飞机大部件，深度参与国产大飞机机头设计，推动由机头结构制造升级为机头产品交付，打造国内唯一机头系统集成供应基地。

大力发展航空维修服务和再制造。重点提升民用整机、航空发动机和关键零部件等高附加值产品综合维修能力，支持国内外主力航空公司在蓉设立综合保障基地；支持川航维修等企业取得CAAC、EASA、FAA等国际维修资质，引导零部件配套企业在蓉集聚发展，拓展地面培训、改装升级、客改货和飞机回收等市场。

全面补齐航天制造全产业链条。对航天科技、航天科工等核心集团给予大力支持，争取在全市布局商业火箭、卫星研制、重大宇航装备智能制造基地等航天核心业务；积极推进航天科工智能测控研究院、中国测控产业发展联盟、中国测控产业园在蓉落地，提升产业基础能力和产业链水平。

以功能区为载体推动生态圈建设。支持航空产业功能区围绕航空产业个性化需求大力建设标准化厂房、人才公寓，高标准推进工艺研究、计量测试、军民融合等平台建设，合理配置医疗、教育、休闲、娱乐等公共服务功能，不断提升功能区对外形象和承载能力；坚持协作共享理念，积极探索产业跨区域协作机制，推动航空产业功能区的规划协同、项目协同、政策协同；着眼航空产业发展共性需求，探索"政策众筹"模式，提升产业功能区政策支持精准度、匹配度，构建市区联动的政策体系。

3.3.2.3 轨道交通

（1）产业概况。

2019年，全市轨道交通全产业链主营业务收入约1421.7亿元，同比增长15.9%，其中97家规模以上轨道交通工业企业实现主营业务收入285.2亿元，增长8.8%，实现利润14.3亿元；全年生产地铁A型车辆1106辆，100%低地板有轨电车105辆，开展客车架修974辆。

（2）重点发展领域。

推动关键技术攻关。重点突破中低速磁悬浮、单轨、现代有轨电车等核心关键技术，攻克高铁货运动车和适应山地地形的米轨制式"齿轨+轮轨"列车技术。

强化装备制造实力。提升地铁、单轨、有轨电车、中低速磁悬浮等车辆装备形成规模化制造能力，重点发展车体、转向架、制动系统等车辆关键零部件，轨道交通电气控制设备、通信信号系统等机电产品。

发展装备维保服务。开展计量、标准、合格评定一体化服务；利用大数据、云计算、物联网、北斗、5G等技术，推动运营环境、技术装备及线网客流预警等在线监测系统建设，发展咨询服务业务，提升轨道交通运营维保整体实力。

（3）重点项目推进。

2019年，成都市轨道交通产业22个亿元以上重大工业项目总投资222.53亿元，全年计划投资39.27亿元，完成投资36.04亿元，占全年计划的91.77%。推动10个项目开工建设，3个项目竣工投产，9个项目加快建设。

中低速磁浮综合试验线项目。项目位于新津县天府智能制造产业园，由成都市新筑路桥机械股份有限公司实施，拟建设中低速磁浮综合试验线及相关配套附属设施，满足设计速度200 km/h的中低速磁浮列车直线行驶、加减速、最大坡度、最大侧倾角、最小转弯半径、最高速度与信号系统、供电系统和自动驾驶系统等全功能试验和验证。项目总投资6.18亿元，2018年10月开工建设，2019年11月主体竣工。

天马高端轴承智能制造基地项目。项目位于青白江区欧洲产业园，由成都天马精密机械有限公司建设，该项目具有国际领先水平的年产30万台（套）轨道交通轴承（高铁、城市轻轨、地铁）生产线，年产10万吨高端轴承新材料生产线、年产 5 000 台（套）海洋风电轴承生产线。项目总投资 30 亿元，2019 年 1 月开工建设，计划于 2021 年 12 月竣工，2019 年计划投资 6 亿元，实际完成 6.8 亿元投资，完成计划的 106.9%。

尚源轨道交通配套装备西南生产基地项目。项目位于新都区成都轨道航空产业功能区，由成都尚源轨道交通设备有限公司实施，占地约 51 亩（1 亩 ≈ 667 平方米），建设轨道交通配套设备线槽、分线箱、穿线管、地板、车体骨架、风道、防雪板等地铁、高铁配件生产基地。项目总投资 5 亿元，2018 年 5 月开工建设，2019 年 10 月竣工投产。

铁路检测设备制造项目。项目位于双流区成都航空经济功能区，由成都国铁电气设备公司实施，占地约 400 亩。项目总投资 6.4 亿元，2019 年 5 月开工建设，2020 年 9 月竣工投产。

（4）产业布局。

经过多年的发展，全市已形成以西南交通大学为技术引领，金牛区为功能总部，新都、新津、蒲江为生产生活配套基地的"一校一总部三基地"的空间布局。在此基础上，充分发挥西南交通大学、中铁二院教育科研优势，在金牛高新技术产业园区加快发展以技术研发、勘察设计为主导的智慧新城，提升轨道交通总部基地功能；以中车成都轨道交通产业园为载体，在新都现代交通产业功能区加快建设以车辆制造及检修为主导的制修新城；以新筑股份、长客新筑等龙头企业为依托，在新津天府智能制造产业园加快建设以新制式造修为主导的创新新城；以川藏铁路配套产业和维保基地为依托，在蒲江寿安新城规划建设以轨道装备研发制造、铁路物流保障为主导的川藏铁路维运生活新城。

（5）下一步工作重点。

高效务实纾危解困，有序推动稳产满产。持续深入开展"送政策、帮企业、送服务、解难题"专项行动，加强资金、用工、物流、能源、土地及防疫物资等协调保障，畅通供应链，建强补强产业链，积极发展配套协作的产业集群，修复产业生态，加快推动企业稳产满产。

加快构建创新体系，增强核心竞争能力。围绕产业链构建创新链，建立以企业需求为导向、市场化运作的科创空间，加快川藏铁路技术创新中心、中铁高铁研究院等科创基础设施和平台建设，积极开展高速货运动车、中低速磁悬浮、氢能源有轨电车等装备攻关；推动本地配套能力建设，加大本土企业培育力度，探索制定本地配套率与市场挂钩机制，力争本地配套率达到 50% 以上。

大力拓展产业链条，加快产业融合发展。发展装备维保服务，争取更多型号动车组高级维修资质，加快川藏铁路维保服务布局和城轨维保基地建设，把成都打造成轨道交通中国西部维保中心；发展智能运维服务，在轨道在线监测检修、人脸识别等智能化技术及产品方面力求新突破，以中国西部首条全自动驾驶线路成都地铁9号线建设为契机，引育一批智能化企业，形成新的产业增长点。

持续优化功能配套，实现产业加速集聚。强化功能配套，加快蒲江川藏铁路生产生活基地规划建设，超前布局标准厂房、公共服务设施、配套住房等基础设施，构筑产业竞争新优势；着力招优引强，策划包装和招引经济效益好、带动作用强的龙头和关键配套项目，力争新招引世界500强企业2家、头部和重点企业10家以上。

聚焦都市圈建设，推进区域协同成势见效。抢抓成渝地区双城经济圈建设机遇，加快推进高铁、城际铁路项目建设，高质量谋划一批重大轨道交通项目，争取纳入国家规划；加快成德眉资同城化发展，深入推进铁路公交化运营，加强轨道交通产业区域协作，共同发布城市机会清单，探索共建示范产业园区，在山地齿轨、中低速磁悬浮等领域开展技术攻关、产品配套合作。

3.3.2.4 智能制造与精密机械

（1）产业概况。

2019年，成都智能制造与精密机械聚焦高档数控机床、机器人、智能仓储与物流、智能成套装备等重点领域，着力强化产业服务保障，厚植产业发展基础、构建产业生态圈，推动产业高质量发展。

（2）重点发展领域。

智能制造装备。大力推进高档数控机床、工业机器人、增材制造、智能检测与控制等智能制造装备企业发展。全市共有智能制造装备企业150余家，部分企业处于行业领先地位。高档数控机床、工业机器人、增材制造等智能制造装备企业加快发展，卡诺普的机器人控制器在国内具有领先优势，工业机器人两大核心技术——控制系统和伺服系统实现全自主开发。圭目机器人公司道面检测机器人已成功进入飞机跑道和高速公路领域。

精密机械。加快发展电工电器、机械基础件、工程机械、机床工具、矿山机械等，培育了四川空分、成量工具、日机密封、金星石化等龙头企业。其中，四川空分是国内三大空分设备企业之一，日机密封公司是国内动密封行业唯一上市公司，天马轴承是我国轴承行业中第一家具备"材料、轴承、装备"三大产业链整合优势的高端制造型企业。

（3）重点项目推进。

2019年，全市43个重大项目完成投资53.3亿元，占年度计划投资额的

71.8%。其中，一锦科技智能智造企业总部基地、弘林机械数控木工机械生产线等11个竣工投产项目完成投资10.6亿元；哈工大机器人科技产业园、透平巴能精密校正一体化研究实验与工业中心等11个项目已完成投资17.6亿元；正西机器人研发制造基地等21个促建开工项目完成投资25.1亿元。

（4）产业布局。

结合全市产业现状和未来发展要求，围绕重点领域，立足全市整体发展和区域协调，突出比较优势，坚持错位协同、集约集群发展，科学谋划产业主攻方向和突破重点，加快形成多区联动的产业总体布局。成都市智能制造产业布局见表3-7。

表3-7 成都市智能制造产业布局

	产业功能区	细分领域	所在区（市、县）
1	成都电子信息产业功能区	重点发展通用服务器CPU、北斗导航芯片、5G射频芯片等芯片设计，芯片制造，封装测试等；LCD/AMOLED面板等先进显示部件材料的研制；VR/AR智能穿戴、视听通信等智能终端产品	成都高新区
2	成都科学城	重点发展以新一代人工智能为特色的数字经济，细分领域包括人工智能基础算法、智能制造芯片、工业云等；研究开发服务、知识产权服务、科技资讯、科技金融、技术转移等高新技术服务业	四川天府新区成都直管区
3	天府智能制造产业园	重点发展传感识别、精密传动、伺服控制等；高档数控机床、数控系统和工业机器人二次开发和集成应用、服务机器人；大力发展智能家电、智能家居产品及系统集成、智能技术与服务等	新津区
4	青白江欧洲产业城	重点发展智能物流与仓储装备和配套系统服务，包含条形扫描、射频识别等设备，拣选机器人、自动码垛机器人等物流机器人，识别条码库房管理系统（WMS）、仓储控制系统（WCS）等；智能电视等家电产品；供应链物流、生产性物流等智慧物流管理	青白江区
5	成都龙潭新经济产业功能区	重点发展机器人控制器、伺服系统、减速器、机器人本体、智能传感器等核心零部件研制；非标工业自动化生产线研制，机器人系统集成、智能成套设备；大力发展网络设备、信息终端设备、智能车载设备、智能测控装置研制和检验检测服务等	成华区

表3-7(续)

	产业功能区	细分领域	所在区（市、县）
6	中德（蒲江）中小企业合作区	重点发展高精密轴承、齿轮、伺服电机和液压气动元件与系统、密封件、传动元件等智能制造关键基础零部件，电子变压器、继电器、光电线缆、敏感元件、弹性元件、机电元件等元器件和切削、研磨等电动工具；大力发展智能技术职业教育培训和职业技术资格等级认定等配套服务	蒲江县

（5）下一步工作重点。

强化项目引育。聚焦产业链高端和价值链核心，瞄准"六类500强"目标企业、全球行业巨头和国内龙头企业，围绕智能装备制造、数控系统和系统集成服务等方向开展精准招商，补齐智能制造产业链引领性项目和头部企业缺失的短板。梳理龙头企业产业链清单，发布企业供应能力清单和需求清单，推动企业建立替代供应商方案和配套企业目录表，培育一批可替代关键零部件企业和本地替代供应商。推动西门子成都工厂三期、中电九天智能制造与服务项目加快建设，促进哈工大机器人二期、天齐增材制造研发及产业基地项目开工建设。

深化智能制造。通过技术、资本强强联合等方式催生行业内的龙头企业，推进智能制造装备、核心软件、工业互联网集成应用，进一步提升成都智能制造系统集成与服务能力。征集智能化改造意愿，组织专家、系统解决方案供应商和智能装备企业开展咨询服务，提供具有个性化的综合解决方案。加强政策宣传，全年支持和引导一批企业实施智能化改造、建设数字化车间和智能工厂。

强化生态培育。着力建设工业互联网公共服务平台、智能制造促进中心，开展金融、政策、市场拓展、人才、信息、培训和方案咨询等"一站式"综合服务。细化、完善产业功能区核心起步区总体规划，着力产业功能区1平方千米核心起步区建设，加强产业功能区对外形象策划和宣传推介，完成产业功能区VI设计展示推广，提升功能区辨识度和显示度。

强化区域协同。围绕智能装备重点领域，支持跨区域组建项目联合体，开展关键共性技术联合攻关和高端装备创新研制。支持龙头企业在成渝、成德眉资地区解决产业配套、拓展应用市场，支持大中小企业建立长期稳定的战略协作关系。发挥成都市智能制造产业生态圈联盟和行业协会作用，建立面向成渝、成德眉资地区的交流合作平台。

3.3.2.5 节能环保产业

（1）产业概况。

2019 年，成都市 367 户节能环保产业规模以上企业实现主营业务收入821.6 亿元，同比增长 5%，实现利润 70.8 亿元，同比增长 24%。全市节能环保产业主营业务收入排名位列全国节能环保产业主要城市第二方阵。

（2）重点发展领域。

节能领域。重点发展节能电机、高效节能锅炉、精密空调、LED 照明灯具、动力电池及高端 3C 电子用锂离子电池和材料等技术装备产品。

环保领域。重点发展环境污染处理药剂材料，工业废气 VOCs 催化剂、催化膜及膜组件，超磁分离水体净化成套设备，MagBR 一体化污水处理，离心机，脱硫脱硝，移动污染源污染物减排治理，PM2.5 治理，空气净化，气态污染物治理，降噪等技术装备产品。

资源循环利用领域。重点发展垃圾发电、新能源汽车动力电池回收利用、工业固废和危废处理、废旧汽车和废旧电器电子产品处理、生物质固废无害化处理与资源化利用等技术装备产品。

（3）重点项目推进。

全年推进节能环保产业亿元以上重大工业项目 15 个，计划总投资 88.8 亿元，年度计划投资 17.43 亿元，全年完成投资 17.84 亿元，完成年度计划的102.35%。成都淮州天平环保机械有限公司环保设备生产项目、四川金尚环保有限公司环保油脂项目、四川骏驰电力设备有限公司成套设备项目等实现竣工投产；香港天宇智能科技集团实业有限公司智能环保智能装备制造（出口）西南总部基地项目、简阳粤丰环保发电有限公司简阳环保发电厂项目、成都思达特电器有限公司环保智能机械设备项目等加快建设；中节能（成都）环保生态产业有限公司节能环保装备产业园项目、成都辉腾塑胶有限公司环保塑胶管材生产项目等实现开工建设。

（4）产业布局。

全市节能环保产业以绿色先进装备产品制造业为重点，初步形成以淮州新城为主体功能区的产业格局，重点发展高效节能装备（产品）制造、先进环保装备（产品）制造、资源循环利用及节能环保服务，努力将成都建设成中西部地区规模最大、集中度最高、门类最齐全、配套最完善的国家级节能环保产业基地。

（5）下一步工作重点。

多措并举发挥规划引领作用。编制《成都市节能环保产业"十四五"规划》等规划性文件，研判产业发展机遇，强化主体功能定位，提出节能环保产业发展目标、工作思路、重点任务，引领节能环保产业高质量发展；研究起草《成都市环保产业稳链补链行动方案》《成都市环保产业补链行动推进图》，针对产业链薄弱、缺失环节，研究提出龙头企业招引、本地企业培育、补链强链等措施，促进节能环保产业集群集链发展。

创新引领赋能高质量发展。制定产业功能区绿色低碳发展培育标准和实施方案，打造主导产业特色鲜明、生态环境宜居宜业的产业功能区样板；进一步在各区（市、县）推广筛选一批产业功能区实施绿色低碳发展建设试点示范，辅导产业功能区开展绿色低碳发展试点工作，探索产业功能区绿色低碳发展新模式。按照"市场导向、政府牵引、开放创新、共享共赢"的原则，积极为节能环保企业和高校、科研机构合作牵线搭桥，通过交流论坛、校企对接会、成果推介会等形式，推动攻克一批亟须解决的核心关键技术，培育发展一批具有品牌优势和技术优势的自主创新型企业，构建开放式政产学研协同创新体系。

招引行业龙头培育新动能。聚焦节能环保产业缺失环节和重点领域，以产业发展为目标，以产业创新为动力，以稳链补链为主线，精细绘制产业招商地图，梳理目标企业招引清单，制定专项招商方案，建立市区企联动招商机制，重点瞄准"六类500强"和国内节能环保50强企业，开展招商引资和推介活动。

持续跟踪重点项目落地。做好阳光龙净集团三个合作项目的签约促进工作，加快推动项目落地注册和开工建设；持续跟进山东德州景津环保股份有限公司招商引资工作；加大节能环保高端装备产品和运营企业、研发检测机构、企业（区域）总部和重大项目的引进力度，争取更多龙头企业和重大项目落地成都，形成集技术研发、装备制造、工程设计、施工建设、运营管理等一体的全过程发展模式。

持续优化企业营商环境。加强对经济运行中重要情况的调查研究，深度分析预判产业走势，及时提出对策建议，协调解决企业生产经营中的困难；指导和推荐企业申报各专项和支持资金，加大市级产业扶持，积极做好重点企业、重大项目的用地、用能等要素保障；继续举办"成都国际环保博览会""四川节能环保品牌推广全川行活动""中国国际节能环保技术装备展示交易会暨中国（成都）国际绿色产业博览会"等重要展会，积极搭建产业交流平台，不断提升成都节能环保产业的知名度和影响力。

3.3.3 医药健康产业

2019 年，成都市上下认真贯彻落实市委市政府重大决策部署，全力推进医药健康产业生态圈建设，成都市医药健康产业实现平稳较快发展。

（1）产业概况。

2019 年，成都市 242 户规模以上生物医药企业完成营业收入 685.5 亿元，同比增长 12.7%；实现利润 113 亿元，同比增长 23%；完成医药工业投资 179.5 亿元、同比增长 25.3%。新签约引进 60 个医药健康重大项目，协议总投资 915.45 亿元。纳入重点跟踪服务体系的 55 个生物医药项目完成投资 736.6 亿元，完成全年投资计划的 106.8%。拥有年主营业务收入 10 亿元以上企业 13 户，以及亿元以上单品种 103 个。2019 年成都市生物医药产业亿元以上重大工业项目投资完成情况见表 3-8。

表 3-8　2019 年成都市生物医药产业亿元以上重大工业项目投资完成情况

项目类别	数量/个	计划总投资/亿元	2019 年计划投资/亿元	2019 年完成投资/亿元	完成年度计划/%
竣工投产	10	64.4	19.3	22.5	116.6
加快建设	27	383.4	56.2	67.2	119.6
促进开工	18	288.8	20.0	12.3	61.5
合计	55	736.6	95.5	102.0	106.8

（2）重点发展领域。

生物医药领域。成都医药健康产业形成了从基础研究、药物发现、药物设计、临床前开发、临床试验到工业化生产的全链条创新体系。生物医药产业集群成功纳入国家第一批战略性新兴产业集群发展工程，拥有科伦药业、倍特药业、康弘药业、天台山药业四家百强企业，细分领域竞争力持续提升，大输液产品全国第 1，血液制品占全国 1/3。国家级医药研究平台齐全度名列全国前茅，国家生物医药大科学装置、新药安全评价中心等具有国际领先优势。截至 2019 年年底，成都通过仿制药一致性评价的药品数量排名全国第一，国产药品获批数量排名第二位，药物临床试验总数位列全国第四，CDE 受理 Ⅰ、Ⅱ 类新药数量排名全国第六。

医疗健康领域。成都具有较为丰富的医疗卫生资源，医疗健康服务能力较为突出。2019年，全市医疗卫生机构12 121家，数量仅次于北京、重庆，拥有三甲医院34家，具备国际化医疗服务能力的医疗卫生机构19家；千人口实际开放床位数8.98张，居副省级城市第一。拥有国家级医学重点学科、专科（含中医）72个、省级259个，居副省级城市第三。

供应链建设。成都依托国际门户枢纽城市的战略优势，打造冷链物流、保税交易和通关服务三大功能平台，构建"东上海、西成都、连全球"生物医药供应链格局，成为继北京、上海等之后获批进口生物制品的第五个城市。实现跨国药企艾尔建首单1亿元产品通关，成为西部首个医疗产品"空铁联运"通关城市。天府国际生物城正加快建设符合GSP认证、ISO国际认证的冷链物流仓库，将填补医药冷链物流设施空白。

（3）重点项目推进。

瞄准龙头项目开展投资促进。深入开展"百日擂台赛""六类500强"等活动，举办2019中日先进医疗与新药研发高峰论坛暨成果转化大会、中国中医药产业创新大会、中国生物技术创新大会等，强化产业推介和项目对接；赴北上广深和欧美日韩拜访知名企业400余户，相继引进波士顿科学、艾昆纬等跨国制药巨头。

突出关键环节推进项目建设。开展全覆盖走访服务、项目靠前服务促建攻坚等活动，协调解决项目推进中的问题。全市重点促建的125个医药健康重大项目完成投资240亿元，药明生物研发生产一体化中心等41个项目开工，微芯创新药生产基地等29个项目竣工。

（4）产业布局。

差异化布局。大力推进产业功能区建设，优化产业空间布局，形成成都天府国际生物城、成都医学城、天府中药城、华西大健康产业功能区四大承载地。依托成都高新区和双流区联建天府国际生物城，以生物医药、生物医学工程、生物服务、健康新经济为产业主攻方向；在温江区建设成都医学城，着力在"三医融合"、互联网+生物医学技术"跨界"融合上突破；在彭州市建设天府中药城，集中药材种植繁育、研发制造、商贸流通以及中医药文化旅游和康养于一体；在武侯区建设华西大健康产业功能区，以医疗医美、大健康金融为主攻方向。

完善推进机制。在功能区构建"管委会+平台公司+运营公司"专班推进机制，推进员额制用人制度改革，功能区管理机构中具有生物医药健康产业相关背景人员占比达80%，实现专业人干专业事。坚持"管行业抓产业"，集聚相关部门力量协同推进功能区建设，在天府国际生物城探索卫健委、经信局、市场监管局"三合一"大部制改革，推进医药研发、生产、销售高效联动。推进"引凤筑巢"转向"筑巢引凤"，提前建设标准厂房，大幅压缩企业投产周期。

推动产城融合建设功能区。优化调整产业功能区规划和"两图一表"，制定支持天府国际生物城等功能区发展政策，加快建设生产配套、生活配套、绿色生态等设施。天府国际生物城建成永安湖绿道示范段 10 千米、湿地公园 26.5 万平方米，人才公寓入住，湖畔餐厅开业，幼儿园及小学正式招生；成都医学城建成创新载体 135 万平方米，新开工人才公寓 35.38 万平方米；天府中药城抓紧完善总体规划，加快园区管线迁改、水电气及污水管网设施建设。

（5）下一步工作重点。

聚焦协同发展，深化医药健康产业生态圈建设。围绕成渝双城经济圈、成德眉资同城化等战略，探索产业生态圈区域协作新路径，优化生态圈建设规划，组建全市医药健康产业联盟，推动生物医药、医疗健康和医药商贸融合发展；落实促进产业高质量发展实施意见及配套政策，支持生物城、医学城、中药城、华西大健康等产业功能区建设，打造高品质产业社区，带动全市医药健康产业突破 5 000 亿元；加快推进天府国际医疗中心、环华西国际智慧医谷、"医美之都"国际示范街区等建设，助力打造国际医疗消费中心；加快供应链服务中心建设，提升一站式通关平台、标准化冷链仓储服务功能，招引跨国医药企业来蓉通关。

着眼创新提能，全力推动产业创新发展。围绕全市医药健康产业主攻方向、重点领域，鼓励企业参加国家药品集采，积极扩大市场份额，支持科伦药业、倍特药业等龙头企业丰富研发管线及新药品种，远大蜀阳、蓉生药业等优势企业加快技改升级项目实施，先导、康诺亚等高成长企业提升创新创造能力。办好国际先进医疗与新药研发、第三届成都国际医美产业大会等会议，推动企业对接和项目落地，促进更多生物医药创新成果在蓉转化实施。积极争取国家级平台及优质资源支持，推动放射性药品检验检测平台尽快落地，推进国家生物治疗集中攻关大平台、前沿医学研究中心等重大创新平台建设，筹建全市 GCP 联盟（中关村玖泰药物临床实验技术创新联盟），提升新药研发全链条服务能力。

汇聚高端要素，持续优化产业发展生态。做好"十四五"医药健康重大项目策划，深入分析国际国内龙头企业投资布局，精准掌握企业高层变动、业务重组、新品研发等动态，赴欧洲、日本、印度、以色列、上海等地开展精准招商，推动葛兰素史克、武田制药、大冢制药等在谈项目尽快签约落地。完善高端骨干人才引进服务体系和各类产业人才培养体系，为人才提供子女入学、购房等高质量服务，多措并举缓解人才短缺难题。用好医药健康产业投资基金，支持产业功能区设立医药健康风险投资和天使投资基金，引导优质项目向产业功能区聚集。

建立应对突发重大公共卫生事件应急防控体系。通过全面推进法治体系规范化建设、预案体系标准化建设、指挥体系高效化建设，筑牢公共卫生应急管理根基。通过提升应急响应能力、联防联控能力、公共卫生社区治理能力、舆情引导与宣传能力，提升卫生应急处置能力。通过成立成都市预防医学研究院、应急药物筛选评估中心，遴选一批在检测试剂开发、药物研究、疫苗开发等领域具有良好基础的企业，在应急状态下开展"老药新用"药物临床试验等工作，提升应急科研攻关能力。依托"城市大脑"构建跨部门、跨层级、跨区域信息整合利用机制。整合医疗医药、饮用水食品安全、职业病、传染病等监测预警系统，建立公共卫生监测预警大平台和应用系统。建设国家级应急物流调度和储运基地，建成国家应急位置储备中心城市。建立应急物资储备目录，健全应急物资政府集中收储、企业协议储备、相关机构自身储备等管理机制。

3.3.4 新型材料产业

（1）产业概况。

成都市新型材料产业按照"5+5+1"现代产业体系进行部署，聚焦产业需求高、企业基础好、研发创新优、资源禀赋好的新型材料细分领域，构建完善的先进材料产业生态圈，着力打造"四大特色材料+四大优势材料"的新型材料产业体系，培育壮大千亿级新型材料产业。2019 年，全市先进材料产业规模以上工业企业达到 588 户，实现主营收入 1 403.7 亿元，同比增长 21.6%；实现利润 83.6 亿元，同比增长 24.4%。产业规模位居全国第二梯队前列，其中，光学元器件国内市场占有率达到 40%，有色金属熔体材料、汽车尾气催化剂国内市场占有率达到 30%。

（2）重点发展领域。

电子信息材料。打造全国领先的电子信息材料产业集聚区。聚焦电子信息产业发展需求，打造国内领先的半导体材料制造基地，建设新型显示材料研制高地，打造电子信息关键材料研发高地。

先进装备材料。打造特色鲜明的先进金属装备材料产业集聚区。聚焦装备制造产业发展需求，大力发展装备制造金属材料，打造装备制造金属材料生产研发基地，发挥成都特色优势，建设国家重要的高性能有色金属材料研制基地。

新型能源材料。构建新型能源材料产业集聚区。聚焦新能源汽车产业发展需求，把握产业发展趋势，建设全国重要的锂电池材料生产研发基地，提前布局氢能产业，打造氢燃料电池材料研发基地。

医药健康材料。打造全国知名的生物健康材料产业聚集区。聚焦医药健康产业发展需求，加大生物健康材料研发力度，打造生物健康材料研发高地，构建特色生物材料创新高地。

高性能纤维及复合材料。打造优势领先的高性能纤维及复合材料产业研发制造高地。大力突破高性能纤维产业化关键技术、做优复合材料特色产品，建设高性能纤维原丝生产基地，打造高性能纤维复合材料产业集群。

先进高分子材料。建设先进高分子材料优势产品研制基地。依托国家级工程技术平台优势，加快先进高分子材料关键技术研发，打造国内领先的先进高分子材料研制基地。

稀土功能材料。培育具有特色竞争优势的稀土功能材料产业集群。打造特色鲜明的稀土功能材料研制基地，建设国内稀土功能材料核心研发区。

前沿新材料。建设前沿新材料研发应用示范区。抢占前沿新材料研发制高点，打造石墨烯和先进碳材料研发基地，建设前沿新材料应用示范区。

（3）重点项目推进。

2019 年，成都市新型材料产业亿元以上重点项目 54 个，计划总投资 827.98 亿元，已完成投资 125.55 亿元。其中，成都市博伦沃德新能源年产 2 万吨锂离子电池三元正极材料制造项目、成都新晨新材年产 300 吨 PBO 高性能纤维生产基地等 23 个项目已竣工投产，完成投资 18.55 亿元；成都中节能反光材料年产 5 000 吨硅微球反光材料生产基地、金发科技年产 50 万吨碳纤维及其复合材料生产线等 12 个项目加快建设，完成投资 81.49 亿元；厦门钨业钼新材料先进制造（出口）基地、四川航天拓鑫玄武岩实业的玄武岩纤维新材料产业技术研究院等 19 个项目加快建设，完成投资 25.51 亿元。

（4）产业布局。

围绕主导产业发展需求，依托青白江、彭州、邛崃 3 个重点产业功能区载体，立足资源禀赋和发展基础，错位协同发展，重点强链补链延链，构建先进材料产业生态圈。

青白江先进材料产业功能区。重点发展高性能纤维及复合材料、新型能源材料、新型金属材料等，发挥龙头企业带动作用，引领新型材料产业高质量发展。

成都新材料产业功能区。重点发展先进高分子材料，将上游原料优势转化为产业高质量发展动力源，打造全市先进材料未来重点发展区。

天府新区新能源新材料产业功能区。重点发展新型能源材料、第三代半导体等电子信息材料，依托现有的重点项目助力全市先进制造业高质量发展。

（5）下一步工作重点。

聚焦高质量发展，错位协同加强功能区建设。重点围绕符合产业基础和配套需要的细分领域，加快建设生产活动所需的功能性平台、专业化基础设施配套和公共设施配套，着力优化产业空间发展格局。充分发挥 3 个核心功能区承载作用，推动"产城人"向"人城产"发展逻辑转换，加快提升产业基础能力和整体效益。

聚焦建链补链强链，实现融合发展，优化产业生态。积极争取国家重大项目布局，支持企业申报国家和全省重大专项、技术改造等政策支持项目。推进产业链与创新链延伸联动发展，在产业链上培育聚集一批竞争力强的重点企业和配套企业，在创新链上吸引一批影响力强的研究创新团队。重点筛选引进一批具有国际影响力的先进材料领域展会活动，做好目标企业邀请等工作。聚焦电子信息等主导产业发展需求，在衍生领域构建新的产业链条，打造高性能复合材料、新型金属材料等先进材料产品的应用示范工程。

聚焦"卡脖子"材料，推进自主创新。围绕"卡脖子"关键材料，加快聚集全球顶尖科研机构，吸引国际科技组织、知名高校、科研院所和科技服务机构来蓉设立分支机构，开展关键技术联合攻关。推动创新资源供给制度与先进材料产业发展需求匹配度，整合全市先进材料领域重点实验室、工程技术中心和企业技术中心等创新资源，推进主体用户、核心企业、大专院校、科研机构形成市场化的全新伙伴关系，加快前沿新材料技术成果转化，在核心技术上实现自主化。

3.3.5 绿色食品产业

（1）产业概况。

绿色食品产业是成都市传统优势产业。2019 年，全市绿色食品产业保持平稳发展。围绕全球川菜中央厨房、川酒振兴主阵地大平台、特色方便休闲食品创制中心、健康饮料生产基地 4 大领域，成都市加快构建特色鲜明、全链融合、绿色安全，具有国际竞争力和区域带动力的绿色食品产业生态圈。全市绿色食品产业规模以上工业增加值同比增长 8.6%；419 户规模以上绿色食品工业企业实现主营业务收入 1 078.6 亿元，同比增长 2.8%；实现利税 243.2 亿元，利润 49.8 亿元。全市绿色食品产业完成工业固定资产投资 131.5 亿元，占全市工业固定资产投资总额的 5.7%。

（2）重点发展领域。

川菜及调味品领域。坚持技术引领产业升级，通过开展郫县豆瓣微生物菌种和川菜工业化等共性技术研究，延伸发展以郫县豆瓣为核心的川菜复合调味品。发挥成都国际门户枢纽和"蓉欧快铁+航空"的空铁联运优势，聚焦风靡全球的川菜、火锅等四川美食，支持企业在更大范围配置资源、开拓市场，构建成都绿色食品产业买全球、卖全球的竞争优势，打造全球川菜中央厨房。

名优酒领域。发挥"主干"担当，以世界顶级白酒发源地、固态蒸馏白酒高端品牌集聚区为支撑，依托成都平原及周边地区特色水果资源，通过建设中国白酒体验中心及国内领先的特色果酒产业高地，打造川酒振兴主阵地大平台。

方便休闲食品领域。围绕营养、健康需求带来的消费升级，提升产品风味，提高产品品质，丰富产品功能，形成技术研发优势和产品制造优势。重点发展方便食品类、干制果蔬类、肉禽鱼制品类、谷物烘焙类、糖食类等休闲产品，打造方便休闲食品创制中心。

健康饮料领域。依托天然优质水源优势，推进地理标志保护产品申报认证，发挥地处中国茶树原产地和茶文化发源地、川茶重要产区的优势，开展关键技术及产品开发，围绕不同应用场景，精准开发满足不同群体的中高端产品，打造健康饮料生产基地。

（3）重点项目推进。

2019 年，全市绿色食品产业 28 个重大项目计划总投资 111.73 亿元，年度计划投资 43.75 亿元，实际完成年度投资 40.91 亿元，15 个项目竣工投产，12 个项目开工建设。可口可乐瓶装水生产基地等 15 个项目竣工投产，景田百岁山矿泉水生产基地等 12 个项目开工建设。推动帝亚吉欧公司实施水井坊全产业链基地项目，杨国福集团新上 C 端麻辣烫调味品生产线，顺牛酒业新建智能化灌装线及酒库。

（4）产业布局。

统筹优化产业空间布局，精准确定产业功能区主攻方向和重点领域，推动绿色食品产业相关功能区差异化、高端化、品牌化发展。将成都川菜产业园打造为建设全球川菜中央厨房的主支撑，将邛崃绿色食品产业功能区打造为建设川酒振兴主阵地大平台的主支撑，将中德（蒲江）中小企业合作区打造为建设健康饮料生产基地的主支撑，将中国天府农业博览园打造为建设四川农产品集中展示平台的主支撑。以构建产业生态圈创新生态链为抓手，优化政策体系，完善功能配套，聚集产业高端要素，加快建设一批发展势头强劲、带动效应显著、安全绿色健康，具有鲜明特色和一流水平的绿色食品产业功能区。

（5）下一步工作重点。

主动迎接消费升级，运用新零售、新媒体、新技术推动绿色食品产业品类重构、渠道重构、传播重构，实现品牌重构，打造新领域领导品牌、新场景专业品牌。深挖成都美食历史文化资源，建设具有"国际范、成都味"的老字号商圈、品牌特色街区，形成品牌传播新地标。

依托公园城市建设，以独具特色的川西林盘为载体，改造提升传统民居，植入四川美食文化，叠加度假旅游等现代功能，打造精品民宿，营造食品体验消费新场景，发展夜宵等体验消费、个性消费，建立鲜明标识，提升成都绿色食品产业显示度。

围绕人力资源全生命周期需求，高品质完善教育、医疗、商业等生活配套，辅以绿地、绿道、公园等景观配套，根据主导产业特点和需求配套专业化标准厂房、仓储物流等，增强具有公园形态和园区功能的现代新型城市社区产业承载和要素聚集力。

以龙头企业为主体，联合高校、科研院所和产业链上下游企业共建重大创新平台，构建以国家级创新平台为核心，资源共享、开放合作的创新平台体系。围绕食品基础研究、重大技术应用、关键装备自主化、创新成果产业化等，加快突破一批关键共性技术。支持企业加大技术改造力度，逐步实施数字化、智能化改造。

3.3.6 新经济重点领域

2019年，全市新经济重点领域主要发展人工智能+、5G产业、新能源产业等。其中，人工智能相关企业累计营业收入超过120亿元，关联产业规模超过1 000亿元；5G产业重点发展智慧交通、超高清、智慧医疗、智慧城市、工业互联网等领域；新能源产业拥有规模以上企业74户，实现工业总产值127.83亿元，同比增长42.85%。

3.3.6.1 人工智能+

（1）产业概况。

2019年，全市人工智能相关企业累计营业收入超过120亿元，关联产业规模超过1 000亿元。获评西部首个科技部国家新一代人工智能创新发展试验区，正积极争创工信部国家人工智能创新应用先导区。已引育人工智能相关企业 300 余家，企业数量全国排名第 7，形成了以百度、商汤科技、科大讯飞等行业龙头企业和以川大智胜、四方伟业等本土骨干企业为代表的人工智能企业集群。

（2）重点发展领域。

智慧交通领域。发布全国首个智慧交通创新应用，利用无人机编队对高速公路进行巡查监管；建成全国首个"5G+AI"智慧公交管理调度系统，完成金沙公交场站人脸识别支付场景改造，方便市民出行。

智慧环保领域。在"科学治堵""扬尘治理"等领域率先开展产业沙箱；建成数智环境大气系统，实现环保大气业务大协同。

智慧警务领域。利用 AI 技术助力新型智慧警务实战应用，提升公共安全服务能力。在桂溪公园、锦城公园等公园绿道推广建设智能体育设施和智慧绿道系统。

智慧医疗领域。四川大学研发的乳腺癌彩超人工智能诊断系统 DeepBC 和肺结节智能诊断系统 DeepLN 在部分医疗机构开展试用；布法罗机器人与电子科技大学合作研制的"下肢步行外骨骼"成为全国首批获得认证的外骨骼机器人。

智慧金融领域。打造金融人工智能产学研用一体化科技创新平台，为中小型金融机构和个人用户提供智能、高效、安全的金融服务。

智慧农业领域。针对生猪养殖屠宰、农产品质量安全、农业"四情"监测等重要环节进行人工智能改造，实现农业数字化。

（3）重点项目推进。

围绕人工智能产业"两图一表"，强化补链强链、以链招商，引进哈工智能人工智能产业园项目、北京国承万通人工智能装备及数据工厂项目等 11 个人工智能产业重大项目，协议金额超 260 亿元；海康威视、中科院成都科学研究中心等 40 余个重点项目加快推进，2019 年总投资额达 80 亿元。推进云锦人工智能芯片、集奥聚合、云天励飞等一批潜在项目加快落地；赴北京、上海、深圳等地组织人工智能招商引资专题推介会，促成百度、爱奇艺、科大讯飞与高新区，北京航天测控与成华区，域乎与锦江区达成合作意向。

（4）产业布局。

按照"人产城"融合的理念，构建人工智能产业生态圈，成都天府新区新经济产业园、天府数智谷已建成投用，独角兽岛、海创园正加快建设；成都高新区构建起以天府软件园为核心，孵化园、AI 创新中心等多个园区和专业特色楼宇相对集中发展的产业载体格局；武侯区依托华西医学优质医疗资源，以"环华西国际智慧医谷"为核心，打造"一谷一园一中心"三大百亿级大健康产业集群；锦江区以新兴媒体融合发展产业功能区为载体，突出智能化理念，打造西部新媒体中心新传媒高地；金牛区以高新技术产业园北区起步园为载体打造人工智能产业园；温江区主动融入电子科技大学"一校一带"，共同打造"三医＋AI"产业科技公园，已建成1.5万平方米的"三医＋AI"创客空间。

（5）下一步工作重点。

落实政策方案。按照《成都市加快人工智能产业发展推进方案（2019—2022年）》，围绕应用示范、生态构建、产业培育等工作重点扎实推进。印发《成都市加快人工智能产业发展专项政策》实施细则，加快政策措施落实兑现。

培育行业应用。打造以行业融合应用引领的人工智能新业态、新模式、新场景，遴选基础条件较好、产品解决方案较成熟的普惠金融、智慧医疗、智能低空服务等关键领域，加快建设一批人工智能产业创新应用，带动产业发展。

营造产业生态。以建设"国家新一代人工智能创新发展试验区""国家人工智能创新应用先导区"为契机，以高新区、天府新区为重点，加强产业载体建设，打造"独角兽岛"、5G未来城人工智能产业集聚区，加快政、产、学、研协同创新，积极引进、组织人工智能品牌盛会，构建人工智能产业生态体系。

3.3.6.2　5G产业

（1）产业概况。

2019年是5G产业发展商用元年，成都5G网络建站速度与商用准备处于全国第一阵列。2019年，成都累计建成5G基站10 066个，基本实现重点区域5G网络覆盖，聚焦智慧交通、超高清领域、智慧医疗、智慧城市、工业互联网等5G产业重点领域，聚集了新华三集团成都研究院、中国移动成都产业研究院、嘉纳海威等5G产业重点企业和研究机构。

（2）重点发展领域。

智慧交通领域。完成全国首个"5G＋云＋AI智慧监控"商用项目，实现对二环高架道路主要病害的智能分析判别和超高清视频回传。

超高清领域。在世警会开展了全球首次5G＋4K/8K超高清直播，各电信运营商在马拉松赛推出5G赛道勘察、多机位5G直播、个人MV生成、5G急救车服务、5G马拉松全记录等多项应用。

智慧医疗领域。中国移动成都产业研究院联合研发的 5G 医疗应急救援车已运用于 70 周年国庆阅兵保障，移动携手华西第二医院开通了"全球首个 5G 专网"，移动与新津县医院签署 5G 救护、5G 切片等框架合作协议，联通与新津县医院启动 5G 远程 B 超医疗试点，彭州市妇幼保健院开展 5G+远程医疗试点。

智慧城市领域。打造全国首个 5G"警银 e 站"便民服务站，以"5G+互联网+人工智能"为技术驱动实现 65 项交管功能。

工业互联网领域。成都移动携手成飞集团研发基于 5G MEC 的可视化智能检测产品。

（3）重点项目推进。

加强 5G 产业项目精准招引。新签约引进中国信科集团光电子（成都）中心项目、鼎桥通信安全终端及能源物联网项目、新华三高端路由器芯片设计开发基地项目等 5G 重大项目 17 个，协议总投资额约 260 亿元，电信集团拟在蓉设立 5G 创新基地；加大 5G 企业孵化培育力度，发布《5G 科技项目指南》引导企业围绕 5G 前端、中端关键核心产品和行业应用设备实施创新研发，并将 30 余条 5G 应用项目供需信息纳入城市机会清单对外发布。

（4）产业布局。

5G 产业创新载体建设加快，新川创新科技园、AI 创新中心、成电国际创新中心、空港新城云锦天府项目、天府国际生物城 5 大产业载体成效显著，郫都区与电子科技大学合作打造的逆向创新孵化基地已开展 5G 技术研发项目 23 个，天府新区着力推进"天府无线谷"整体规划建设。

（5）下一步工作重点。

发挥应用引领作用。支持和鼓励企业研发解决方案和产品，积极探索 5G 在垂直行业的融合应用。围绕超高清、智慧医疗、无人机、工业互联网等重点领域，打造行业示范应用，带动产业发展。

加强 5G 企业培育。引导具有核心技术、比较优势的中小企业打造 5G 核心产品和产业化项目，支持企业做大做强。培育掌握 5G 核心要素、对上下游及周边产品有联动影响、具有垂直一体化整合能力的企业，推动 5G 产业发展。

稳步推进产业发展。围绕"两图一表"精准招商，做大做强产业链。发挥本地中高频企业集聚优势，鼓励企业开拓 5G 中高频和毫米波产品市场，加快切入全球 5G 供应链。

进一步优化产业生态。积极争取举办高水平、高层级论坛、展会、赛事等重大活动，为企业、产品、技术搭建展示交流平台，营造产业发展氛围。加速新川科技园、天府无线谷等5G产业载体建设，整合国内外创新资源，以"专业会展+产业功能区+N"的新模式，加快构建5G产业生态体系。

3.3.6.3 新能源产业

（1）产业概况。

2019年，全市74户新能源产业规模以上企业实现工业总产值127.83亿元，同比增长42.85%；实现主营业务收入184.1亿元，同比增长9.06%；实缴税金4.87亿元，同比增长45.51%；实现利润10.69亿元，同比增长100.17%。

（2）重点发展领域。

太阳能光伏领域。重点发展高效晶硅电池片及组件、碲化镉薄膜玻璃电池片、逆变器及储能关键设备、光伏辅材制造等产品，拓展光伏系统集成应用，打造太阳能光伏全产业链。

氢能领域。重点发展燃料电池电堆及核心零部件、电解水制氢装备、高压氢气及液氢储运容器、氢气加注设备等，打造高水平氢能"制—储—运—加—用"全产业链。

锂电池领域。重点发展锂离子动力电池、储能电池等。

核电风电领域。重点做强做优核电控制棒驱动机构、风电液压润滑系统、风电主控系统、核电管道、核石墨等关键配置产品，优化提升核电、风电等产业配套能力。

（3）重点项目推进。

全年推进新能源产业亿元以上重大项目11个，年度计划投资41.6亿元，实际完成投资51.14亿元，完成年度计划的122.93%。其中，通威太阳能（成都）有限公司四期年产3.8GW晶体硅太阳能电池项目竣工投产，实际完成投资31.82亿元；中威新能源（成都）有限公司1GW高效晶硅太阳能电池项目、成都国电晟和科技有限公司智能电气生产项目、华鼎国联四川动力电池有限公司国联动力电池项目、四川骏驰电力设备有限公司骏驰成套设备项目均已竣工，实际完成投资19.41亿元，融捷投资控股集团有限公司融捷新能源电池总装项目、四川西丹孚能源科技有限公司动力电池系统集成产业基地项目，实际完成投资2.8亿元。

（4）产业布局。

光伏产业。形成以双流航空经济功能区为核心区，天府新区新能源新材料产业园和淮州新城为协同发展区的产业发展格局。其中，双流航空经济功能区重点发展太阳能、核电、智能电网装备及部件制造和储能电池及材料，淮州新城重点发展太阳能光伏、新能源装备及材料，天府新区新能源新材料产业功能区重点发展新型储能电池、关键材料及外围辅助材料。

氢能产业。形成以成都现代工业港、成都汽车产业功能区等为核心的功能区布局。其中，成都现代工业港片区重点发展电解水制氢及装备、加氢装备及关键配件、氢燃料电池及关键零部件，成都汽车产业功能区片区重点发展氢燃料电池整车、氢燃料电池及关键零部件、氢能创新及服务平台。

（5）下一步工作重点。

大力扶持龙头企业。大力扶持技术先进、带动力强的骨干型龙头企业，完善区域内产业生态核心圈的配套。重点支持通威太阳能、东方电气、华鼎国联、融捷集团、亿华通等企业加快发展，重点推动通威太阳能淮州新城总投资200亿元的"30GW电池片+30GW组件"光伏产业基地项目加快建设，力争2022年达到15GW的产能目标。积极推动华鼎国联动力电池和电池材料项目、融捷锂业生产基地建设项目、亿华通氢燃料电池发动机、加氢站、制氢厂项目加快建设，尽快投产形成产能。支持中建材光电、巴莫科技、金星清洁能源等企业进一步做大做强，增强龙头带动效应。

强化产业链精准招商。光伏领域依托核心企业稳链补链，上游重点引进隆基绿能、天津环欧等单晶硅片龙头企业，引进儒兴科技等技术实力强的浆料企业；下游积极推动能源企业向成都聚集，引进保利协鑫、天合光能等终端光伏电站建设与运营企业。储能领域重点引进璞泰来、比亚迪等国内外电池配套企业。光伏领域重点引进帝尔激云、苏州迈为、昆山车来了等企业。氢能领域聚焦产业链关键环节和核心技术领域，加快推动西门子氢能中心及产业链项目落地建设，推进中科院大连物化所、AP集团、上海舜华、锋源氢能等加快落户，强化电池制备、电堆组装、电解水制氢装备核心部件开发以及系统集成等领域的领先优势。

加大政策引导支持力度。出台《关于促进光伏产业高质量发展的若干意见》和《关于促进成都市氢能产业高质量发展的若干意见》实施细则，推动产业支持政策落地实施和奖补兑现；落实国家各项新能源产业政策，对各类投资主体研制开发新能源产业项目实行鼓励政策，加快项目的核准、备案，对技术先进、优势明显、带动和支撑作用强的重大项目优先给予土地、信贷支持。

加大应用场景建设。积极推进单体建筑屋顶光伏发电应用，优先支持在市内工业厂房、商业综合体、专业市场、大型公共建筑等建筑屋顶建设兆瓦级的规模化分布式光伏发电系统。加快氢燃料电池客车、物流车示范线路布局和车辆应用推广，依托"金青新大港区"建设契机，建设运营氢燃料电池轨道交通示范线路。同时，在全市电网侧储能、园区配网储能、备用电源、储充式充电站、梯次利用、船舶、物流等领域开展示范及商业应用。

3.3.7 消费品产业

（1）产业概况。

2019 年，成都市轻工消费品产业四大重点行业 396 户规模以上企业实现工业增加值增长-0.2%，完成工业固定资产投资 40.35 亿元，实现业务收入557.9 亿元，同比增长 0.7%，实现利税总额 44.4 亿元，同比增长-3.3%，利润收入总额 25.9 亿元，同比增长-2.3%。主要产品产量为皮革鞋靴 1 438.09万件、木质家具 1 034.98 万件。2019 年成都市轻工消费品产业四大重点行业主要经济指标完成情况见表3-9。

表 3-9　2019 年成都市轻工消费品产业四大重点行业主要经济指标完成情况

行业	主营业务收入/亿元	同比增长/%	工业增加值同比增长/%	利税/亿元	利润/亿元
家具制造	230.4	3	13.6	17.2	9
造纸印刷	220.3	12.5	9.3	24.1	15.4
纺织服装	50.6	−6	−3.5	1.5	0.5
皮革鞋业	29.1	−11.8	−9.1	0.9	0.4

（2）重点发展领域。

2019 年，成都市轻工消费品产业主要发展家具制造业、鞋业、造纸及印刷业、纺织及服装工业四大重点行业及工艺美术、家电等轻工行业。家具制造业主要发展板式家具、定制家具、智能家居、实木家具。鞋业主要发展女鞋、箱包加工制造。造纸及印刷业主要发展专用（特种）纸研发制造、彩色数字印刷及专用包装产品、新型包装材料应用、再生资源综合利用、配套消耗品制造等。纺织及服装工业主要发展工装、家纺、服装。

（3）重大项目推进。

2019 年，成都市推进轻工消费品产业 27 个亿元重大工业项目建设，实际完成投资 40.2 亿元。其中，推进成都欧派智能家居技术整体橱柜、整体衣柜等家居产品生产线等 10 个项目竣工投产，实际完成投资 20.17 亿元；推进九牧集团淋浴房、浴室（橱）柜等生产线、玖龙智能包装高端智能化瓦楞纸板生产线、成都维尚家居科技智能工厂和智能电商立体结构仓库等 8 个项目加快建设，实际完成投资 13.1 亿元；推进太子家居新建茶几、餐桌智能制造生产线，成都帝标家具建设沙发、床垫生产线等 9 个项目开工建设，实际完成投资 7.05 亿元。

（4）产业布局。

家具制造业主要布局在崇州市（核心区）、新都区、彭州市。鞋业主要分布在武侯区、双流区、崇州市。造纸及印刷业主要分布在温江区、崇州市、彭州市。纺织及服装工业主要分布在温江区、青白江区、彭州市。

（5）下一步工作重点。

做好产业顶层设计。高位切入发展成都服装产业，推进成立领导小组，研究制定专项政策，规划 1~2 个时尚类产业园进入 66 个产业功能区。

推进成都消费品牌培育。讲好"成都服装"故事，宣传"成都服装"品牌产品。制订品牌培育计划，明确一批重点培育的本土服装、家居、工艺美术品牌企业名单，并给予支持。

搭建产业发展平台。指导成立时尚产业协会，汇聚产业链各环节资源，形成合力，构建成都时尚产业生态圈，推动时尚产业高质量发展。举办工艺美术设计大赛，支持工艺美术行业创新创作。组织企业参加"第七届成都创意设计周"。支持打造一批能够代表城市形象的"成都名片"精品。举办"第二届中国成都大学生时装周"。凝聚成都设计力量，举办优秀青年设计师服装设计大赛。

3.4　促进行业结构优化升级的政策建议

3.4.1　明确行业结构优化升级方向

（1）突出产品中高端发展定位。成都工业产品门类齐全，已初步形成以电子信息、汽车制造、轨道交通、航空航天和石油化工为主的重点产业，以生物医药、精密机械及智能制造装备、节能环保、新材料和新能源为主的优势产业，以食品、轻工、建材和冶金为主的特色产业。但中低端产品在工业产品中仍占较大比重，具有国际竞争力和影响力的高端产品发展不足，与作为国家中心城市的使命担当、与全面建成泛欧泛亚具有重要影响力的国际门户枢纽城市的定位差距较大。因此，成都市应更加突出产品中高端发展定位，加快形成以产品高加工度、高技术含量、高附加值、高端原料生产为主的发展格局，使主导产品达到国际先进、国内领先的技术水平。

（2）加快拓展产品门类品种。在稳固发展现有传统优势产业和高新技术产业的基础上，结合资源禀赋和产业发展方向，成都提出重点发展电子信息、装备制造、先进材料、食品饮料和数字经济，打造世界级新一代信息技术、高端装备制造产业集群和国内领先的集成电路、新型显示、航空航天等产业集群，争创国家数字经济示范区和国家大数据综合试验区。在电子信息产业领域，重点发展集成电路、新型显示、信息安全、软件产业、智能终端、网络通信、应用电子和物联网，力争到2022年，全市电子信息产业主营业务收入达到12 000亿元，年均增速约16%。在先进制造业领域，成都聚焦汽车制造、装备制造、航空航天、轨道交通、节能环保等领域，力争到2022年制造业规模突破2万亿元，先进制造业占工业比重50%以上，建成全国重要的先进制造业城市。在新兴战略性产业，聚焦新材料、新能源、人工智能、精准医疗、增材制造和传感控制等领域，使其成为未来成都工业发展的新支柱。在先进材料领域，重点发展高性能纤维及复合材料、特种金属功能材料、锂电池材料、太阳能电池材料、燃料电池材料、高分子材料、新型无机非金属材料、前沿性材料等。在汽车制造产业方面，把握汽车产业发展新趋势，向新能源、轻量化、智能和网联方向发展，成为中国西部重要的汽车生产基地和具有全球影响力的国际汽车城。同时继续保持传统产业优势，在食品饮料领域，着重强化生物技术药、新型化学药、中药制造、川菜调味品、优质白酒、饮料制造及农产品精深加工。

（3）发挥关键产品带动作用。深入了解和满足客户需求，加快提升关键产品研发能力，为客户提供最先进、最高效和最可靠的系统解决方案，通过新创意、新技术和新材料为客户提供比竞争对手更舒适、成本更低、更能赢利的产品，这既是抢占全球竞争制高点，实现区域持续发展的需要，也是企业由小到大、由弱到强迈向卓越的必经之路。突破技术瓶颈，实现关键技术带动，需要政府与企业共同携手，在基础技术投入和产品深度开发上实现互动。

在政府层面，需要科学制定区域战略和产业发展规划，在要素供给、营商环境建设、市场体系构建、政策制度供给等方面持续完善，引导和支持企业由劳动密集型向资本、技术密集型发展。目前，成都制造业总体处于产业链和价值链中低端环节，战略性新兴产业增加值占GDP比重仅为15%，缺少全球全国知名的高端品牌。因此，成都提出坚持"创新驱动、标准引领、品牌发展、质量为先"的理念，以先进制造业为引领，加快工业化进程，力争到2022年制造业规模突破2万亿元，先进制造业占工业比重达50%以上，建成全国重要的先进制造业城市。成都将重点支持电子信息、汽车制造、食品饮料、装备制造、生物医药五大支柱产业提升能级，深度参与国际产业分工；大力支持航空航天、轨道交通、节能环保、新材料、新能源五大优势产业领先发展、规模发展，加快形成经济增长的新支撑；紧盯新一轮科技产业变革发展前沿，超前布局人工智能、精准医疗、虚拟现实、传感控制、增材制造等未来产业，抢占行业发展制高点。随着新一轮科技革命与产业变革不断深入，产业"裂变—跨界—融合"趋势日益明显，不同产业、不同行业相互渗透、相互交叉，将深刻改变产业组织方式和产业形态。成都将加大政策供给，支持企业进行专业化分工和服务性外包，鼓励引导有条件的企业"裂变"专业优势、延伸产业链条，推进制造业向服务化制造、平台化经营和个性化服务方向转型，实现产业功能互补、多维协同、跨界服务、融合发展。

在企业层面，需要根据企业内在优势和市场需求对现有产品进行拓展，通过延伸产品组合深度、拓展产品组合宽度、增加产品组合关联度，巩固增强企业产品的市场地位。在厘清现有企业发展战略目标的基础上，结合市场需求和消费变动趋势，在对企业资金、原材料、协作条件、能源、技术人才等自身资源正确评估的基础上，对现有关键产品进行修正，确定关键产品的发展目标，一方面基于现有产品修正关键产品策略，另一方面基于新产品研发，制定新的关键产品策略，确保企业关键产品在价值链、供应链、技术链中占据稳定的地位，形成难以替代的竞争优势。

3.4.2　充分发挥市场机制在资源配置中的决定性作用

尊重经济运行规律，针对当前市场体系还不够健全、市场竞争还不够充分、市场秩序还不够规范、要素市场发育还相对滞后的现实，加快打破影响生产要素自由流动的行业垄断和行政藩篱。按照规范有序、公正透明、高效服务的原则，深化生产要素市场配置市场化改革，减少政府对资源的直接配置，加快建设统一开放、竞争有序的高标准市场体系，完善公平、开放、透明的市场规则，强化市场主体根据市场需求自主配置生产要素的能力。坚持以供给侧结构性改革为主线，充分发挥市场在资源配置中的决定性作用，更好发挥政府作用，用政策引导市场预期、用规划明确投资方向，通过激发市场主体活力和创新力，让市场主体在组织结构优化和产品结构升级中发挥更大的主动性和能动性。

3.4.3　加大对头部企业的招引培育力度

按照成都市产业布局和发展定位，着力培育和引进一批在国内外具有领先优势和带动能力，具有行业话语权的头部领军企业。特别是加大对产业领域头部企业的培育和招引，持续加大对重点项目的支持力度，聚焦主导产业，按照产业链全景图、产业生态发展路径图，加大招引重点企业和配套企业力度，形成一批在电子信息、装备制造、医药健康和新材料等领域年销售收入超过千亿元的头部企业。依托头部企业在创新驱动、技术研发、产品转型中的示范引领作用向产业链高端延伸，鼓励头部企业聚焦核心产品和零部件的生产，将大多数非核心零部件通过外协外包等方式，向中小企业扩散，形成头部企业带动引领，中小微企业"专精特尖"协同发展的局面。

3.4.4 多措并举推动技术创新

（1）加快构建区域创新体系。借鉴"三螺旋"创新理论，结合成都自身的实践经验，发挥政府在创新中的主导作用，积极构建政府—学研机构—企业三者协同互助的"三螺旋"区域创新体系。探索政府支持企业技术创新、管理创新、商业模式创新的新机制，完善中小企业创新服务体系。增强企业创新主体地位，完善以企业为主体的产业技术创新机制，发挥市场对技术研发方向、路线选择和各类创新资源配置的导向作用，促进企业真正成为技术创新决策、研发投入、科研组织和成果转化的主体。完善产学研合作机制，充分发挥成都市科教资源优势，加快推进创新成果转化。

（2）推动产业创新升级。结合成都主导产业发展方向，将科研资源向重点产业领域倾斜，聚焦电子信息、汽车制造、装备制造、医药健康、新材料、绿色食品等支柱产业，鼓励企业专注核心技术研发，实现从一般零部件制造到核心零部件制造的延伸。积极培育新技术、新产品、新业态和新商业模式。加快发展前沿高新技术产业，大力发展高技术产业和战略性新兴产业，抢占高端产业发展制高点。加快发展现代制造业，加强关键技术和先进工艺对传统制造业的高端化改造，推动优势产业向产业高端升级。加快运用先进适用技术和现代经营理念，推动传统农业向科技型、生态型、服务型和效益型现代都市农业转型升级。

（3）夯实创新基础支撑。聚焦成都产业创新发展重大需求，按照创新规律培养和吸引人才，建设一支规模宏大、富有创新精神、敢为人先的创新人才队伍。布局建设若干具备国际先进水平的科研基础设施，构建面向成都市产业前沿技术、重大共性和关键技术的公共服务平台和技术研发平台，提升创新研发能力。深化体制机制改革，破除制约创新的制度障碍，释放全社会创新活力和创造潜能，营造大众创业、万众创新的制度环境。不断完善多元化投入机制，构建起以财政资金、社会资本、民间和个人资本为主体，推动科技创新的金融支撑体系。加强创新政策统筹集成和有效衔接，实行严格的知识产权保护制度，营造有利于创新的生态环境。

3.4.5 促进产业融合互促发展

随着经济全球化和技术创新的加快，特别是在互联网的推动下，传统产业发展的边界日益模糊，产业融合已经不仅仅是一种发展趋势，更是产业发展的现实选择。

推动三次产业融合发展。进一步提高农业现代化水平，以工业方式组织现代农业生产，大力发展农产品的工业化加工和包装，加强农业与服务业的融合，加快发展休闲农业、乡村旅游这一类新型农业生产经营形态。深化制造业与服务业的融合发展，促进产业发展模式从以产品制造为核心，向产品、服务和整体解决方案转变。推广按需制造、定制服务等新模式，鼓励产业链上下游企业建立智能化生产管理系统。加快金融、商务咨询、物流、研发设计、信息技术、检验检测、服务外包等生产性服务业与制造业的融合，大力发展服务型制造。

加快产业内部的融合。根据各个产业发展实际和产业链特点，在全市一二三圈层统筹布局产业链的上中下游环节。其中，一圈层重点发展产业链两端的研发设计、销售等高端环节和工业总部经济；二圈层重点发展产业链的中游制造环节及仓储运输、物流配送等配套的生产性服务业，与一、三圈层联动，构建完成产业链；三圈层重点发展产业链上中游的原材料生产和产品制造，并承接一、二圈层的一般制造业和加工业转移。通过总部和生产基地融合、大中小企业融合、大企业强强融合等三种路径推动产业链企业的融合，打造产业集群。

推进互联网与产业发展的融合。当前，互联网已经渗透到各个产业领域，特别是在国家大力推进"互联网+"发展的趋势下，互联网与产业发展不断融合。未来，一方面，要积极顺应"互联网+"的发展趋势，充分利用"互联网+"带来的新技术、新模式，加快改造传统产业，推动产业的提质增效。另一方面，要大力发展"互联网+"催生的新产品、新业态，大力发展移动互联网、三维（3D）打印、大数据、云计算、电子商务等新兴产业，不断丰富现代产业体系主体。

3.4.6 加强企业家精神建设，提升企业竞争力

企业是产业发展的主体，企业家是企业的领路人，企业家精神是企业乃至

整个经济社会发展的驱动力。在当前成都市经济面临转型、企业进入创新驱动的新阶段，加强企业家精神建设显得尤其重要。

完善企业家成长环境。一方面，要进一步健全市场经济体制，充分发挥市场配置资源的基础性作用，营造一个让创业者乐于投身实业、勇于创造财富的社会环境。另一方面，完善竞争淘汰机制，优胜劣汰是市场经济的基本法则，对于企业家来说既是压力，也是动力，通过市场的检验，使富有创新精神的人在市场竞争中生存下来，而不适应者则被淘汰，这样有利于企业家创新能力的提高。同时，进一步解放思想，营造尊重企业家的文化氛围，形成有益于企业家精神建设的价值观基础，从而强化企业家的功利与成就动机，激励企业家的冒险与创新精神。

提高企业家知识修养和道德素养。知识修养和道德素养的高低直接影响着企业家对企业社会责任感的认识水平。通过企业家培训、企业家交流会等方式，丰富企业家生活知识、人文历史知识、经济学基本理论、管理科学知识和法律法规知识，特别是不断提高企业家的管理水平，用现代企业制度管理和信息化的技术管理和经营企业。同时，加强信用服务体系建设，建立成都市企业信用服务体系，完善基础数据库，推动企业信用信息查询和征信评级工作，从制度上鼓励和提升企业家的诚实守信意识。

完善对企业家的激励机制。对于遵纪守法，主动承担企业社会责任的企业应该进行政策上的鼓励和扶持。在政府采购、银行贷款等方面给予一定的倾斜和扶持。加大对优秀企业家的表彰力度，定期对成都市各行业、各领域取得领先发展成绩的企业进行评定，并视企业家贡献资以荣誉称号、奖金、城市户口等，大力弘扬企业家精神和创业创新精神。加强对成都市重点产业及企业的宣传，增加其市场影响力，打造代表成都市工业发展水平的"产业名片""企业名片"和"企业家名片"。

3.4.7　加快融入全球价值链体系

融入全球市场有助于企业吸纳和整合全球资源，融入全球价值链的过程也是企业组织结构、产品结构持续优化的过程。这个过程，不仅能使企业产生新的价值增量，获得更大发展空间，而且能使地区经济质量、产业结构、技术水平获得提升。成都要紧紧抓住建设全国改革开放新高地的历史机遇，主动接轨国际通行贸易规则，削减制度性交易成本，扩大进口领域，并推动对外贸易和投资自由化、便利化。同时，不断完善外贸投资准入前国民待遇加负面清单管理制度，依法保护外资企业合法权益，健全促进和保障境外投资的法律、政策和服务体系，实现外贸高质量引进来和高水平走出去，率先构建起以国内大循环为主体、国内国际双循环相互促进的新发展格局。

3.4.8 持续优化营商环境

持续优化营商环境，高标准推进成都营商环境3.0版本。①充分发挥市场在资源配置中的决定性作用，划清政府与市场的边界，禁止、严惩滥用行政权力干预企业生产经营，让企业排除干扰、回归市场。②梳理、修订现有政策法规。全面梳理落实已有政策，加强新老政策之间的统筹协调，确保步调一致。对一些已不符合现行的国家法律法规、对不同所有制企业差别化对待的文件进行修订，对现有缺乏操作性的民营经济政策，出台具体实施细则，确保每一项政策都能落到实处。③用法律保障企业合法权益。加大力度保护企业尤其是民营企业财产权、合法经营权、创新权益。加快出台促进民营企业公平参与竞争的法律法规，如知识产权法、反垄断法、反不正当竞争法等。充分发挥成都知识产权审判庭的作用，严厉打击侵犯商业秘密、商标权、专利权、著作权等违法犯罪行为，以提升企业核心竞争力。④加大政策统筹协调力度，提高政策的权威性、稳定性、连贯性和透明度。⑤加快设立成都知识产权法院、互联网法院、金融法庭、商事法庭等，营造法治化环境。通过营商环境的持续优化，使成都成为投资贸易便利、行政许可便捷、要素获取容易、政策精准易享、法治保障完善的利企便民新高地。

4　工业投资效益

近年来，成都始终把工业摆在全市经济社会发展的突出位置，持续大力引进工业项目，保持高强度工业投资，全市工业平稳较快发展。2019 年，全市完成工业投资 2 531 亿元（含标准化厂房建设投资）；同比增长 10.5%；工业投资占全社会固定资产投资比重为 27.6%；成都市工业投资增速高于全国（4.3%）、全省（6.7%）。全市完成工业技改投资 1 361.1 亿元；同比增长 1.7%。全市 481 个亿元以上重大工业和信息化项目完成投资 1 009.66 亿元，完成全年目标的 112.18%。其中，京东方成都健康产业园、格力（成都）工业园等 161 个项目开工建设；英特尔"骏马"项目等加快建设；吉利 BMA 乘用车平台、业成科技全贴合屏及 OLED（有机发光二极管）触控显示器模组等 172 个项目竣工投产。2018 年注册移交的工业类项目 195 个，开工建设 170 个，开工率 87.1%。其中，先进制造业项目 96 个，占移交项目总数的 49.2%；开工建设 76 个，开工率 79.1%。

当前，成都工业进入新的发展阶段，在保持高强度工业投资的同时，更加注重投资的质量和效益，这是推动工业高质量发展的必然要求。本章将深入分析"十二五"以来成都市工业投资效益情况（鉴于横向对比数据的可获得性，本章主要为 2011—2017 年数据），旨在发现问题并提出对策。

4.1　工业投资相关理论

投资是扩大再生产、提高生产能力的重要手段，通过扩大投资，刺激经济增长，推动工业化、城市化的发展。投资是实现从农业社会向工业社会转变的必由之路，同时也是推动经济增长的必然需求。工业投资是经济发展方式中的必要手段，是针对工业发展方向进行的资金流动行为，主要针对"新建设"和"旧翻新"两个方面。纵观工业经济的发展历程，工业投资无论是在固定资产投资中的地位还是作用都是举足轻重的。

4.1.1 工业投资

在早期的古典经济学时期，并没有"投资"这一概念，而是用"资本"来表示。直到重商主义晚期，"存货"的概念才被提出。随着社会的发展，经济学不再重视社会中的经济往来，供给与生产端成为真正的核心。重农学派代表人物抛弃了该学派的封建观念，创建了把资本看作生产成分的学说。此后，作为经济学的主要创造者，亚当·斯密开始讨论供给和资本的关系。

随着劳动价值理论不再符合经济时代发展的潮流，19 世纪 70 年代出现了重视边际效益价值的新古典主义。新古典经济学一方面继承古典主义经济学，将资本作为生产要素并体系化，加以边际思想而形式化；另一方面则对古典主义经济学进行补充说明，使之完善。

20 世纪 30 年代，凯恩斯在表述他的宏观经济理论时提到，在将国民收入作为因变量的函数规律中，投资的变化会引起国民收入的变化。这一理论的提出，让经济领域内的研究方向再一次聚集在投资方向上。

乘数-加速数理论。1931 年，卡恩提出乘数-加速数理论。该理论通过清晰的图形表述投资的波动情况对于国民收入的波动影响，以及投资是如何推动经济发展的，该理论是从供给市场和需求市场两个方面进行论述的。当资金持有者减少投资时，首先会造成投资对象部门间收入减少，与此同时其他相互联系的部门收入也会相应减少。这种多米诺骨牌现象的出现，反映到最后的国民收入上，会导致其整体收入的减少。加速数理论是以变动的固定资本设备为先决条件，资本实际数量的增加与消费支出和收入的增加有关，同时，因变量和资本存量影响因素存在成倍变化的联系。通过乘数效应扩大国内生产总值，再通过加速效应进一步促进经济的发展，经济才因此而不断繁荣。

目前我国尚未形成一套自己的投资理论，但投资理论也在不断壮大且不断投入到实际当中。针对对象的差异性，投资行为会出现范围选择性。中国在过去严重忽视了劳动力素质的建设；缺乏流动资本投资，只专注于固定资本投资；不断扩大投资数量，忽视了投资质量，造成投资水平不升反降的尴尬局面。

1949 年以后，我国选择了适合国情发展的社会主义经济模式，计划经济占据了发展的主体。在社会主义"一大二公"的前提下，投资主体是国家以及政府，投资的资金来源主要是公共积累和财政方面的投入，投资者的关系是平等的。20 世纪 90 年代以后，我国引进了大量的现代投资理论，这些理论起点高、体系新，丰富了我国的投资理论研究。同时我国高校及其他机构都对现代投资理论，尤其是证券投资理论进行了更加深入的了解与研究，但目前还未出现完全适应我国经济体制发展的投资理论。21世纪初，我国专注于重化工业的投资，生产能力随之提升，也更加注重对工业投资的研究，及时调整工业投资相关政策，为工业行业的发展铺路。

4.1.2　工业投资结构

近年来，关于工业投资结构方面的研究成果较多。张世贤（2002）指出，近年来我国固定资产投资逐步向第三产业转移。严海龙（2010）利用投资效果系数，即工业投资对于该地区经济增长促进的效果，来衡量近年来上海工业投资的结构问题，发现其对于重工化的投资有所下降，但投资比重依然很大。罗必良（2007）围绕结构偏差、区域差距以及投资冲突展开分析，认为广东在工业投资结构上应以技术提升为前提，扩大产业规模，推动产业结构优化升级，提高投资质量，促进地区经济发展方式的快速转变，结合自身优势，加强区域间交流，实现高水平的工业化发展。李宏伟（2012）认为我国的经济发展水平已经远超过去，达到了稳定健康的发展状态，但是在这个发展过程中，我国的工业结构与就业结构之间仍存在矛盾与偏差。所以就当前情况来看，可以利用工业投资缩小结构偏差，平衡就业结构和产业结构。卢中辉（2012）认为除使用标准结构与实际调查结果进行比较的方式之外，还可以对偏离份额与投入产出的重要系数进行分析来考察该地区的产业结构状况。在对相关数据进行分析之后发现，在江西的工业结构中，能源等行业的发展前景较好，基础性部门占据结构优势地位。黄志钢（2008）认为我国重型化工产业结构是造成经济结构畸形发展的原因，粗放式经济发展模式已给社会和自然带来严重危害，必须改善我国的经济结构和产业结构，促使经济向集约式转变。长期坚持优先发展重工业，导致我国出现轻重工业发展不平衡的局面。

4.1.3　工业投资效率

关于工业投资效率，很多学者做了大量的研究。张世贤（2000）指出在政府谋求转型时，第三产业的投资并没有取得较好的成绩，可以说是处在亏本的状态，但第二产业却在投资额下降的情况下保持了产出的增长。武剑（2002）运用科学理论对我国的地区经济状况进行分析，以数据来说明我国东、中、西部地区的发展差异，并分析其差异出现的原因。秦朵（2003）指出投资效率差异较大时，政府的过度投资会导致各区域之间存在竞争关系，且政府的刺激需求政策与促进经济增长政策有关。夏业良（2010）在对中国工业企业技术效率进行研究时发现，外商直接投资对技术效率具有一定程度的影响。其中外商独资企业和外资控股非独资企业这两种企业组织形式的投资，能够有效地提高企业的技术效率。郝书辰（2012）在对我国国有企业及相关控股企业与私营及外商进行比较时发现，国有企业的企业效率呈现逐年稳定增长的状态。王虹燕（2016）指出，与以前的工业生产不同，现代工业生产更具效率性。在静态分析下，可以发现效率与区域位置的关系，在动态分析下，可以发现技术与效率的关系。以上海为例，要想提升工业生产效率，首先要结合区域自身的产业发展情况，分析其中的优势与不足，提高科学技术水平以促进生产率的提升。

4.2　工业投资现状

4.2.1　工业投资规模稳步上升，增幅波动较为明显

"十二五"以来，成都坚持稳增长、调结构、促转型，不断发挥产业优势，工业投资规模稳步壮大。从总量上看，2011—2017 年，除 2014 年完成工业投资 1 402.7 亿元外，其余年份完成工业投资均在 1 500 亿元以上，2016 年、2017 年更是连续刷新 2 000 亿元、3 000 亿元大关，2017 年完成 3 008.7 亿元，约为 2011 年的 2 倍，达到近年来新高，2018 年、2019 年有所回落。9 年间累计完成工业投资 17 875 亿元，年均完成 1 986 亿元。成都市 2011—2017 年工业投资完成情况见图 4-1。

从增速上看，2011—2017 年，成都工业投资年均增速保持在两位数以上，达到 12.3%。"十二五"期间，成都工业投资增长乏力，在 2012 年完成 1 750.1 亿元，创新高，增长 16.4% 后，从 2013 年 5 月起连续 18 个月负增长，2014 年增长-13.4%，年均增长仅 2.8%；2016 年是"十三五"开局之年，成都完成工业投资 2 246.2 亿元，同比增长 41%，成功实现 U 形反转；2017 年，成都继续保持良好增长态势，同比增长 33.4%，远高于同期全国、全省水平，在副省级城市中无论是总量还是增速，近两年成都都排名前列。近年来全国、四川省、成都工业投资增长情况见图 4-2。副省级城市工业投资情况（2011—2017 年）见表 4-1。

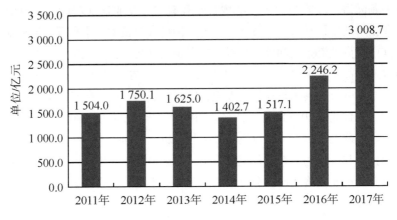

图 4-1　成都市 2011—2017 年工业投资完成情况

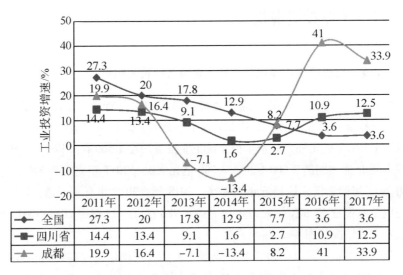

图 4-2　近年来全国、全省、成都工业投资增长情况

表 4-1　副省级城市工业投资情况（2011—2017 年）

城市	2011 年		2012 年		2013 年		2014 年	
	完成数/亿元	增长/%	完成数/亿元	增长/%	完成数/亿元	增长/%	完成数/亿元	增长/%
成都	1 503.96	19.9	1 750.1	16.4	1 625	−7.1	1 402.65	−13.4
深圳	469.95	−2	514.96	9.6	377.3	−22.4	520.57	47
长春	1 118.1	26.9	1 400	25	1 680.5	20	1 880.6	21.3
厦门	231.08	29.5	260	12	271.8	2.4	298.68	9.9

表 4-1（续）

城市	2011 年		2012 年		2013 年		2014 年	
	完成数/亿元	增长/%	完成数/亿元	增长/%	完成数/亿元	增长/%	完成数/亿元	增长/%
青岛	1 403.6	15.5	1 853.9	32.1	2 554.8	37.8	2 728.2	14.1
济南	576.7	18	701.8	21.8	806.1	24.5	1 041.1	21.1
哈尔滨	864.3	40.8	1 226.6	41.9	1 688	37.6	1 503.4	25.1
宁波	668.7	8	817.2	22.3	1 065.2	30.3	1 263.2	19
杭州	748.13	9.1	808	8	910.5	6.9	913.4	0.3
广州	516.28	−10	577.6	11.7	682.9	18.2	685.12	6.9
西安	398.99	18.5	578.17	44.9	868.6	50.2	1 205.53	38.8
武汉	1 202.14	42	1 701	41.5	2 258.1	32.7	2 606.3	15.4
南京	2 000.21	24.9	2 400	25	2 399	10.5	2 151.4	−14.2
大连	1 340.8	9.7	1 678	25.2	2 008.3	19.6	2 195.8	9.3
沈阳	1 523.7	28.8	1 860.7	22.1	2 149.8	15.5	2 493.4	16.7

城市	2015 年		2016 年		2017 年		2011—2017 年	
	完成数/亿元	增长/%	完成数/亿元	增长/%	完成数/亿元	增长/%	完成数/亿元	增长/%
成都	1 517.1	8.2	2 246.2	41	3 008.7	33.9	13 053.71	12.3
深圳	590.8	13.4	691.57	17.1	915.9	27.5	4 081.05	11.8
长春	2 295.7	22.1	2 420	15.2	2 537.8	9.9	13 332.7	14.6
厦门	354.6	18.7	397.7	12.2	428.6	7.8	2 242.46	10.8
青岛	3 145.8	16.4	3 512	11.6	3 080.4	−8.2	18 278.7	14.0
济南	1 147.9	13.8	1 237.4	7.8	1 317.6	12.5	6 828.6	14.8
哈尔滨	1 730	15.1	1 720	−0.5	1 795	4.3	10 527.3	13.0
宁波	1 499.9	18.7	1 469.9	−2	1 356.5	−6.5	8 140.6	12.5
杭州	930	1.8	883.9	−5	861.5	0.5	6 055.43	2.4
广州	754.8	10.2	713.92	−5.4	736.1	3.1	4 666.72	6.1
西安	1 135.9	−5.8	949.3	−12	1 072.1	−10.7	6 208.59	17.9
武汉	2 769	6	1 926.72	−13.4	2 405	13.6	14 868.26	12.3
南京	2 071.7	−3.7	2 117.1	−16.3	1 779	1	14 919.41	−1.9
大连	1 434.5	−34.7	373	−74	591.4	58.6	9 621.8	−12.8
沈阳	2 111.6	−15.8	433.6	−79.5	305.5	−29.5	10 878.3	−23.5

4.2.2 重点产业投资占比突出,比重提升至七成

2011—2017 年,成都市机械工业(含汽车)完成投资 3 065.6 亿元,电子信息产品制造业累计完成投资 2 895.1 亿元,食品、饮料及烟草工业完成投资 1 079.2 亿元,建材冶金工业完成投资 860.8 亿元,石油化学工业完成投资 822.6 亿元,医药工业完成投资 713.3 亿元。六大重点产业累计完成投资 9 436.5 亿元,占全市工业投资的比重达 72.3%。其中,机械(含汽车)、电子信息两大产业是成都最大的支柱产业,也是全市高新技术最为集中的产业,"十二五"以来,产业支柱作用进一步增强,累计完成投资 5 960.7 亿元,占全市工业投资的比重达 45.7%,几乎占到全市工业投资的一半,形成了以平板显示、计算机与通信设备、半导体与集成电路、汽车制造等为主导的产业结构,汇聚了中芯国际、德州仪器、展讯、格罗方德等在内的百余家集成电路企业,京东方、深天马、中电熊猫、中光电等知名显示屏制造企业,一汽大众、吉利、神龙、沃尔沃、一汽丰田等重大整车企业。成都市工业投资分行业(2011—2017 年)见表 4-2。

表 4-2 成都市工业投资分行业(2011—2017 年)

行业	2011 年		2012 年		2013 年		2014 年	
	完成数/亿元	增幅/%	完成数/亿元	增幅/%	完成数/亿元	增幅/%	完成数/亿元	增幅/%
全市	1 503.96	19.9	1 750.11	16.4	1 625.01	−7.1	1 402.65	−13.4
电子信息产品制造业	404.85	67.5	418.49	3.4	406.16	−2.9	233.31	−42.5
医药工业	35.56	−13.5	73.31	106.2	72.2	−1.5	118.71	64.4
食品、饮料及烟草工业	101.74	7.0	150.64	48.1	150.72	0.1	121.04	−19.7
机械工业	377.59	18.6	464.70	23.1	425.83	−8.4	331.00	−21.3
石油化学工业	150.29	15.5	156.01	3.8	75.77	−51.4	100.79	33.0
建材冶金工业	88.27	−10.4	102.51	16.1	103.68	1.1	95.63	−7.8

表4-2(续)

行业	2015 年		2016 年		2017 年	
	完成数/亿元	增幅/%	完成数/亿元	增幅/%	完成数/亿元	增幅/%
全市	1 517.1	8.2	2 246.2	41.0	3 008.7	33.9
电子信息产品制造业	241.6	3.5	405.6	90.6	785.2	93.6
医药工业	107.6	−9.3	132.3	11.2	173.6	31.3
食品、饮料及烟草工业	132.3	9.3	201.6	36.2	221.1	9.7
机械工业	428.2	29.4	464.7	28.4	573.6	23.4
石油化学工业	96.7	−4.0	125.6	29.1	117.4	−6.5
建材冶金工业	107.2	12.1	185.4	54.1	178.1	−4.0

4.2.3 重点区域支撑作用明显，区域发展不平衡

2011—2017 年，成都市高新区、龙泉驿区、双流区累计完成工业投资超过1 000亿元，分别完成1 485.0亿元、1 309.3亿元、1 306.4亿元，带动作用突出；新津县①、新都区等10区（市）县投资超过500亿元，支撑作用明显；温江区、蒲江县、都江堰市等9个区（市）县投资不到500亿元，增长性不足。2009—2017年成都市投资结构变动见图4-3。成都市工业投资分区县（2011—2017年）见表4-3。

---

① 2020年6月20日，经国务院批准，四川省人民政府同意撤销新津县，设立成都市新津区。此后，"新津县"的旧称不再使用，下同。

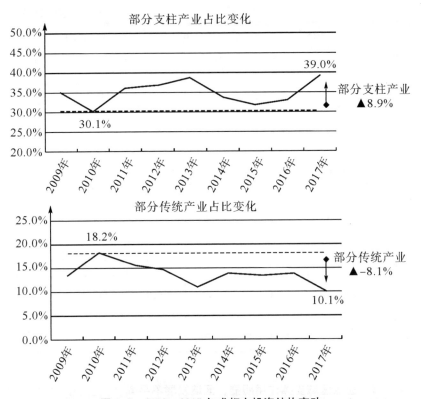

图 4-3　2009—2017 年成都市投资结构变动

表 4-3　成都市工业投资分区县（2011—2017 年）　单位：亿元

工业投资	2011 年	2012 年	2013 年	2014 年	2015 年	2016 年	2017 年	2011—2017 年累计
全市	1 504.0	1 750.1	1 625.0	1 402.7	1 517.09	2 246.2	3 008.7	13 053.7
高新区	243.1	187.6	227.4	151.2	154.1	199.5	322.0	1 485.0
天府新区	—	6.6	6.2	3.3	21.2	57.0	75.6	169.9
龙泉驿区	171.4	215.8	181.0	95.7	144.9	198.7	301.8	1 309.3
锦江区	13.2	35.5	32.6	8.8	5.7	32.0	24.3	152.2
青羊区	20.9	26.0	23.5	21.4	28.5	38.6	25.4	184.2
金牛区	30.0	41.4	29.0	17.7	19.1	38.0	33.3	208.4
武侯区	44.8	46.7	37.6	38.1	42.8	39.5	28.6	278.0
成华区	54.5	55.5	47.8	35.7	31.6	38.3	32.5	295.9

表4-3(续)

工业投资	2011 年	2012 年	2013 年	2014 年	2015 年	2016 年	2017 年	2011—2017 年累计
青白江区	90.2	100.5	102.1	110.9	94.7	130.6	167.4	796.6
新都区	72.4	94.6	93.4	76.6	86.1	132.0	173.3	728.4
温江区	38.3	44.4	46.0	50.5	55.2	83.6	129.7	447.7
双流区	151.1	213.4	187.7	114.7	147.3	193.8	298.4	1 306.4
郫都区	99.2	69.7	70.3	71.0	71.2	97.6	130.4	609.4
金堂县	35.4	59.1	71.0	74.2	89.6	135.8	175.0	640.1
大邑县	38.9	57.2	72.3	86.4	93.7	119.2	144.3	612.0
蒲江县	31.4	41.3	48.5	52.2	58.5	83.9	107.1	423.0
新津县	72.0	94.0	100.0	111.6	118.8	148.5	196.1	841.0
都江堰市	40.4	55.4	38.4	31.9	38.2	52.2	66.8	323.3
彭州市	111.0	126.5	79.7	84.0	82.2	116.5	156.4	756.4
邛崃市	90.9	110.0	67.3	83.5	87.7	121.1	169.7	730.2
崇州市	52.6	74.2	49.9	56.9	62.6	96.6	135.1	527.9
简阳市	55.8	62.1	70.4	81.9	98.4	103.4	125.1	597.0

4.3　工业投资有效性分析

投资的有效性主要体现在两个方面：一是投资的直接效益，即投资进入生产与再生产领域后，为社会注入了新的生产要素，将对实体经济增长产生直接的刺激和拉动作用；二是投资的结构效率，即投资作为一种调整资源配置的途径，能够优化产业结构，通过改善和提高生产要素的质量或性能，提高社会要素生产率，在相同生产规模的条件下提高产出水平，促进城市经济的内涵式增长。

因此，对成都市工业投资的有效性考察也将从这两个方面展开，在投资直接效益方面选取了工业投资效果系数（一定时期内单位工业投资所带动的工业增加值增量，是反映工业投资效益综合性最强的指标）。在投资结构效率方面以工业投资中技改投资、高技术投资占比为基础数据作为工业投资结构效率指数。以此为基础，结合与其他副省级城市的对比等多方面的考虑，我们可以得出以下几点结论。

4.3.1 投资效益先降后增

（1）从投资对工业 GDP 增量的贡献看。"十二五"期间，成都工业投资效益持续走低，投资效果系数从 2011 年的 0.44 持续下降到 2015 年的 0.12，即每 1 亿元工业投资带动全口径工业增加值增量从 2011 年的 4 400 万元回落到 2015 年的 1 200 万元，进入"十三五"后的 2016、2017 两年，工业投资效果系数提升至 0.32 和 0.47，即每 1 亿元工业投资带动全口径工业增加值增量 3 200 万元和 4 800 万元。成都市工业投资效果系数（2011—2017 年）见表 4-4。

表 4-4　成都市工业投资效果系数（2011—2017 年）

年份	全口径工业增加值增量/亿元	工业投资总量（滞后 2 年）/亿元	工业投资效果系数
2011 年	548.0	1 254.1	0.44
2012 年	538.0	1 301.3	0.41
2013 年	343.0	1 504.0	0.23
2014 年	362.3	1 750.1	0.21
2015 年	200.8	1 625.0	0.12
2016 年	452.4	1 402.7	0.32
2017 年	709.2	1 517.1	0.47

注：根据惯例，工业投资效果系数为第 N 年新增的工业增加值/第 $N-2$ 年工业固定资产投资额，即用两年前的工业投入反映当年的工业增加值增量来评判一个地区的工业投资效果。

（2）从投资对工业总产值增量的贡献看。"十二五"期间，成都工业投资对工业总产值的带动作用逐年减弱，效果系数从 2011 年的 1.55 下降到 2015 年的 0.53，即每 1 亿元工业投资带动工业总产值增量从 1.55 亿元下降到 5 300 万元，2016 年、2017 年开始回升，分别达到 5 500 万元和 9 900 万元。成都市工业投资带动工业总产值增量情况（2011—2017 年）见表 4-5。

表 4-5　成都市工业投资带动工业总产值增量情况（2011—2017 年）

年份	工业总产值增量 /亿元	工业投资 （滞后 2 年） /亿元	效果系数
2011 年	1 945.9	1 254.1	1.55
2012 年	95.0	1 301.3	0.07
2013 年	1 352.7	1 504.0	0.90
2014 年	1 209.4	1 750.1	0.69
2015 年	854.4	1 625.0	0.53
2016 年	765.0	1 402.7	0.55
2017 年	1 500	1 517.1	0.99

（3）从投资对工业企业税收增量的贡献看。"十二五"期间，成都市工业投资对工业企业税收的带动作用呈逐年减弱趋势，每投资 1 亿元带动税收增量从 2011 年的 1 465 万元下降到 2014 年的 197 万元，2016、2017 年分别为 31 万元和 196 万元。成都市工业投资带动工业企业税收增量情况（2011—2017 年）见表 4-6。

表 4-6　成都市工业投资带动工业企业税收增量情况（2011—2017 年）

年份	工业企业 税收总额增量 /亿元	工业投资 （滞后 2 年） /亿元	效果系数
2011 年	183.7	1 254.1	0.146 5
2012 年	74.8	1 301.3	0.057 5
2013 年	39.4	1 504.0	0.026 2
2014 年	34.5	1 750.1	0.019 7
2015 年	−19.0	1 625.0	−0.011 7
2016 年	4.4	1 402.7	0.003 1
2017 年	29.7	1 517.1	0.019 6

4.3.2　投资效益落后于投资规模

2016 年成都市工业投资规模在副省级城市中已经排在第 3 名，但 2010—2016 年单位工业投资贡献率平均水平达到 1.84，排在 15 个副省级城市中第 7 名，仅分别相当于深圳市的 25%、广州市的 32%，从两个排名的差距可以看出，成都市工业投资效益在副级城市中的地位落后于工业投资规模，相对意义上的工业投资效益也较低。各副省级城市单位投资贡献率及排名、工业投资总额及排名见表 4-7。

表 4-7　各副省级城市单位投资贡献率及排名、工业投资总额及排名

城市	单位工业投资贡献率	排名	工业投资/亿元	排名
深圳	7.33	1	691.6	12
广州	5.71	2	713.9	11
杭州	3.97	3	884	10
厦门	2.77	4	397.7	13
宁波	2.69	5	1 469.9	7
济南	1.9	6	1 237.4	8
成都	1.84	7	2 246.2	3
西安	1.38	8	949.3	9
南京	1.15	9	1 761.9	5
大连	1.13	10		
青岛	1.12	11	3 512	1
武汉	0.99	12	2 117.1	4
长春	0.85	13	2 310	2
沈阳	0.75	14		
哈尔滨	0.43	15	1 720.9	6

4.3.3　投资结构效率总体较高，但电子信息产业投资效益低

2011—2017 年，成都市工业投资结构效率指数呈现小幅波动的态势，总体反映出全市工业经济结构优化取得了一定成效。具体来看，在技术更新方面，技改投资占工业投资的比重较高且呈上升态势，由 2012 年 65.9% 上涨到 2017 年的 92.4%，并于 2015 年达到峰值 88.0%，表明工业投资主要用于传统

工业的技术升级等方面，一定程度上体现出工业投资在提高社会要素生产率等方面具有较高的效率。2011—2017 年成都市技改投资、高技术行业投资比重见图 4-4。

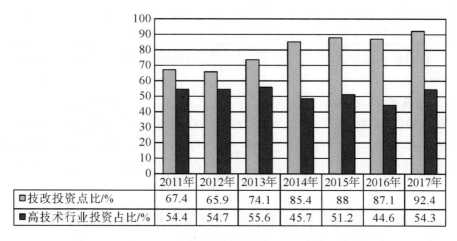

	2011年	2012年	2013年	2014年	2015年	2016年	2017年
▨技改投资点比/%	67.4	65.9	74.1	85.4	88	87.1	92.4
■高技术行业投资占比/%	54.4	54.7	55.6	45.7	51.2	44.6	54.3

图 4-4　2011—2017 年成都市技改投资、高技术行业投资比重

在产业结构方面，成都市 6 大重点产业中，机械产业投资效果最好，投资对主营业务收入的效果系数达到 0.81，冶金建材产业最低，投资对主营业务收入的效果系数只有 0.16。值得注意的是，成都市电子信息产品制造业作为支柱产业，7 年来累计完成工业投资 2 218.3 亿元，仅次于机械产业的 2 651.6 亿元，但是主营业务收入增量仅 1 329.1 亿元，效果系数仅有 0.6，甚至低于传统的石油化工产业和食品、饮料及烟草工业。成都市重点产业投资效益（2011—2017 年累计）见表 4-8。

表 4-8　成都市重点产业投资效益（2011—2017 年累计）

重点产业	累计完成工业投资（滞后 2 年）/亿元	累计实现主营业务收入增量/亿元	效果系数
电子信息产品制造业	2 218.3	1 329.1	0.60
医药产业	493.4	244.9	0.50
食品、饮料及烟草产业	843.8	539.4	0.64
机械产业	2 651.6	2 155.2	0.81
石油化学产业	794.1	500.8	0.63

表4-8(续)

重点产业	累计完成工业投资 （滞后2年） /亿元	累计实现 主营业务收入增量 /亿元	效果系数
建材冶金产业	730.2	117.5	0.16

注：2014年以后成都市分产业工业增加值未发布总量统计数，因此选择产业主营业务收入数据。

总体看来，成都市工业投资对工业GDP、工业增加值和税收的贡献不足，效益不高。同时，工业投资效益与其他副省级城市相比较低，落后于工业投资规模，并在近年内呈明显的下滑趋势。综合考虑工业投资结构效率、工业投资效益水平较低两方面的情况得出，成都市工业投资有效性仍然不足。

4.4　工业投资有效性不足的原因分析及政策建议

4.4.1　工业投资有效性不足的原因分析

4.4.1.1　工业投资的投入产出效益不高

近年来，虽然成都市工业投资强度较高，增速较快，但投资的效益不好。从投资对规模以上工业增加值的贡献效果看，成都市的投资效果系数偏低，2013年的0.22是成都近5年以来的最高值，当年仅排副省级城市第11位，到2015投资效果系数下降到0.02，即每1亿元工业投资仅能提高规模以上工业增加值200万元，2016后年开始缓慢走高，到2017年也仅有0.13，排名副省级城市第9位。而2017年的深圳市，工业投资效果系数达到1.5，即每1亿元工业投资可新增规上工业增加值1.5亿元，厦门市可新增5000万元，而成都市仅可新增1300万元，投资效益明显不足。副省级城市近5年投资效果系数见表4-9。

表 4-9 副省级城市投资效果系数（2013—2017年）

城市	2013 年投资效果系数			2014 年投资效果系数			2015 年投资效果系数			2016 年投资效果系数			2017 投资效果系数		
	2011 年工业投资/亿元	规模以上工业增加增量/亿元	效果系数	2012 年工业投资/亿元	规模以上工业增加增量/亿元	效果系数	2013 年工业投资/亿元	规模以上工业增加值增量/亿元	效果系数	2014 年工业投资/亿元	规模以上工业增加值增量/亿元	效果系数	2015 年工业投资/亿元	规模以上工业增加值增量/亿元	效果系数
深圳	469.95	603.6	1.28	514.96	806.1	1.57	377.30	283.90	0.75	520.57	414.50	0.80	590.80	888.12	1.50
厦门	231.08	69.1	0.30	260	98.3	0.38	271.80	14.00	0.05	298.68	10.80	0.04	354.60	172.36	0.49
南京	2 000.21	335.8	0.17	2 400	91.6	0.04	2 399.00	44.10	0.02	2 152.4	7.05	0.00	2 071.70	802.84	0.39
宁波	668.7	158.7	0.24	817.2	249	0.30	1 065.20	35.20	0.03	1 263.2	223.70	0.18	1 499.90	467.60	0.31
杭州	748.13	130.3	0.17	808	281.1	0.35	910.50	98.30	0.11	913.4	80.60	0.09	930.00	221.10	0.24
济南	576.7	165.3	0.29	701.8	180	0.26	806.10	200.00	0.25	1 041.1	468.90	0.45	1 147.90	232.15	0.20
西安	398.99	121.2	0.30	578.17	-70.2	-0.12	868.60	-20.60	-0.02	1 205.53	3.70	0.00	1 135.90	183.37	0.16
长春	1 118.1	281	0.25	1 400	312.4	0.22	1 680.50	84.30	0.05	1 880.6	-168.00	-0.09	2 295.70	323.00	0.14
成都	1 503.96	328.6	0.22	1 750.1	52.4	0.03	1 625.00	30.00	0.02	1 402.65	100.00	0.07	1 517.10	200.00	0.13
大连	1 340.8	421.3	0.31	1 678	-226.3	-0.13	2 008.30	-1 167.30	-0.58	2 195.8	-234.30	-0.11	1 434.50	180.95	0.13
武汉	1 202.14	401.7	0.33	1 701	340.2	0.20	2 258.10	50.90	0.02	2 606.3	725.70	0.28	2 769.00	325.70	0.12
青岛	1 403.6	334.4	0.24	1 853.9	129.2	0.07	2 554.80	39.60	0.02	2 728.2	-100.10	-0.04	3 145.80	270.27	0.09
哈尔滨	864.3	89.6	0.10	1 226.6	82.4	0.07	1 688.00	81.00	0.05	1 503.4	71.20	0.05	1 730.00	50.08	0.03
沈阳	1 523.7	217.5	0.14	1 860.7	92.7	0.05	2 149.80	-994.20	-0.46	2 493.4	-1 412.40	-0.57	2 111.60	33.83	0.02
广州	516.28	624.9	1.21	577.6	428.7	0.74	682.90	-20.10	-0.03	685.12	38.40	0.06	754.80	-483.90	-0.64

注：
①根据惯例，工业投资效果系数为第 N 年新增的工业增加值与第 $N-2$ 年工业固定资产投资额，即用两年前的工业投入反映当年的工业增加值增量来评判一个地区的工业投资效果。
②鉴于数据的可获取性，上表选取副省级城市近三年来规模以上工业增加值的数据，没有采用全口径工业增加值。
③由于个别年份统计公报并未公布增加值增量，本表采用增加值增速反推数据，比如 2017 年青岛、济南、哈尔滨、大连、沈阳、武汉数据。

4.4.1.2 经济效益突出的重大项目不多

据不完全统计，2011—2017 年，成都市重点跟踪服务的投资过亿元的工业项目累计超过 3 000 个，累计完成工业投资近 5 000 亿元。虽然项目个数较多，但像一汽大众、一汽丰田、沃尔沃、东风神龙、石化炼化一体、京东方这样带动作用大、建设速度快、经济效益好的龙头项目不多，全市各区（市、县）在建和储备的重大项目总体不足，且普遍存在落地难、开工难、建设周期长、实际投资大幅缩减、投产达效慢等问题，项目整体经济效益也有待进一步提高。

4.4.1.3 工业项目招商引资的针对性不强

成都市集群招商的统筹推进不够，大多数区（市、县）对产业生态圈、生态链的研究还不够深入，重点产业的产业链补链、强链精准招商和集群发展意识还不强，产业配套体系建设缓慢，未从根本上扭转"捡到锅里就是菜"的招商格局。有的区（市、县）甚至存在项目进来以后再调整园区道路规划等问题。

4.4.1.4 产业功能区承载能力有待加强

成都市工业园区较散、较小，发展空间不足，承载力不强，重点园区对全市工业投资支撑带动不足，2017 年成都市仅有高新区、龙泉驿区、双流区的工业投资超 200 亿元。而相邻的重庆市则受益于发展载体等优势，在大量项目持续引进落地的带动下，众多区（市、县）全面发力，2015 年就有 10 个区（市、县）工业投资超过 200 亿元。

4.4.2 提高工业投资效益的对策建议

4.4.2.1 加强项目招引，保持工业投资强度

围绕集成电路、新型显示、生物医药、轨道交通、新能源汽车、航空发动机、大数据等市级产业生态圈和产业链全景图，深入分析产业发展现状，找准产业发展的薄弱环节和关键点，瞄准世界 500 强企业和国内外知名企业，全面发力，加快引进建设一批投入产出大、市场前景好、辐射带动强的龙头项目及关键配套项目。尤其是要加大 50 亿元以上投资的重大项目引进建设，保持工业投资强度不减。

4.4.2.2 加强项目遴选，提高项目投资效益

学习借鉴深圳等先进城市的经验，加强项目引进的前期论证分析，将项目质量放在首要位置，更加注重项目的投资强度、税收、增加值贡献，显著提高工业投资转化率，提高投入产出效率，促进外延式投资向内涵式投资转型，带

动全市工业经济由投资驱动型向创新驱动型转变，积极支持重点优势企业实施重大技术改造，不断提高协议投资转化率和工业投资效率，推动全市工业高质量发展。

4.4.2.3　加强项目促建，缩短投资产出周期

创新项目促建机制，细化重大项目推进方案，突出对开工、竣工等关键节点的督查考核，强化市级各部门以及各区（市、县）之间的协作联动，帮助解决项目推进中的立项、环评、供地、基础配套等问题，推动清华紫光、京东方等重大项目加快建设，全力缩短项目落地、建设、投产、达产周期。

4.4.2.4　加强园区建设，提升项目承载能力

调整完善工业产业功能区空间规划，创新园区建设模式，加快构建"20+10"工业园区新布局，显著增强高新区、天府新区、经开区等重点园区对全市工业投资的主支撑作用；跟踪研究产业发展趋势和主要城市的项目、政策等情况，努力打造成都市项目引进建设的政策优势和机制优势；强化工业强市意识，努力营造抓大工业、大项目、大集群、大园区的良好氛围，不断增强城市核心竞争力和辐射带动力。

4.4.2.5　加强机制创新，突出效益指标考核

进一步完善、创新目标考核考评等工作机制，在考核工业投资、技改投资、重大项目总量指标的同时，更加重视投资效益指标考核，积极探索创新，将高科技投资占比、技改投资占比、投资效果系数等投资效益指标纳入市委、市政府目标考核体系，强化对区（市、县）党委、政府的投资及项目主体责任考评，加强督促检查和定期考核，确保工业投资效益指标考核落到实处。

5 工业园区转型

工业化与城镇化是任何一个国家或地区在经济发展过程中必然要经历的产业结构变动与空间结构变动过程，是人类社会走向现代化的必然进程。工业园区既是新型工业化的重要空间载体，又是新型城镇化的有力物质支撑；工业园区发展既是一种特殊的工业化过程，也是一种特殊的城镇化过程。工业园区发展与两化互动发展关系密切，相互具有重要影响：一方面，新型工业化和新型城镇化互动发展对工业园区发展提出了超越"推动经济增长"、转向"追求全面发展"的新要求；另一方面，工业园区发展成为现代工业化和城镇化互动发展的关键节点、重要纽带和推动力量。无论从国家层面还是区域层面来看，推进工业园区提升与发展都是一项重要的战略任务。

党的十八大报告明确提出"坚持走中国特色新型工业化、信息化、城镇化、农业现代化道路，推动信息化与工业化深度融合、工业化和城镇化良性互动、城镇化与农业现代化相互协调，促进工业化、信息化、城镇化、农业现代化同步发展"。四川省委、省政府站在全局和长远发展的战略高度，较早提出推进工业化和城镇化互动发展是全省加快经济社会发展、建设"辐射西部、面向全国、融入世界的西部经济发展高地"的关键所在和核心战略。成都市委、市政府强调，在四川新一轮跨越式发展中，成都要担当全省"首位城市"发展重任。在这一战略背景下，深入研究成都工业园区的提升与发展问题，既有利于认识和破解目前成都工业园区发展过程中存在的关键问题，促进工业园区的全面提升发展，也有利于通过工业园区快速有效地推进两化互动发展。

面对国际产业转移步伐加速、国内经济持续稳定快速发展、西部大开发战略深入推进、成渝经济区和天府新区建设稳步实施等良好形势，成都要积极把握机遇、勇于迎接挑战，按照四川省建设"辐射西部、面向全国、融入世界的西部经济发展高地"战略定位和成都市担当全省"首位城市"的发展重任的要求，深入实施"两化互动"战略，积极推动工业园区"二次创业"，实施全面整合、机制优化和创新驱动3大策略，加快推进工业园区发展的高端化、集群化和产城融合化，全面增强工业园区的综合实力和竞争力，快速提高工业化和城镇化互动发展水平。

5.1 工业园区发展的核心理论述评

5.1.1 工业园区的生命周期模型

工业园区是划定一定范围的土地，并先行予以规划，以专供工业设施设置、使用的区域，又称之为产业园区、开发区或工业集中发展区。工业园区根据其发展重点和性质，可以分为经济技术开发区、高新技术开发区、出口加工区、保税区、保税物流园区和综合保税区等不同类型；根据审批政府的层级，可以分为国家级、省级、市级和区县级等不同类型。工业园区是社会经济发展到特定历史阶段的产物，是一个开放性的复杂生命系统，具有类似生物体按照出生—成长—衰老—死亡的生命周期阶段不断演进的特征。一般而言，工业园区发展和演变可分为创建阶段、成长阶段、转换阶段、成熟阶段和回归阶段5个阶段，不同阶段呈现不同的发展特征。工业园区生命周期模型见图5-1。

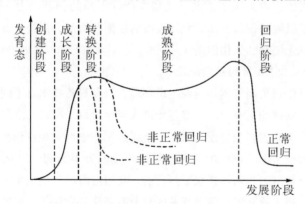

图5-1 工业园区生命周期模型

5.1.1.1 工业园区的创建阶段

创建阶段是工业园区创立和诞生的时期。这一阶段的工业园区要解决的首要问题不是成长而是生存问题，工业园区之间的竞争以优惠政策竞争为主，主要任务是通过招商引资快速吸引企业入驻。在这一阶段，工业园区具有创新活力和动力，区内充满创新、冒险、创业氛围，企业快速集聚扎堆，生命力旺盛，但园区整体经济规模较小。

5.1.1.2 工业园区的成长阶段

成长阶段是工业园区开始由小到大、由弱趋强的时期。这一阶段的工业园区在经济规模上得到有效扩张，经济实力大大增强，在区域经济发展中具有增长极的带动功能，发挥示范带头的作用。在这一阶段，园区创新创业的生态环境初步形成，人才资源集聚增多，少部分企业实现模仿创新的跨越，园区内产业竞争力不断加强，出现了产业升级和转型的迹象。经过 20 多年的发展，我国大量工业园区尤其是国家级工业园区都已渡过创建初期求生存的原始阶段，正处于或已超越成长阶段，成为当地经济的"增长极"。

5.1.1.3 工业园区的转换阶段

转换阶段是工业园区多条发展轨迹的拐点和转折时期。工业园区在该阶段需要渡过二次创新创业和产业升级转型的关口，工业园区之间的优惠政策竞争逐渐被制度竞争和综合竞争所取代。由于条件不同，工业园区在转换阶段的途径上呈现离散性特征，有些工业园区可能未进入成熟阶段而直接进入回归阶段，我国少数工业园区已经被合并或撤销即是这类情况的例证。工业园区在转换阶段究竟需要什么具体措施，政府应该采用哪些政策或治理手段，使园区系统获得再生，并进入到成熟期，并无明确和固定的模式。技术因素固然非常重要，制度因素也许更为重要，尤其还需要持续不断的创新动力，需要敢冒风险、勇于承担风险的创新主体，允许失败的氛围和机制，需要具备与时俱进的制度创新、观念创新和文化创新。

5.1.1.4 工业园区的成熟阶段

具备良好创新机制和创新创业生态环境，以及具备技术自主创新能力和适宜的创新制度安排的工业园区，将逐步进入成熟阶段。在这一阶段，工业园区通常已经结束空间扩展和规模扩张，不断通过制度创新为企业创造最佳的创新创业环境，形成了创新创业的集聚区域，产业发展不断向高级化和高端化攀升，园区综合竞争力达到较高水平。目前，我国沿海的一些工业园区，如深圳工业园区、苏州工业园区、昆山开发区和上海张江开发区等，积极抓住消化国外先进技术并进行自主创新的新机遇，正处于从规模型增长走向内涵型增长，谋求更高层次的成长，逐步进入成熟阶段。

5.1.1.5 工业园区的回归阶段

回归阶段是指工业园区已完成其历史使命，回归为城市发展的一般性工业发展功能区。从其演绎规律看，回归阶段是工业园区发展的历史必然归宿。在这一阶段，周边区域在工业园区的长期带动下，成为全方位与开发区相融为一体的工业新城区，工业园区与周边地区在制度、体制和创新环境方面没有边界和孤岛隔离现象。目前，我国大量工业园区建设的历史使命远未完结，但是由于工业园区与城市周边区域的各种矛盾，如在区域协调发展、利益分配、发展空间等方面的矛盾，难以形成互惠互利、共同发展的机制和态势，已经面临着如何实现产城融合发展的挑战。

5.1.2 工业园区的动力机制理论

工业园区作为一个开放性的复合生命系统，其发展演进需要多种动力因素。依据系统演进动力学，其发展动力因素大致可分为三类：一是自身禀赋因素，包括自然资源条件、人力资源条件、城市产业基础、城市基础设施和交通区位条件等，这是工业园区自身条件的体现，它决定了工业园区吸引外部资本、技术、人流、信息流等要素的能力；二是地方政府因素，包括土地和税收等优惠政策、生产性和生活性服务支撑、区域创新环境与社会文化资本条件等，这是地方政府对工业园区施加的影响；三是外部环境因素，包括经济全球化发展、国际产业转移，以及中央政府通过政策倾斜和项目支持形成的特定外部机遇等。研究各种动力因素如何作用于工业园区发展，催生了工业园区发展的动力机制理论。

5.1.2.1 成本效益机制

成本效益机制是工业园区发展最基本的动力机制，包括成本推动机制和效益拉动机制。成本推动机制指企业为了获得"降低成本的收益"，即实现成本递减，而向具有特殊区位优势的园区集聚，从而推动园区发展。效益拉动机制指企业通过获取包括规模效益、网络效益和外部经济效益在内的各种效益，实现整体效益递增，形成空间发展的"张力"，拉动园区发展。在工业园区发展初期，企业主要考虑如何降低生产成本和交易成本而获得比较优势，这时追求成本的"冲动"成为园区发展的基本动力；当园区发展到一定阶段后，企业主要考虑如何利用规模经济效益、网络经济效益、外部经济效益以及外部经济内在化来增强对资源的吸纳力和竞争力，这时园区发展的主要动力源于市场"效益原则"的作用。

5.1.2.2 分工协作机制

工业园区作为一个相对独立的经济区域，其发展动力一定程度上源于园区内外的分工协作体系。分工或专业化过程就是企业职能不断分离，转由其他专业化的企业专门承担的过程。协作意味着生产的联合投入，但企业合作关系的维系取决于对合作中的"机会主义倾向"的有效防范，信任则显得尤为重要。园区发展中的分工协作机制有效地维护了园区的整体运行，这种分工又协作的关系表现出来的是园区企业合作和竞争共存、竞争支撑合作的网络型经济组织结构，从而保障了生产效率和生产有效性的"同向"提高，有效地化解了"功能悖论"。

5.1.2.3 创新驱动机制

工业园区的技术创新是科研单位和企业科技与开发的成果，同时将成果应用于园区内外，是高新技术转化为现实生产力的过程。它包括自主开发新技术和新工艺、研发新的产品、通过引进吸引新技术或新的生产方式，获取高新技术产品，开发国际国内市场。创新驱动机制有利于企业掌握自主知识产权，增强产品核心竞争力，提高产品的市场开拓能力和市场占领能力。创新驱动机制包括企业家和员工的创新驱动，也包括外部技术动力、需求拉动和市场竞争的创新驱动，还包括制度和改革的创新驱动。

5.1.2.4 产业集聚机制

产业集聚机制主要由企业的空间集聚发展而来，其有利于企业共享基础设施、政府服务、产业政策等条件，有利于降低政府投资基础设施建设的成本和风险，提高投资效率。同时企业在规划自身发展的同时，有利于知识外溢，有利于充分发挥"干中学"的优势，从而降低社会成本，提高社会收益。同时，企业在集聚发展的进程中容易形成良性竞争的环境，使得企业更有动力和压力进行技术创新，并通过技术创新的示范效应，加速技术的扩散和二次创新，产业集群恰好为技术创新和技术扩散提供了平台。

5.1.2.5 累积循环机制

累积循环机制是指某一社会经济因素的变化，会引起另一社会经济因素的变化，反过来又加强了前一个因素的变化发展，并导致社会经济过程沿着最初变化的方向发展，从而形成累积性的循环发展趋势。园区发展也遵循累积循环机制，企业数量和行业规模一旦达到临界值，由于规模经济、外部经济等因素，工业园区会存在具有报酬递增作用的正反馈，呈现逐步发展壮大的趋势，使企业经营风险大大降低。这不仅有利于新企业的出现，也提高了原有企业的竞争能力，从而使得企业快速成长和园区发展整体水平的提升。

5.1.3 工业园区的管理体制模式

管理体制是对工业园区发展中的多元主体及其利益关系进行调整，会影响工业园区持续发展和高级演进的重要制度。多年来，结合不同工业园区的功能类型、所属级别和背景环境，我国各个地方政府对工业园区的管理体制进行了丰富的制度创新实践，形成了多样化的管理体制类型和模式。其按照管理主体的不同可为四种模式：政府派出机构模式、政府直接领导模式、政区合一模式和企业主体模式；按照投资主体的不同可为两种模式：以政府为投资主体的模式和以企业为投资主体的模式；按照管理层次的不同可为三种模式：管委会一级管理模式、决策—经营两级管理模式和决策—经营—服务三级管理模式；按照财政体系的不同可为两种模式：管委会有财税收入功能的模式和管委会没有财税收入功能的模式。下面主要分析按照管理主体的不同分成的四种管理体制模式。

5.1.3.1 政府派出机构模式

政府派出机构模式是我国开发区管理体制的主流形式，其特点是成立专门的工业园区管理委员会作为市政府或区（市、县）政府的派出机构，主要职能是经济开发规划和管理，为入园企业提供服务；市委或区（市、县）委在工业园区内设立党工委，与管委会合署办公；为了能够融资、承债，从事对外交易和经营，一般还同时组建一个由管委会直管的开发建设总公司作为经济活动法人。与我国现行组织结构模式相比，这是一种结构简化的管理体制，其目的是减少工业园区在政治、社会事务等方面的负担，专注于经济发展事务。

政府派出机构模式的优势体现在以下方面：①基于高级别干部配置和高管制授权安排，园区管委会具有高层次、高授权和高自由度，对降低交易成本、协调一线矛盾、屏蔽外部环境干扰、获取政府高层信息等都有直接帮助；②管委会、党工委和开发建设总公司各自承担部分互补性职能，为载体的规划开发、招商和企业服务提供了较完备的条件，极大地提高了办事效率；③工业园区准政府的设置不仅能够行使政府的一些经济管理职能，而且由于其精简、高效的机构配置，对优化区域发展环境有重大意义。这种模式的缺陷和薄弱环节则在于：①行政授权不到位，缺乏整体性控制和综合协调管理力度；②工业园区与所在行政区在领导、规划、管理、开发、建设等方面权利和经济利益上的再划分容易发生冲突。

5.1.3.2 政府直接领导模式

政府直接领导模式的特点是工业园区的宏观管理决策权和财政、项目审批、土地、规划、人事等行政事务均由当地政府相关部门（或政府部门组成的领导小组）直接行使，工业园区管委会的主要职责是协调和管理具体事务。这种模式需要发达的市场经济外部环境相配合，经济欠发达的地区由于认识不同、观念有异、市场化程度低，很难采用这种管理模式。目前，深圳市高新技术开发区采取的就是这种模式。由于深圳市的市场经济较为发达，人们的思想观念较为开放，政府办事机构主要是为社会（含企业）提供服务，因此这种管理体制模式运作得比较成功。

5.1.3.3 政区合一模式

政区合一模式的特点是工业园区和行政区的管理职能合一，或者是两块牌子一套人马，内设机构基本保持行政管理机构的编制和职能。工业园区与行政区的合并，扩大了工业园区的发展空间，使两区在人才、劳动力、土地、基础设施、招商引资等方面的优势得到了互补，减少了区域摩擦，提高了行政效率。其弊端在于：①庞大的机构设置造成工业园区包袱较重，财力分散，开发功能相对弱化；②机构膨胀使人员精干及素质优势弱化，服务意识相对变弱，行政效率有所降低；③集权部门越来越多，增加了工业园区行政管理"条块"部门之间的协调成本，弱化了工业园区作为特殊经济区域的改革示范效应；④运行机制和管理方式上容易出现机构运转不协调的现象，产生诸如重管理、轻服务，重审批、轻监管的问题。这种模式适用于整个行政区域与工业园区重合，或者工业园区是原有城区建制的一部分。

目前，国内沿海城市的工业园区，无论是经济技术开发区还是高新技术开发区，均出现了较为明显的从政府派出机构模式向政区合一模式的转变趋势，如青岛经济技术开发区与黄岛区的合一、广州经济技术开发区与萝岗区的合一、常州高新技术开发区与新北区的合一、宁波经济技术开发区与北仑区的合一、苏州高新技术开发区与虎丘区的合一、杭州高新技术开发区与滨江区的合一等。从个案到趋势性的变化揭示了工业园区从经济发展"特区"向"正常"政区演进的客观需求及内在规律。

5.1.3.4 企业主体模式

企业主体模式是一种完全用经济组织方式管理工业园区的体制模式。在这种模式中，开发主体不是一级行政组织或政府派出机构，而是由大企业或开发商来规划、投资开发和管理一个工业园区。开发公司作为开发管理主体，统一负责工业园区的基础设施建设，资金筹集和运用，土地开发和土地使用权转让，房产经营，创造投资环境，吸引国内外资金和先进技术，创办企业，促进技术、产品贸易及综合业务发展等。虽然工业园区由开发公司管理，但需要由市政府赋予其管理权限和职能，包括项目审批等经济管制权力和必要的特许经营开发职能等。这些职能的赋予，使开发公司具有了一定的政府色彩，是典型的公司代行政府职能形式。工业园区内可根据需要决定是否设立工业园区管委会，但管委会的职能一般很弱，工业园区主要以开发公司为主体进行经营管理。

这种模式的优点在于：①机构精简，管理成本低，运作效率高；②完全彻底的企业行为，按照现代企业制度进行经营运作，直接面对市场，完全承担风险，尽管与政府关系密切，但是基本摆脱了政企不分、经营风险转嫁的可能性，不会留下二次改革的后遗症；③可以通过国内资本市场和海外资本市场上市融资，以壮大公司的实力；④公司获得利润后，可以依靠娴熟的开发经验，扩大经营规模及领域。在这种体制模式下，开发公司实际上承担了一定的政府职能，需要进行大量公共事业开发，但由于开发主体不是一级行政组织或行政派出机构，无法直接从税收收入中获得投资补偿，基础设施成本主要靠工业和商业用地开发收入来补偿，因此容易出现以下现象：①基础设施开发水平较低；②将对基础设施的巨额投资转嫁到地价上，致使地价过高；③在有限的用地范围内扩大非工业用地以获取较高的开发收入。

5.2 工业园区转型发展的典型案例

5.2.1 以法制化管理推进工业园区高效发展的新加坡经验

1961 年，新加坡政府为了推进工业化战略，接受联合国发展计划署的建议，决定在裕廊地区建立大规模的经济开发区。新加坡裕廊工业园区的发展特征包括三个方面。一是政府主导的开发运营模式。工业园区的开发运营主要由政府垄断开发，不论是在最初的管理机构——经济发展局，还是在后来从经济发展局独立出来的裕廊管理局的管理之下，新加坡工业园区的公共物品特性很强。在整个开发过程中，裕廊工业园区的资金筹集、土地运用、招商引资等均采用一级政府统一规划，专业化分工建设、管理和服务协调相配合的发展模式。二是全球范围内的集中招商模式和优质高效的招商服务体系。裕廊工业园区采取公司总部统一招商策略，由经济发展局统一招商，在世界各地设立分支机构，并成功实施了三项很有创见的制度安排：经济发展局作为一个行销机构具有高度自主权；由销售代表作为基本单位负责项目信息的收集、联络和推销；"一站式服务"。三是园区运行纳入法治化管理。首先，《规划法》对土地使用提供法律依据，并控制私人部门对土地的占用，通过区域划分、占地密度、容积率来规划土地，调节地价并征收开发费用。其次，《土地征用法》保证政府以较低的固定费用获取私人土地，增加政府对土地的拥有。新加坡经验对成都最重要的启示在于需要尽快建立规范的园区管理法律体系，通过标准的制度化管理，严格控制招商引资的质量，将企业选择、投资、生产、经营等纳入法制化管理，同时简化审批程序和办事流程，以提高生产经营效率和园区管理水平。

5.2.2 以科学规划引领工业园区高端化发展的苏州经验

苏州工业园区作为中新两国政府间重要的合作项目，于1994年经国务院批准设立并实施启动。经过近20年的发展，苏州工业园区已经取得了巨大成就，其综合发展水平在全国的国家级经济技术开发区中名列前茅。苏州工业园区的发展特征包括：一是以规划的超前覆盖，引领有序开发。苏州工业园区彻底摒弃了单一发展工业的模式，推进规划全覆盖，为有序开发提供前提，始终坚持把规划的科学编制和严格实施放在首位，以科学规划引导各项建设。园区采用发达国家通行的办法，将政府批准的规划公之于众，行政管理层不能干预规划审批，技术管理层无权更改通过法定程序确定的规划。二是坚持择商选资推进产业层次高端化。园区瞄准国际产业资本向发展中国家转移的战略机遇，突出招商工作的龙头地位，倡导"择商选资"理念，将资本密集、技术密集、基地型、旗舰型项目作为招商重点，瞄准世界500强及其关联项目，引进位居产业核心地位的龙头项目，推进产业的高端化发展。三是以集约为导向，推进新型工业化。科学把握进区企业的产能规模和科技含量，通过引进居于产业核心地位的大项目，吸收关联度大、上下游延伸配套紧密的高新技术企业，带动大批中小企业与相关配套项目进驻园区和周边地区。四是以整体协调推进，实现统筹发展。园区创立了以邻里中心为核心的新型社区管理与服务模式，不仅满足了居民生活的基本物质需求，而且成了市民"家"的延伸和社区交流活动中心，使"住在园区"成为现代都市人时尚生活的向往。苏州工业园区经验对成都最重要的启示在于通过科学合理规划促进工业园区产业发展的高端化，同时走集约化发展道路，保持园区长期发展能力和持续竞争力，并通过产城融合发展推进工业化和城镇化良性互动。

5.2.3 以技术创新驱动工业园区不断提升发展的深圳经验

深圳高新技术开发区是国家科技部"建设世界一流科技园区"发展战略的首批试点园区之一。深圳高新技术开发区的发展特征包括：一是由市政府统一领导，实行"开放式"管理体制。由市政府统一领导、统一政策、统一规划、统一管理；实行"开放式"管理体制，即在国家有关法律、法规之下，不改变政府各部门现有职权管辖范围；实施三级管理体制，决策层贯彻执行市委市政府有关建设高新技术开发区的方针、政策；管理层负责日常行政事务；服务层为企业和科研教育提供服务。二是具有自主知识产权和完善的高新技术产业链。具有自主知识产权、自主品牌的计算机与通信产品、软件产品、光器件产品、数字电视产品、数字无线对讲机产品以及生物医药、医疗器械、新材料、装备制造业产品等都在国内外具有相当影响，对全市高新技术产业的发展形成了辐射与带动作用。三是"官产学研资介"相结合的区域创新体系。正在建立和完善以市场为导向，产业化为目的，企业为主体，人才为核心，公共研发体系为平台，形成辐射周边、拓展海内外、官产学研资介相结合的区域创新体系，汇集了一大批国内外知名企业和大学的研发中心，并且具有高等院校的智力支持，已形成了高层次人才培养、大学成果转化和产业化基地。四是面向世界的多元化、专业型、互动式孵化器集群。作为国际科学园协会成员单位和亚太经合组织科技园区，园区和美国、意大利、韩国、埃及、澳大利亚等十几个国家的政府部门、科研机构和大企业建立了长期稳定的合作关系，致力于"深港创新圈"的建设，在孵企业达600余家，由政府、海内外、民间资本参与的创业投资体系为孵化企业提供强大的风险投资支持。深圳高新技术开发区对成都最重要的启示在于建立"官产学研"的区域创新体系，健全风险投资市场，增加产品研发投入，增强创新企业培育，提升产品的自主知识产权，通过不断提高产品科技含量，增强产品核心竞争力。

5.2.4 采用"五区合一"新型管理体制模式的广州经验

广州开发区是广州对外开放"窗口"、体制改革"试验田"、自主创新基地和经济增长极，其发展特征包括：一是重构城市工业空间格局。广州市通过工业重心东移，工业分布从分散走向集中，形成了实力强大、后劲十足的东部工业板块，并形成了工业集聚中心，从而使以开发区为首的东部地区成为广州制造业的基地、先进工业和外迁工业的主要接纳地以及高新技术的创新源。二是通过外资和劳动力的聚集形成了增长极并逐步向周边扩散。开发区利用优惠的税收政策，便利的交通条件，完善的基础设施，成为广州在工业领域吸纳外资的集中地，构成了功能互补、设施共享、产学研相结合、大中小企业协作配套、配套服务体系完善的外向型产业集群。三是单纯的工业区过渡到综合功能的新城区。随着开发区经济实力的壮大和地域空间的不断拓展，以开发区为首的工业组团也迅猛发展。开发区从"点"状区域发展为"面"状区域，从单纯的工业区过渡到综合功能的新城区，从带动一批工业园区的建立到带动整个东部板块的崛起，改变了广州的地域空间结构。四是改革管理体制，实行"五区合一"的高效管理模式。目前，广州开发区形成了包括广州经济技术开发区、广州高新技术产业开发区、广州保税区、广州出口加工区和萝岗区在内的独一无二的"五区合一"新型管理模式，实现了四种类型国家级开发区的功能整合和新型行政区体制下组织机构的高度精简，拥有了依法对社会事务进行管理的权力和行政执法权。广州开发区经验对成都最重要的启示在于顺应工业园区空间扩张和城市化功能需求增加的趋势，加快对传统工业园区管理体制的政府派出机构模式进行"政区合一"方向的改革，促进工业园区更加高效和合理的发展。

5.2.5 注重培育优势产业，有效承接产业转移的西安经验

西安经济技术开发区于 1993 年成立，经过近 20 年的发展，逐步形成了商用汽车产业、电力电子产业、食品饮料产业、新材料产业的四大支柱产业，通过 2008 年调整发展阶段至今，更加注重结构调整和优化升级，更加注重引进技术和开发创新，发展水平得以不断提高。其发展特征包括：一是改善招商引资环境，重视内资发展，通过内资引进拉动外资增长。在外资和内资的引进问题上，西安坚持把项目带动战略作为承接产业转移的着力点，既注重外资，更注重内资，以内资优势项目的成功引进，拉动外资增长，积极促成国外相关知名企业与优势内资项目实现强强联合，最大限度降低外商投资的风险。二是走差异化发展道路，把培育优势产业作为承接产业转移的方向。坚持在承接转移中有所为有所不为，有重点地选择并培育本地具有良好产业基础，在技术、管理及资源支撑方面具有比较优势，市场前景广阔，发展空间巨大，并能形成具有独特竞争优势的产业。以优势产业为依托承接产业转移，形成错位发展、特色发展的态势。三是以产业链培育和产业环境构建作为承接产业转移的内在支撑。通过不断培育和延伸产业链，强化产业环境建设。同时，大力营造良好的产业发展氛围，以本地工业布局调整、产业资源整合作为承接产业转移的新契机，推动区域产业优化升级。四是加强制度创新力度，充分发挥改革红利的积极作用。加强制度创新，理顺管理体制，大胆进行行政管理制度、劳动人事制度、激励和约束机制的改革，按照市场经济和国际惯例的要求，合理划分政府、企业和社会功能，实行小政府、大社会，小机构、大服务的管理模式和社会化支撑体系。西安经济技术开发区对成都最重要的启示在于在产业发展选择和承接产业转移方面应该充分重视差异化战略，实行错位竞争，避免同质化竞争和产业同构，把特色产业和优势产业作为产业扶持政策的重中之重。

5.3 成都工业空间布局的演变和发展

经过多年的发展，成都工业空间布局主要经历了以下几个阶段。

5.3.1 高度集中阶段

新中国成立初期至20世纪50年代末60年代初，由国家投资在成都东郊（位于现成华区及锦江区的部分地区）和青白江区布局建设了电子、化工等工业生产基地，初步形成了成都市工业发展的格局。"一五"计划时期，成都被定位为全国工业重点建设城市之一，这一时期苏联援助我国建设的156项重点工程中，有西南无线电器材厂、成都通用无线电测量仪器厂等8项集中布局在东郊。"一五""二五"计划完成时，国家集中力量建设的成都电子工业基地已经在东郊形成。

在1964年开始的"三线"建设期间，成都的现代工业体系进一步完善，这一时期电子工业继续发挥前期建成的骨干企业的优势和作用，在成都东郊新建了一批专业化较强、大中小型比例配套协调的企业；20世纪70年代中期国家从国外引进的一套生产30万吨合成氨和48万吨尿素的大型化工设备，落户青白江区的四川化工厂，使之成为成都地区化工工业的核心。此外"三线"建设时期还有以军工企业为主的一批工矿企业相继迁建成都部分区（市、县），扩大了成都市工业的分布范围，带动了城市及县域工业的发展。如当时我国最大的生产冷轧冷拔无缝钢管的成都无缝钢管厂金堂分厂在20世纪70年代中期建成投产，为成都冶金工业的发展打下坚实的基础。

总体来说，国家在"一五""二五""三线"建设时期在成都重点布局的工业，具有明显的嵌入式发展特征，因此成都工业布局呈现出集中发展的特点。

5.3.2 多点布局、分散发展阶段

20世纪80年代以后，随着改革开放的逐步深入，成都城区工业企业开始外迁，新建企业布局逐步分散，尤其是1983年原温江地区与成都市合并以后，成都市把发展乡镇企业作为振兴农村经济的战略措施，这使得成都工业逐渐呈现出多点分布、快速发展的格局。1986年全市乡镇企业总产业达到42亿元，占社会总产值的22%，全市有10个产值5 000万元以上的乡，其中成华区圣灯乡、双流县东升乡的产值均超过了1亿元。乡镇企业的发展，为成都工业发展开辟了新的途径，同时也极大地改变了成都工业的布局和结构。

20世纪90年代之后，成都经济社会发展速度明显加快，企业改革、农村改革继续深化。首先，结合建立现代企业产权制度，成都实施了对部分企业的异地改造，如利用市区企业的区位优势和"级差地租"的差异，出让市区土

地，筹集资金在郊区兴建轻工城。按照规划，地处城区的 51 个轻工企业先后在郫县犀浦镇、新都县大丰镇、双流县机投镇分别统一规划征地，建立了三个轻工生产基地。其次，乡镇企业经过"八五"时期的高速发展，进入了以提高为主的阶段，一批重点乡镇企业以优势产业为方向，以名牌产品为龙头促进了规模经济的发展。1996 年成都市乡镇企业全市 30 万个乡镇企业经营单位完成总产值 952.53 亿元，经农业部批准确认的大中型乡镇企业已有 13 家，省以上批准确认的高科技示范区、乡镇工业园区和乡镇工业小区 19 家。最后，"三资"企业和到内地投资的沿海企业也不断涌现，县域工业比重大幅提高。同时各地开发区建设逐渐达到高潮，1994 年各类开发区达到 56 个，截至 2002 年年底，成都全市工业开发区已经达到 116 个。

由此可见，20 世纪 80 年代初至 21 世纪初，城区企业的外移、乡镇企业的发展壮大、到内地投资的沿海企业不断涌现，以及开发区的大规模建设使得成都工业空间分布呈现出多点分散布局的特点，逐步形成的各类工业园区吸纳了大量的工业企业，成为成都工业发展的载体。

5.3.3 调整集聚发展阶段

2002 年年底，成都共有 116 个工业开发（园）区，此外各区（市、县）还有大大小小的一些工业点。这些开发区分布在各个区（市、县），这种分散、落后的工业布局和结构造成的问题主要表现在：一是工业区域分布结构不合理，许多大中型骨干企业分布在城区和近郊地带，致使城市功能难以充分发挥，工业企业用地、环保等压力日益突出；二是产业不集中，主导产业不突出，集聚效应不强，产业配套能力较弱；三是工业开发区较多，产业特色不明显，用地结构不合理，管理创新能力不足，基础设施不配套，规模普遍偏小，投入产出效率低；四是工业布局规划与城市总体规划和土地利用总体规划相互衔接不够，造成了土地资源配置错位。

2003 年成都开始推进城乡一体化，并提出了"三个集中"（工业向集中发展区集中、土地向规模经营集中、农民向集中居住区集中）的发展思路。在新型工业化发展道路和工业向集中发展区集中的思路下，成都工业开始走上了集中、集约的发展之路。2004 年，《成都市工业发展布局规划纲要（2003 年—2020 年）》（以下简称《纲要》）出台，根据各地产业基础和资源条件，成都将 116 个各类工业园区调整归并为 21 个工业集中发展区，明确了成都未来工业的产业布局和空间布局，充分体现了集中发展、集约发展、错位发展的指导思想。

2008 年 2 月 1 日，《成都市人民政府关于加快工业集中发展区建设发展的试行意见》及《成都市重大工业招商引资项目统筹流转试行办法》正式下发。根据这两个文件的规定：一个工业集中发展区重点支持发展一个产业，进一步调整优化全市 21 个工业集中发展区产业布局，形成了中心城区重点发展以软件、电子信息、创意设计为主的高新技术产业和总部经济，第二圈层重点发展现代制造业，第三圈层重点发展特色产业的产业梯度布局、错位竞争格局。文件同时还指出要严格执行工业集中发展区空间布局规划，严禁擅自改变工业用地用途，凡是新建工业企业必须进入工业集中发展区，鼓励引导工业集中发展区外的企业按照产业定位迁入相应的工业集中发展区。对于不符合本区域发展的招商引资项目，则在全市范围内进行统筹、流转。"一区一主业"的产业定位和项目统筹流转办法的实施进一步加快了成都市工业空间布局优化的步伐，工业集中发展区的建设和发展取得了明显成效。2004—2007 年，全市工业集中发展区共投入基础设施建设资金 221.56 亿元，承载能力不断增强。2007 年，全市工业集中发展区内规模以上工业企业达到 1 452 家，集中度达 64.9%。2008 年成都市工业集中发展区"一区一主业"产业定位见表 5-1。

表 5-1　2008 年成都市工业集中发展区"一区一主业"产业定位

序号	名称	重点支持产业
1	成都高新区	电子信息（含软件）及生物医药产业
2	成都经济技术开发区	以汽车整车（含工程机械）及配套零部件为主的现代制造业
3	成都石化基地	石化产业
4	锦江区	以创意设计及电子信息服务为主的企业总部
5	青羊区	以航空模具产业为主的企业总部
6	金牛区	以电子信息服务为主的企业总部
7	武侯区	以轻工设计及软件开发为主的企业总部
8	成华区	以机电研发为主的企业总部
9	温江区	电子机械产业
10	青白江区	冶金建材制造业
11	新都区	精密机械制造业（新繁镇：家具产业）
12	都江堰市	机电及软件产业
13	彭州市	塑料制造业

表5-1(续)

序号	名称	重点支持产业
14	邛崃市	天然气化工产业
15	崇州市	以制鞋为主的轻工业
16	金堂县	新型建材制造业（淮口镇：纺织制鞋业）
17	双流县	光伏光电及机电产业
18	郫县	精密机电制造业（安德镇：川菜原辅料加工业）
19	大邑县	轻工机械制造业
20	蒲江县	食品饮料制造业
21	新津县	以新能源、新材料为主的化工产业

5.3.4 功能区布局发展阶段

近年来，以富士康、仁宝、纬创等为代表的电子信息产业重大项目和以一汽大众、吉利等为代表的汽车产业重大项目的相继落地，以及天府国际机场的开工建设，对成都工业园区格局产生了重大影响。一方面，工业园区原有的规模已难以适应对土地规模需求巨大的重大项目入驻要求，为此，成都市提出了"大园区承载大工业"的发展思路，并于2008年进行了2008—2012年工业园区空间规模修编，在符合产业发展规划、城镇规划和土地利用规划条件下，全市新增工业空间规模85平方千米，达到303.5平方千米。在2008—2012年规划期内，因富士康等重大项目和天府新区等重点区域发展需要，成都市实施了局部调整，临时新增了45.7平方千米。截至2012年年底，全市实际认可的园区规划范围为349.2平方千米。这次调整增加的空间主要是按照新的产业功能定位进行了统筹规划，重点是以高新区为核心载体的电子信息产业功能区、以经济技术开发区为核心载体的汽车产业功能区，以及以天府新区为核心载体的创新创造功能区等三大区域。

2016年5月12日，经国务院批准，四川省正式发文同意简阳市由成都市代管，此举再一次对成都工业空间版图产生了重大影响。2017年年初，成都市出台了《成都市工业发展"十三五"规划》，进一步对全市工业空间格局进行调整，明确提出"十三五"时期，将按照集中集约集群要求，坚持走"大园区承载大产业，小园区发展特色产业"之路，加快构建"3+N"的工业园区布局体系，规划建设龙泉山东侧工业走廊，以成都天府新区、成都高新区、成都经济技术开发区国家级开发区（新区）为龙头，打造"大创造""大智造""大车都"3 大工业功能区，加强都市组团和卫星城 N 个工业园区建设，形成龙头引领、多点支撑的发展格局。

2017 年，全市工业园区共有规模以上工业企业 2 586 家，占全市工业企业总数的 71.04%；实现主营业务收入 10 405.3 亿元（首破万亿），占全市工业主营业务收入的 85.09%；实现利税总额 1 252.741 亿元，占全市工业利税总额的 85.13%；完成工业投资 2 185.25 亿元。按园区经济能级分类，本年度规模以上工业企业主营业务收入上在 2 000 亿元的园区有 2 个：成都高新区西部园区、成都经济技术开发区，其中成都经济技术开发区首次突破 2 000 亿元；上 500 亿元的园区有 5 个：成都先进材料产业园、天府新区双流空港高技术产业园、郫都智慧科技园、简阳高端装备产业园、天府新区南区产业园；其中，成都先进材料产业园、天府新区南区产业园首次突破 500 亿元。2017 年成都工业园区主要经济指标见表 5-2。

表 5-2　2017 年成都工业园区主要经济指标

园区	规模以上工业企业数/户	规模以上工业增加值增长/%	实现主营业务收入			实现税收		
			本年度/亿元	去年同期/亿元	增幅/%	本年度/亿元	去年同期/亿元	增幅/%
成都天府国际空港新城	8	—	2	—	—	0.24	—	—
成都天府国际生物城	—	—	—	—	—	—	—	—
成都高新区西部园区	166	36.3	2 023.5	1 876.4	7.8	48.37	41.25	17.26
成都经济技术开发区	257	9	2 127.7	1 828.9	16.3	256.73	238.52	7.63
简阳高端装备产业园	129	6.5	532.1	523	1.74	50.4	46.7	7.9
淮州新城智能制造产业园	134	14.76	143.44	109.43	31.08	2.63	2.48	6.05
金堂新经济产业园	46	14.62	48.46	43.74	10.79	1.33	1.24	7.26
天府新区新兴产业园	3	0	3.3	0	—	0.2	—	—
天府新区南区产业园	126	14.1	509.09	423.74	20.14	11.51	10.01	15
天府新区双流空港高技术产业园	171	11.6	820.3	645.1	27.2	16.1	13	23.5
双流军民融合产业园	1	25	32	19.86	61.1	1.92	0.06	3 100
成都医学城	200	9.2	484.03	430.55	12.5	17.67	17.81	-0.08
成都智能制造产业园	107	16.2	275.8	226.8	21.6	14.2	12.3	15.8
天府新区邛崃产业园	58	23	91	79.5	14.5	2.3	1.69	36
邛崃绿色食品产业园	52	26.2	111.06	97.95	13.38	9.55	7.69	24.19
大邑智能装备产业园	31	10	3.5	3	17	1.1	0.79	4

表5-2(续)

园区	规模以上工业企业数/户	规模以上工业增加值增长/%	实现主营业务收入			实现税收		
			本年度/亿元	去年同期/亿元	增幅/%	本年度/亿元	去年同期/亿元	增幅/%
大邑电子信息产业园	99	13	286.5	257.5	11.26	9	8.02	12.21
中德(蒲江)中小企业合作区	97	14.5	105.1	88.2	19.2	3.2	1.9	69
四川都江堰经济开发区	59	8.5	155.86	145.44	6.47	5.11	4.47	14.32
成都先进材料产业园	220	9.3	549.57	449.44	22.3	14.63	6.64	23
成都航空动力产业园	76	11.45	124.48	95.43	30.4	8.17	6.83	19.6
成都绿色化工产业园	5	12.17	456.82	395.11	15.62	95.34	80.89	17.87
郫都智慧科技园	263	9.8	522.49	446.29	17.1	12.5	12.31	1.5
郫都中国川菜产业园	48	20.57	120.53	100.09	20.42	3.6	3	20
新都高新技术产业园 新都高端装备产业园	160	14.6	596.97	499.65	19.48	17.9	16.08	11.3
成都家具产业园	65	19.83	240	205	17.07	0.744 3	0.685 6	8.8

2017年,成都市委召开产业发展大会,创新性提出"统筹布局建设66个产业功能区"的决策部署,按照产业的关联度,这66个产业功能区被划分进17个产业生态圈内。2020年,为进一步加快构建"5+5+1"现代产业体系,聚焦打造产业生态圈和创新生态链,推动全市产业功能区精准化定位、协同化发展、动态化布局,成都对原有66个产业功能区的范围、定位、名称、主导产业等进行再论证、再聚焦、再细分,调整后全市产业功能区总数保持66个不变,产业生态圈数量由17个调整为14个。其中先进制造业产业生态圈8个,包括电子信息产业生态圈、医药健康产业生态圈、绿色智能网联汽车产业生态圈、航空航天产业生态圈、轨道交通产业生态圈、智能制造产业生态圈、先进材料产业生态圈、绿色食品产业生态圈。

2019年,成都市工业和信息化产业功能区共31个,其中以先进制造业为引领的产业功能区共29个,总规划面积为3 072.8平方千米,其中工业板块(工业规划面积)376.3平方千米(2020年4月,成都市编办印发优化调整后的全市产业功能区统筹推进分工方案,三次产业归口将成都新经济活力区和金牛科技服务产业功能区划入,将双流航空经济区划出,故截至本书定稿时,共有32个工业和信息化产业功能区,其中以先进制造业为牵引的产业功能区共28个)。2019年,全市29个先进制造业产业功能区共聚集规模以上工业企业2 536家,实现营业收入10 026亿元,实现利税1 115亿元,完成工业投资

1 652亿元，分别占全市规模以上工业的 70.68%、85.74%、88.58%、71.28%①。成都市工业和信息化产业功能区产业布局情况见表5-3。

表5-3　成都市工业和信息化产业功能区产业布局情况

序号	产业功能区	区（市、县）	主导产业	细分行业和领域
1	成都电子信息产业功能区	成都高新区、郫都区	集成电路、新型显示、5G通信	先进特色工艺芯片制造，芯片级、晶元级、系统级、硅通孔封装测试，人工智能、视听通信等终端产品应用，通用服务器CPU、功率半导体、北斗导航芯片、5G射频芯片等核心芯片设计；LCD/AMOLED面板研发制造，QLED、MiniLED、MicroLED等先进显示技术研发应用，玻璃基板、液晶材料、触控模组等部件材料研制，蚀刻机、蒸镀机、曝光机、测试和检测等设备制造；基于电子信息技术的军民融合产业
2	成都天府国际生物城	成都高新区、双流区	生物医药、健康新经济	血液制品、抗体药物、疫苗、细胞/基因治疗等生物技术药；原研药、首仿药等新型化学药制剂；生物医学材料；重大诊疗设备、体外诊断、医学穿戴设备等高性能医疗器械；CRO、CMO/CDMO、CSO等专业外包服务；医疗人工智能、健康大数据、医学互联网+、精准医疗、医学美容等智慧健康和精准医学
3	成都科学城	成都天府新区	新一代人工智能、5G通信、区块链技术等高新技术服务	以新一代人工智能、5G通信、区块链技术为特色的数字经济：计算机视觉、信息安全等软件算法研发应用；智慧城市、无人驾驶等行业应用和产品；小微基站、基带芯片等数字基础设施建设。建设以航空航天、核科学、信息安全为特点的综合性国家科学中心，发展新技术研发和检验检测认证、标准化服务、知识产权服务、技术推广等创新服务
4	成都高新航空经济区	成都高新区	航空消费、航空服务、航空制造	商旅酒店、中转消费、免税商品等为主的航空消费业；航空客运及物流、航空维修及培训、航空金融及商贸为主的航空服务业；航空电子设备、关键零部件制造等为主的航空制造业
5	青羊总部经济区	青羊区	航空科技、创新设计	航空整机和关键零部件研发制造及军民融合产业、工业软件及信息服务、工业供应链和金融服务；工业设计、工程设计、其他专业设计；健康管理、健康科技、互联网+医疗、健康金融等专业型、成长型总部经济

---

① 2019年成都市先进制造业产业功能区相关数据由成都市经济和信息化局提供。

表5-3(续)

序号	产业功能区	区(市、县)	主导产业	细分行业和领域
6	金牛高新技术产业园区	金牛区	轨道交通研发、智能制造、"北斗+"、人工智能	重点发展轨道交通勘察设计、技术研发、机电和信号系统智能制造和系统集成,工程建设与管理、运营维护等轨道交通产业;基于卫星导航"北斗+"技术,重点发展军工电子、通信技术、大数据、遥感测绘、应急指挥等"北斗+"产业;人工智能+军民融合,人工智能+智能制造等领域的智能无人系统、通信模块、基带芯片、数字化车间、系统解决方案等人工智能产业
7	华西大健康产业功能区	武侯区	医疗医美服务、大健康金融	中高端医疗及健康管理、高端康复医疗、特色专科医疗、医疗美容、医疗大数据/AI、养生养老服务,大健康金融产业,音乐文娱相关产业
8	成都龙潭新经济产业功能区	成华区	检验检测、数字通信、智能机器人	智能手机、可穿戴装备、智能车载设备研制;机器人研发设计制造;光通信设备、无线通信设备、数据通信设备、卫星通信等核心网设备及通信软件;数字设备、机械设备等大数据服务及检验检测
9	龙泉驿汽车产业功能区	龙泉驿区	汽车产业、装备制造	智能网联汽车、氢能源汽车、中高端燃油汽车、新能源汽车整车及关键零部件,研发检测、设计咨询等产业前端总部经济,相关高端装备、智能装备制造产业
10	简州新城	龙泉驿区	新能源及智能网联汽车、汽车+	新能源汽车、智能网联汽车整车,动力电池、电控系统、轻量化材料、车联网设备、汽车电子、环境感知、算法决策系统等关键部件设备研制,汽车研发设计、检验检测与认证、信息技术、交易整合、教育培训、汽车博览、文化赛事、运动娱乐等汽车+产业
11	成都中法生态园	龙泉驿区	国际商务、体育赛事、生态旅游、智能网联	依托东安新城城市副中心和中法国际合作平台,按照"国际+"思路重点发展商务金融、城市展示、商业商贸、创新研发、科技转化、文化艺术等功能;以"体育+"思路,重点发展体育赛事、体育中介、现代传媒、娱乐表演、休闲旅游、互联网体育服务、培训教育、运动健康等产业;依托中央绿芯,打造集大地景观与特色创意农业示范、城市中央生态服务与乡村振兴示范等多功能于一体的都市中央生态公园;依托中德合作智能网联汽车示范基地,重点发展车联网、智能网联、工业数字化运用等

表5-3(续)

序号	产业功能区	区(市、县)	主导产业	细分行业和领域
12	青白江先进材料产业功能区	青白江区	新型材料	先进金属材料,高性能玻璃纤维、碳纤维及复合材料,高性能高分子复合材料,先进储能材料及装置设备,装配式建筑部件部品、Low-E中空玻璃、镀膜玻璃、幕墙玻璃、高效防水材料等绿色建筑材料及制品,先进无机非金属材料和制品,新型商用车部件及整车,电子浆料、高纯靶材、荧光材料、3D打印增材、衬底材料、封装材料、激光材料等光电信息材料,智能物流、智能机器人、智能装备、智能家居等智能制造与应用
13	青白江欧洲产业城	青白江区	临港智造、供应链管理服务	智能物流与仓储装备、新型能源材料与装备、高性能复合材料、先进金属材料、智能家电等适铁、适欧临港制造业;协作生产、进料加工、来料加工、装配业务等临港加工业;供应链物流、生产性物流、保税仓储、订单处理、网络配送、电子商务、库存控制策略、金融支持、大数据服务、管理运营等专业供应链管理服务业
14	新都现代交通产业功能区	新都区	轨道交通及装备制造、航空产业	城际动车、城轨、中高速磁悬浮等轨道交通装备整车,牵引、制动系统等关键零部件制造;维保维修、检验检测、工程管理等运营服务。航空发动机、燃气轮机、机头等航空大部件研制;无人机制造;航电、空管、飞控等系统集成,航空维修维护、检验检测、租赁等服务。智能物流装备、智慧能源设备装备制造
15	新都智能家居产业城	新都区	智能家居研发制造、展示商贸	智能家居、定制家具、特种设备家具产品研发制造;家具产品产业链绿色共享治理;家具(智能家居)产品质量检测、家居企业总部基地、数据结算中心、展示中心、智慧家居住区示范配套家具
16	成都医学城	温江区	三医融合、大数据/AI	重组蛋白、生物制剂、疫苗等生物药;干细胞、CAR-T等细胞治疗;应用生物组学、医疗信息学等前沿应用研究;小分子靶向创新药、化学原研药、高端制剂等化学药;智能设备、生物芯片、康复器械、手术设备等医疗器械;健康食品、现代中医药;高端医疗、健康管理与促进、医疗美容、健康保险、健康信息服务

表5-3(续)

序号	产业功能区	区(市、县)	主导产业	细分行业和领域
17	成都芯谷	双流区	新一代信息技术、核技术、空天技术	EDA工具、SoC及动态可重构芯片设计、第二代/第三代半导体技术；传统安全密码产品、电磁防护、网络监测预警，工控信息安全及云计算、大数据、物联网安全产品研制，智能安防、健康医疗、工业互联网；LCD面板研发制造、高端新型显示终端；激光器件、太赫兹与毫米波元器件；反应堆及核动力装置设计、核电运维与退役，放射性药物、放射治疗设备研发、工业无损监测；航空核心技术、新兴技术，航电系统等关键系统研发，军民两用无人机，微小卫星、航天测运控设备及系统，天地一体化信息网络，北斗综合应用系统
18	双流航空经济区	双流区	枢纽型航空产业、临空型国际贸易、空港型国际商务	航空运营、航空维修、航空研发培训及航空物流等枢纽型航空产业；跨境贸易、保税研发制造、供应链综合服务等临空型国际贸易；航空总部、航空金融、航空新经济、航空商旅等空港型国际商务
19	成都川菜产业园	郫都区	复合调味品、休闲食品	郫县豆瓣、调味酱、火锅底料、复合卤料、基础调味料、复合调味料；烘焙食品、肉禽鱼蛋食品、工业化菜肴；总部研发、生产销售、冷链物流及相关产业
20	成都现代工业港	郫都区	氢能装备、电子信息配套装备	制氢、加氢装备及关键配件、氢燃料电池系统、膜电极、氢能商用车整车制造、氢能装备检验检测平台；机器视觉、智能传感、工业机器人、高档数控机床、智能制造成套装备、凸点封装光刻机、刻蚀机和减薄装备；AOI光学检测、激光切割、清洗传送设备等
21	成都空天产业功能区	简阳市	航天装备、智能制造装备	商业火箭、通信卫星、遥感卫星、地面测绘运行控制系统，卫星通信、导航、遥感设备及应用，航空航天新材料和制品。物流机器人、医疗机器人、场地机器人、家庭机器人等服务机器人，输送与分拣成套装备、智能物料搬运、智能仓储等装备、焊接、喷涂、搬运等工业机器人，机器视觉、精密传感控制、伺服控制机构、减速器、液气密元件等关键零部件、基础零部件，智能感知技术研发和系统集成，其他智能装备制造
22	青城山旅游装备产业功能区	都江堰市	旅游休闲产品与装备	集成房屋、户外用品、运动器械、游乐设施设备、缆车及索道轨道等旅游装备；休闲游戏、虚拟现实/增强现实等消费电子产品设备；旅游休闲食品、营养保健食品、功能性饮料、旅游文化工艺品、服装服饰等轻工产品

表5-3(续)

序号	产业功能区	区(市、县)	主导产业	细分行业和领域
23	天府中药城	彭州市	现代中药	中医创新药、中医改良型新药、经典名方药、中医配方颗粒、超微饮片、中药制剂、创新植物药、生物提取原料药;中药保健养生食品,中药功能化妆品及衍生品,高水平仿制药,中药物流贸易康养
24	成都新材料产业功能区	彭州市	有机新材料	高性能聚氨酯、树脂等先进高分子材料,有机硅等新型氟硅材料,气体分离膜等高性能功能膜材料,食品添加剂、饲料添加剂、医药中间体、功能精细化学品等其他精细化工产品
25	天府新区新能源新材料产业功能区	邛崃市	新能源、能源及电子新材料	动力电池、储能电池、电池封装与回收利用、新能源汽车零部件;高性能三元材料、磷酸铁锂材料、高能量密度硅碳负极、电池级碳酸锂、纳米碳酸锰等电池材料,其他载能新材料。IC级硅单晶材料及外延片、碳化硅、氮化镓等第三代半导体衬底及外延材料、新型显示材料、电子化学材料、高纯特种金属材料;化合物半导体集成电路、功率器件及终端应用产品
26	邛崃绿色食品产业功能区	邛崃市	绿色食品	优质基酒、品牌瓶装白酒、调配制酒等优质白酒,其他酒及酒精饮料,运动能量、保健营养等功能性饮料,畜禽制品、水产品等肉禽类食品,液体奶、奶粉、炼乳、乳脂肪等乳制品,休闲食品,食药包材及装备制造关联产业
27	成都智能应用产业功能区	崇州市	消费电子、智能家居、大数据产业	智能家具、全屋定制家具、安防系统、控制系统、家电系统、网络通信系统、照明系统、室内环境系统等智能产品研发制造,智能家居平台应用服务和总部经济;工业软件、工业互联网系统集成应用、智慧城市等云计算/大数据应用及服务;消费类智能终端系统集成及配套等消费电子产业
28	淮州新城	金堂县	节能环保、通用航空、应急安全、教育装备	节能环保细分领域:高效节能装备、先进环保装备、清洁能源+、节能环保服务等;应急安全细分领域:监测预警、预防防护、处置救援、应急安全服务等;通用航空细分领域:通航时尚消费、客货运营保障、绿色研发制造等;教育装备细分领域:多媒体视听设备、信息化校园、职教实训等;凸显合作园区特色的藏医药、生物制药

表5-3(续)

序号	产业功能区	区(市、县)	主导产业	细分行业和领域
29	天府智能制造产业园	新津区	智能制造	智能交通、智能装备、智能硬件、智能技术与服务。有轨电车、磁悬浮整车及地铁关键零部件等智能交通装备制造;工业机器人、数控设备,智能芯片、传感识别、精密传动、伺服控制、智能仪表等核心零部件等智能装备研制;智能家电、智能建筑、智能穿戴设备、数字化家庭产品、智慧安防,新零售与共享经济等智能硬件产品研制;人工智能技术开发,大数据存储、分析及应用,工业软硬件设计,信息采集传输技术,系统集成,无人驾驶技术及物联网等智能技术与服务。方便食品、功能食品、休闲食品等绿色食品制造
30	大邑文体智能装备产业功能区	大邑县	文体旅游产品与装备	户外运动装备、旅游交通装备、装配式建筑等旅游设施设备和材料生产,游戏动漫、服装服饰、工艺美术、智能家居等文化创意产品,休闲保健食品、竞技设备等休闲娱乐产品,电子娱乐、文旅体验、网络通信、虚拟现实、增强现实等消费电子产品与设备制造,可穿戴设备、智能终端、数字影音、其他智能成套设备等智能消费设备
31	中德(蒲江)中小企业合作区	蒲江县	精工产业、职业教育、生态食品	切削、研磨、装配、建筑、加工类电动工具,数控系统、加工中心、切削焊接、锻压铸造、包装精密等专用设备,高端农用动力、耕作、种植、施肥、灌溉机械,铁路施工机械、轨道交通装备等其他精密机械加工与制造。包装饮用水、精制茶及其饮料、优质白酒、膨化食品、干制果蔬食品、生物提取制品。国际职业教育产业,人力资源服务、职业技术资格等级认定服务等配套产业;对外交流、产教融合,工业4.0教育国际合作推广,中德创新交流平台

5.3.5 东郊老工业区的调整改造

5.3.5.1 东郊工业区的形成和调整前状况

东郊①是成都市最早的工业聚集区。新中国成立以来,国家在成都市东郊布局了一大批电子、冶金、机械制造等产业的骨干企业,经过多年的发展,到2000年,在锦江、成华两区已先后聚集了169家中央、省、市、区属规模以上工业企业,总资产达到322亿元,从业人员15.3万人,这些企业为成都市经济社会发展做出了重要贡献。

---

① 东郊的地理范围涵盖了锦江、成华两区近40平方千米的土地,工业用地约14万平方千米。

随着城市规模的扩大，东郊老工业区的体制性、结构性问题逐步显现，制约经济发展的深层次矛盾日益突出。2000年东郊169家规模以上工业企业总资产负债率达67%，高于全市规模以上工业企业资产负债率10个百分点；仅实现销售收入141.14亿元，净利润为5 979万元；成华、锦江两区的企业亏损率为73.3%，亏损额占全市规模以上企业的37.9%，对东郊老工业区进行结构调整已刻不容缓。

5.3.5.2 东郊工业区调整的实施办法

2001年8月，成都启动了东郊老工业区的结构调整工程（以下简称"东调"），计划用5~10年的时间完成。在实施过程中，主要做法是以企业为主体，通过市场手段，利用城区土地与各区（市）县开发区土地的地价差额获得资金，对东郊企业实施搬迁改造，进行"腾笼换鸟"；通过对企业搬迁后的土地实施综合开发，改善东郊城市环境，提升城市形象；坚持规划先行，对东郊工业区的城市功能进行重新定位，实施综合开发；通过引导搬迁企业按产业规划导向向工业集中发展区集中，优化调整成都的工业布局；通过招商引资、联合重组、体制创新、技术改造、产业产品结构调整实现搬迁企业的发展壮大，构建成都工业经济新高地。"东调"提前于2006年年底基本完成。截至2007年年底，启动搬迁改造的160家规模以上企业，已有90%的企业实现新厂竣工投产，90%的企业完成老厂土地处置。

专栏　《成都市东郊工业企业搬迁改造暂行办法》部分内容

　　第三条　企业搬迁改造应坚持企业为主，政府推动，整体规划，成片开发的原则。

　　第七条　调整区域内的污染严重企业、高耗能企业和大运输量企业必须实施搬迁改造；一般性工业企业应服从城市规划主动实施搬迁改造；严重亏损、资不抵债、不能偿还到期债务、扭亏无望的企业就地依法关闭破产。

　　第八条　搬迁企业选址必须符合城市规划和工业布局要求，形成重点行业相对集中、产业辐射有序的分布格局。同时，企业要根据自身发展需要，综合考虑周边环境、交通运输、能源供应等因素。按照我市向东向南的城市发展战略和实施"一号工程"以及工业布局要求，东郊工业企业将重点向成都经济技术开发区、高新西区、新都区、青白江区等方向转移，其中成都经济技术开发区和新都区重点发展机械、电子、建材、食品等加工工业；青白江区重点发展化工、冶金工业。

　　第九条　企业通过土地转让获取的资金，主要用于搬迁建设和技术改造项目支出、企业富余人员分流安置和下岗职工再就业支出以及退休人员社会化管理服务费用，专款专用，以确保企业搬迁改造的顺利实施。

第十一条　企业搬迁后按规定缴纳的土地出让金和土地出让金差价，经市政府批准，统一安排使用。

第十三条　搬迁改造企业纳税地财政应根据财力情况，安排专项资金，支持搬迁企业的搬迁建设。

搬迁改造企业迁入新址后，税收解缴关系随之转入当地。对原税收解缴关系在市级的企业，按现行的分税制财政体制的办法，调整市与相关区、市、县的收入基数，超基数部分实行市与相关区、市、县按比例分成，其中市上分成比例为30%。对符合本办法规定搬迁方向实施搬迁改造的企业，市上按企业实际上缴税收额的30%的比例分成。特殊情况由领导小组办公室和有关部门协调解决。

第十四条　搬迁企业原址以划拨方式取得的土地使用权，土地由政府组织拍卖，企业在2003年年底以前启动搬迁改造的，市政府按土地成交价款的5%收取土地出让金；企业在2003年年底以后实施搬迁改造的，其土地出让金按30%收取。其余部分用于企业搬迁改造。

第十五条　搬迁企业原址以出让方式取得的土地使用权，进行转让并改变土地用途，原则上由政府与企业协商收购或由企业在市土地交易市场挂牌交易，企业在2003年年底以前实施搬迁改造的，市政府按成交价或重新评估价的5%收取土地出让金差价；企业在2003年年底实施搬迁改造的，市政府按成交价或重新评估价的10%收取土地出让金差价。

第十六条　土地、房产没有抵押的搬迁改造企业，在搬迁改造方案制定后，由市土地储备中心或市政府同意的其他方式对土地进行协议收购或拍卖。

第十九条　鼓励企业在搬迁时进行技术创新和技术改造，凡搬迁的同时进行技术创新和技术改造的企业可按《成都市技术创新、技术改造贷款项目贴息资金管理办法》（成办发〔2001〕55号）规定申请享受贷款贴息。

第二十一条　对符合本办法规定搬迁方向搬迁的污染严重企业，可向市领导小组办公室提出申请，经办公室商请市环保局审核同意后，由市环保局安排污染治理补助资金，积极支持企业通过搬迁改造，消除污染。

第二十二条　污染严重的企业，不再办理企业在原址的新建、扩建和技改项目的环保审批手续，并将限期搬迁改造。

第二十三条　成都市及区、市、县两级国土资源部门要优先安排搬迁企业用地计划。

第二十四条　房地产开发企业原则上从土地交易市场通过招、拍卖方式获得土地开发权。以控制性详细规划为依据成片开发，并承担相应的配套设施建设。政府负责主要市政道路等公共配套设施建设。

5.3.5.3　东郊工业区调整对优化工业布局的影响

"东调"不仅解决了成都城市环境的改善、城区用地结构的优化、企业组织结构的调整等问题，还极大地推进了成都工业布局的调整和优化。通过政府规划的引导，外迁企业聚集产生的规模效应逐步形成。成都经济技术开发区和新都区重点发展机械、电子、建材、食品等加工工业，青白江区重点发展化工、冶金工业，因此"东调"过程中90%涉及搬迁的企业主动迁往位于龙泉驿的成都经济技术开发区、新都区、青白江区等区（市、县）。同时，东郊企业的外迁，通过投资拉动，在城市外围形成了新的经济增长点。

东郊企业搬迁按统一的产业布局规划进行，实现了工业向园区集中和产业聚集，产业布局更趋合理，聚集效应逐步显现。攀成钢无缝钢管生产区迁至青白江，奠定了青白江区冶金主导产业地位；一汽技改项目迁往龙泉驿区，突出了该区的汽车产业主导地位；成发集团等制造业迁移至新都区，该区的装备制造业主导地位得以巩固，宏明电子、国光电子、虹波实业等6家电子元器件企业搬迁至成都经济技术开发区，形成了成都经济技术开发区发展电子元器件的基础，壮大了电子元器件产业集约集群发展的总规模。"东调"前，电子产业占成都经济技术开发区的比重为15%~20%；"东调"后，这一比重已上升到30%，同时成都经济技术开发区电子元器件产值也占到全市该行业产值的50%以上，2005年9月，成都经济技术开发区被国家信息产业部批准为国家（成都）电子元器件产业园。

5.4 创新产业用地政策，推进工业园区转型发展

随着新一轮科技革命和产业变革的不断深入，近年来以深圳、上海等为代表的国内重点城市日益加快了产业转型和存量产业用地再开发的推进步伐。其中，通过创新产业用地政策，以新型产业用地（M0）相关政策来推进工业园区转型发展，成为此轮国内重点城市加快推进产业转型和城市更新的一大亮点。2020年，成都市新出台了《关于加强新型产业用地（M0）管理的指导意见》，首次就M0提出了一些探索性的措施，为新一轮工业园区转型发展提供了重要保障。为使成都推进落实现有M0相关政策更加科学规范和高效，规避先行城市政策执行中出现的问题和教训，结合成都实际和先行城市政策执行情况，本书就M0政策做专题研究，并从创新产业用地政策角度提出相关建议。

5.4.1 对当前M0政策的两个基本认识

（1）国家支持创新产业用地政策。2020年3月30日，国家出台了《关于构建更加完善的要素市场化配置体制机制的意见》，明确提出要深化产业用地市场化配置改革，在符合国土空间规划和用途管制要求前提下，完善产业用地政策，创新使用方式，推动不同产业用地类型合理转换，探索增加混合产业用地供给。

虽然国家在文件中提出的相对原则较为笼统，但课题组认为，总体上国家对之前深圳等地区 M0 用地政策是持肯定态度的。只要各地创新的产业用地政策"在符合国土空间规划和用途管制要求前提下"，原则上都是支持和鼓励的，这为成都未来进一步创新产业用地政策提供了国家层面的政策保障。

（2）M0 政策提升产业用地使用效率明显。M0 的概念，借鉴了香港用地政策中兼容"无污染工业+商务办公+服务贸易"功能的混合用地，以及新加坡用地政策中兼容"研发设计+无污染制造+商务办公"的 BP 用地概念。相较于商服用地，M0 的拿地成本低，用地形式更加丰富，研发、生产、总部经济、商业办公、配套公寓等可以全部"集成"，成为城市职住平衡发展的重要承载地。这一新的供地类型在 2013 年由深圳市率先提出并进行实践探索。从效果看，2019 年深圳以 1 997 平方千米土地面积创造了 4 200 亿美元的 GDP，单位产出效率稳居国内首位，其根本原因在于 M0 用地为深圳创新型产业发展提供了强大的动力源，以蛇口园区①、深圳湾科技生态园②等区域为典型代表。这为大城市解决建设用地空间紧张，原有工业用地使用效率低下，盘活既有土地资源提供一种新的思路。新加坡工业用地分区见表5-4。

表5-4　新加坡工业用地分区

用途分区	用途	配套功能比例
business 1-white（一类商务白地）	电脑软件发展、配送服务、电脑硬件及电子设备维修、印刷出版及相关产业、（干）食物包装、仓库（化学品除外）等轻工业	配套功能比例：≤40%　容积率：2.5~4.2（如需申请"白地"用途，有最低容积率限制）
business 2-white（二类商务白地）	B1 用途类、生物科技、电器产品制造、汽车维修与服务、家私制造、仓库、电力分站、发电厂、气体装置等有污染的特殊工业	
business park-white（商务园白地）	无污染的高科技研发产业，高附加值制造业，知识密集型产业等知识密集型产业	白色用地比例：≤15%　配套功能比例：≤剩余 85% 的 40%

---

① 蛇口，从 2011 年开始，伴随产业升级及新的土地政策出台，提出从"工业园区"到"综合城区+产业社区"发展策略（从 M1 到 M0），基于人的 5 分钟步行尺度界定产业社区合理规模，重点集聚创新、研发功能和中小型产业配套服务功能，创造功能混合、高品质、灵活性的新型产业社区，完成从"港区"到"园区"再到"完整城区"的转变。

② 深圳湾科技生态园是由深圳湾科技发展有限公司打造运营的高科技产业总部和研发基地，于 2011 年完成土地使用权出让，用地面积20.3 万平方米，全部由 M0 构成，地上建筑面积 120 万平方米，除 95 万平方米的研发生产空间外，融合 6 万平方米酒店、6 万平方米商业、12 万平方米公寓（总配套占比 20%），在满足产业发展同时为入驻企业提供"一揽子"配套服务空间和设施，真正实现在单个项目中解决基本工作、生活、购物和社区服务。

5.4.2 成都工业园区产业用地政策创新的探索实践

进入 21 世纪，成都工业化和城镇化进程不断加快，针对工业园区产业用地政策的创新步伐从未停止，工业园区的调整发展也取得了一定的效果。总体来看，成都工业园区的调整发展大体可以分为三个阶段。

（1）东郊老工业区土地综合开发阶段。从 2001 年 8 月开始启动，2006 年年底基本完成的东郊老工业区的结构调整工程，对东郊企业实施搬迁改造，对企业搬迁后的土地实施综合开发，对东郊工业区的城市功能进行重新定位，取得了显著成效，并成为全国城市老工业区转型升级的典范。

（2）五城区工业园区用地规划调整阶段。2016 年，成都市出台了《关于加快五城区工业园区内工业项目建设的意见》，提出要推进产业转型升级，重点发展高端制造业和都市工业，并允许五城区根据城市形态、产业结构调整等发展趋势，提出对辖区内工业园区工业用地规划调整的意见并按程序报批，也就是说原则上在确保全市范围内工业用地总量平衡的前提下，允许将工业用地调整为经营性用地（须补一定差价）。由于当时政策尚不完善，加上国内其他个别城市类似政策出现执行偏离情况，借助产业地产的名义变相开发住宅、商业地产等问题，成都在实际执行该政策的过程中一直持谨慎态度。

（3）M0 政策探索阶段。由于发展观念、用地政策等因素影响，成都始终在现有政策框架内做产业结构调整和园区转型升级，总体上工业园区转型步伐缓慢，效果不明显，已经越来越难以适应新一轮产业变革、快速城市化等因素带来的城市功能、业态多样的新特征和新要求。为此，2020 年 4 月 7 日，成都市出台了《关于加强新型产业用地（M0）管理的指导意见》，首次就 M0 提出了一些探索性的措施。这一举措，再次为成都工业园区新一轮转型发展吹响了号角。随后，锦江区于 2020 年 10 月正式出台了《关于加快都市工业高质量发展的实施方案》，就新阶段工业园区转型发展展开新的实践探索。

5.4.3 创新产业用地政策，推进工业园区转型发展的建议

（1）进一步研究 M0 出让条件。经过梳理对比深圳 M0 政策，成都 M0 政策较为苛刻，如功能方面，深圳可配套商业、宿舍、可附设的市政交通设施及其他配套辅助设施，成都仅可配套员工倒班房、集体宿舍、租赁型产业园区配套住房、食堂、超市等配套服务功能用途的用房；土地利用混合方面，深圳配套用房占总计容面积的比例达 30%，成都仅为 20%；用地占比方面，深圳宝安区、龙岗区等 M0 达工业区线内总工业用地的 20%，南山区更是高达 80%，

而成都 MO 总规模不超过区（市、县）工业用地总规模的 5%。由此可见，成都 MO 在功能多样性、灵活性上较深圳 MO 仍有较大差距，建议进一步深入研究关于新型产业用地在产业功能区的后续政策，探讨 MO 突破现有部分政策的可能性。深圳与成都 MO 政策分项对比见表 5-5。

表 5-5　深圳与成都 MO 政策分项对比

城市	深圳	成都
用地类别名称	新型产业用地（MO）	
范围	融合研发、创意、设计、中试、无污染生产等创新产业功能以及相关配套服务的用地	主要用于融合研发、设计、检测、中试、新经济等创新性业态及相关配套服务的工业用地
适建功能	主导用途：厂房（无污染生产）、研发用房。其他用途：商业、宿舍、可附设的市政设施、交通设施以及其他配套辅助设施	主导用途：直接用于项目生产、研发、设计、测试、小试、中试、勘察、检验检测等功能用途的用房；不得用于住宅、商业、餐饮、宾馆等经营性用途。其他用途：为满足职住平衡、新型产业配套等需求修建的员工倒班房、集体宿舍、租赁型产业园区配套住房、食堂、超市等配套服务功能用途的用房
容积率	≤6.0	2.0~4.0
土地混合利用	配套用房的计容建筑面积不得超过项目总计容建筑面积的 30%	配套用房的计容建筑面积不得超过项目总计容建筑面积的 20%
新型产业用地占比	深圳市人民政府《工业区块线管理办法的通知》明确：南山区区块线内新型产业用地面积原则上不超过辖区区块线中工业用地总面积的 80%，宝安区、龙岗区、龙华区、坪山区和光明区不超过 20%	新型产业用地（MO）总规模原则上不得超过所在区（市）县工业用地总规模的 5%

（2）积极探索推进创新型产业综合体建设。当前，在产业转型与产业用地政策创新的推动下，深圳、上海等国内多个先进城市陆续开始建设创新型产业综合体。创新型产业综合体与商业综合体、交通综合体等综合体的根本区别在于其工业用地的属性，其核心为产业。创新型产业综合体为新兴产业发展提供空间载体，如写字楼、研发楼等，再以产业和生活需求为基础延伸至其他配套，如商业、住宅、金融服务等，从而营造完整的产业生态系统。创新型产业综合体这种新兴的产业建设模式，对企业来说，复合了生产和生活的多种功

能，改变了传统产业园区功能单一、业态低端、环境恶劣的弊端，同时降低了工作和生活成本；对开发商来说，可以通过销售商业、公寓等配套功能来实现资金回款，降低产业建筑的经营风险与成本；对政府来说，可以采用差别化低价政策，给予新兴产业地价优惠，防止创新型企业外迁，有助于推进产业转型。如上海西岸集团在徐汇滨江地区建设的人工智能产业中心，创新型产业综合体将成为城市产业空间的发展方向之一；深圳天安云谷一期、龙岗天安数码城四期、创维创新谷二期、创智云城等项目均为创新型产业综合体的典型代表。深圳部分创新型产业综合体情况见表5-6。

表5-6 深圳部分创新型产业综合体情况

名称	用地面积/万平方米	建筑计容面积/万平方米	容积率	配套比例/%	主导产业
天安云谷一期	5.2	39.7	7.6	21.6	以云计算、互联网、物联网为主的新一代信息技术
龙岗天安数码城四期	4.2	20.9	5.0	35.7	电子信息、软件、环保、新能源、新材料、生物医药、文化创意等新兴产业
创维创新谷二期	14.3	45.1	3.9	31.9	无人机、生物科技、新一代信息技术等产业
创智云城	13.7	100.2	7.3	30.1	以人工智能、生物医疗、大数据平台并结合物联网、物联网等产业

（3）探索多用途复合利用的产业用地供应模式。随着我国产业提档升级进入攻坚期，过去统一的标准化产业用地将越来越难以满足日新月异的个性化项目需求。为此，国内重点城市在产业用地供应模式上做了许多积极探索。2016年上海市发布了《关于加强本市工业用地出让管理的若干规定》，允许产业类工业用地配套科技创新服务设施的建筑面积占总建筑面积的比例不超过15%，增加必要的住宅、教育、商业、娱乐、培训等配套。2020年1月，苏州市高新区积极创新产业用地供地模式，根据项目自身生产与研发结合的特点，经过资源规划部门与属地政府对接沟通，在政策允许的范围内，探索出了工业（标准厂房）与工业（研发）用地混合出让的供地模式，首次成功以多用途复合利用的模式供应产业用地，如苏州半导体激光创新研究院项目用地面积23 132.9平方米，其中生产用地6 316.9平方米，研发用地16 816平方米。建议成都借鉴上海、苏州等城市的经验，结合成都实际情况，积极探索多用途复合利用的

产业用地供应模式，精准实施"产业用地定制化"，改变纯粹的工业用地或研发用地都不能满足项目需求的传统供地方式，为推进城区工业园区转型升级奠定基础。

（4）树立片区综合开发思维，打造工业园区转型发展样板。如果工业园区继续拘泥于发展工业，"就工业说工业"，显然已经无法适应新一轮产业变革发展趋势和以人民为中心的根本发展要求，也是对工业园区新的资源禀赋优势的莫大浪费，如锦江区1.29平方千米的工业园区内，"两横一纵"三条地铁交叉贯穿，周边部分厂房已处于闲置状态，加上园区一侧正在打造"夜游锦江"码头，整个片区综合开发潜力巨大。建议结合各自实际，高效利用现有政策，对工业园区内低效用地进行升级改造，制定适合主导产业发展的多层工业楼宇建设标准，在此基础上，顺应新的发展形势和要求，树立片区综合开发思维，一方面将园区与周边区域统筹规划，功能统筹定位；另一方面，进一步创新用地政策，在确保全市范围内工业用地总量平衡的前提下，在一定条件下允许将工业用地调整为经营性用地，推进工业园区向综合型产业社区转型，成为新时期城区经济发展的新引擎。

6 产业生态圈建设

产业生态圈是指在一定区域内，人才、技术、资金、信息、物流和配套资源等要素能够有机排列组合，通过产业链自身配套、生产性服务配套、非生产性服务配套以及基础设施配套，形成产业自行调节、资源有效聚集、企业核心竞争力得到充分发挥的一种多维网络体系。一般来说，产业生态圈遵循"企业——产业——产业集群——产业生态圈"的演进规律，围绕主导或核心产业形成的上下游产业链体系是产业生态圈的核心，生产性及生活性关联配套产业、空间平台及基础配套是政府为生态圈发展提供的相应配套服务、空间载体、政策及公共服务支撑。

6.1 成都产业生态圈建设基本情况

2017 年，成都创新性地提出在全市统筹布局建设 66 个主导产业明确、专业分工合理、差异发展鲜明的产业功能区的决策部署，按照产业的关联度等，这 66 个产业功能区被划分进 17 个产业生态圈内。2020 年 3 月 2 日，为加快构建"5+5+1"现代产业体系，聚焦打造产业生态圈和创新生态链，成都对原有 66 个产业功能区的范围、定位、名称、主导产业等进行再论证、再聚焦、再细分，产业生态圈数量由 17 个调整为 14 个，包括先进制造业类生态圈 8 个、现代服务业类生态圈 5 个、都市现代农业类生态圈 1 个。2020 年 3 月 13 日，成都市产业功能区及园区建设工作领导小组第六次会议明确，成都将加快建设有国际竞争力的产业生态圈，推动构建具有全球影响力和区域带动力的开放型现代化产业体系。

6.1.1 产业生态圈的内涵及意义

生态圈概念来自生态学，指自然界中生命物质与非生命物质之间自我适应、相互调节的独立系统。产业生态圈借用了生态圈的理念，指在特定区域内人才、技术、资金、信息、物流和配套企业等要素能够有机排列组合，通过产业链自身配套，形成产业自行调节，资源有效聚集，企业核心竞争力得到充分发挥的一种多维网络体系。多维度指产业生态圈包含了众多关联企业组成的生产维、科研设计和专业组织构成的服务维、劳动和人力资源供给的劳动维，以及相关基础设施和制度环境形成的公共维等多个维度；网络化是指产业生态圈除了生产组织的要素和主体以外，还包括产业发展所需的人才、科技、信息、金融、基础设施等要素的供给环境，共同构成了良好的生态梯级层次。产业生态圈具有较强的市场竞争力和可持续发展能力，体现了一种新的产业发展模式和新的产业布局形式。

成都在构建产业生态圈的实践中形成了一个更加接地气的说法，即产业生态圈就是一群人为了实现一个战略目的，聚在一起干一件事，大家有共同的话题。政府、大学、企业、科研院所，聚在一起围绕一个产业战略目的，交流探讨、寻找机会、携手创业，这就构建起了产业生态圈。

产业生态圈让我们树立起更加系统的思维方式，从整体高度去审视整个产业的发展，圈内各个协作企业不再各自为政，而是在共同目标的驱动下相互支撑，形成一个完整的闭环。产业生态圈使身处其中的企业能更加方便、快捷地交流，为跨界融合、孵化"新物种"提供了更大可能。对城市而言，产业生态圈建设是落实国家主体功能区战略，坚持有所为有所不为，避免区域同质化竞争，构筑城市比较优势的战略选择；对企业而言，产业生态圈建设有利于通过头部企业带动、资源有效聚集、公共要素共享、产业协作共进，促进产业配套链、供应链、价值链紧密合作，形成行业性联盟和利益共同体，实现协作配套降成本、交叉融合拓市场、资源共享提能力的目标。这是事关城市长远发展、产业比较优势、企业竞争能力、产业链完整性的战略性问题。

6.1.2　成都产业生态圈发展历程

2017 年 7 月，成都产业发展大会提出统筹布局建设 66 个产业功能区，并按照主导产业明确、专业分工合理、差异发展鲜明的原则将 66 个产业功能区划分进 17 个产业生态圈内。通过建设集生产、生活、生态功能于一体的产业功能区，降低长距离交通出行比例，减少对城市公共资源的占用，提升资源要素的节约水平、集约水平，推进产业集约发展，从而增强城市经济和人口的承载能力。

2018 年 1 月，成都市产业功能区及园区建设工作领导小组第一次会议，提出"核心在产业、关键在功能、支撑在园区、机制是保障"的总体思路，系统对主导产业选择、功能形态定位、要素空间集聚、机制体制创新做出科学部署。从理论上明确"产业功能区"既不是传统的开发区，也不是普通的城市社区，而是集研发、生产、居住、消费、人文、生态等多种功能于一体的城市新型社区。一个产业园区就是一个城市社区，就是一个特色街区。2018年5月，成都市产业功能区及园区建设工作领导小组第二次会议，提出以"人城产"逻辑推动城市发展方式转型和经济发展方式转变，大力营造产业生态、创新生态、生活生态和政策生态。2018年8月，成都市产业功能区及园区建设工作领导小组第三次会议，成都产业功能区建设总体规划基本完成，会议提出以创新发展培育竞争优势为目标，进一步明确了产业功能区建设的战略方向和实现路径，提出加快质量变革、效率变革、动力变革的转型要求。

2019年2月，成都市产业功能区及园区建设工作领导小组第四次会议，提出产业功能区建设是精准产业定位、提升产业显示度的"迫切需要"。要切实打破认识局限和思维惯性，秉持一个产业功能区就是若干新型城市社区的理念，塑造未来城市新形态。2019年9月，成都市产业功能区及园区建设工作领导小组第五次会议进一步明确了实现路径，提出四个"鲜明"：鲜明"治本、转型、提质"导向，进一步凝聚社会共识；鲜明"建链、强链、补链"导向，全面提升产业发展能级；鲜明"集聚、集成、集约"导向，创新构建城市核心竞争优势；鲜明"专业、精准、效率"导向，持续推进管理运营体制机制创新突破。

2020年3月，成都市产业功能区及园区建设工作领导小组第六次会议召开。会议指出在疫情防控非常时期需要用非常之功，坚持应急与谋远相结合，从复工复产、稳产满产、纾危解困抓起，构建与疫情防控相适应的经济社会组织方式和城市运行方式，加快建设有国际竞争力的产业生态圈和区域带动力的产业功能区。提出全面启动一平方千米的核心区建设和特色鲜明的新型产业社区建设，全面提升产业政策专业化水平，构建专业化管理服务体系。

2020年9月，成都市产业功能区及园区建设工作领导小组第七次会议召开。会议强调产业功能区是推进城市动能转换、经济提质增效的空间载体，高品质科创空间是支持产业功能区创新发展的微观基础，有利于提高产业集群效应和要素配置效益，是深化城市发展方式和经济组织方式变革的新动能。要推动"两图一表"与城市功能布局深度链接，按照"一个产业一个政策、一个企业一套办法"的原则，制定专业化产业政策体系，推动优势资源向"有为"功能区集中集聚，力争85%的产业配套和85%的生活需求在产业功能区内解决。要坚持政府主导、企业主体、商业化逻辑，建设赋能产业的科创空间，构建创新平台、产业协作、专业咨询、运维能力为核心的竞争优势，实现"投建运管"一体化运作，努力将每一个科创空间都打造成一家科技服务型企业。

6.2 加快构建产业生态圈

2020 年 3 月，为加快构建"5+5+1"现代产业体系，聚焦打造产业生态圈和创新生态链，推动全市产业功能区精准化定位、协同化发展、动态化布局，成都市委、市政府正式印发《优化调整后的成都市产业功能区名录》。调整后的全市产业生态圈由 17 个调整为 14 个。其中，先进制造业产业生态圈 8 个，分别是电子信息产业生态圈、医药健康产业生态圈、绿色智能网联汽车产业生态圈、智能制造产业生态圈、先进材料产业生态圈、绿色食品产业生态圈、航空航天产业生态圈、轨道交通产业生态圈。成都市先进制造业产业生态圈见表 6-1。

表 6-1　成都市先进制造业产业生态圈

产业生态圈（支撑功能区数量）	牵头部门	支撑产业功能区	所在区（市、县）
电子信息产业生态圈（5 个）	市经信局	成都电子信息产业功能区	成都高新区郫都区
		成都新经济活力区	成都高新区
		成都科学城	成都天府新区
		成都芯谷	双流区
		金牛高新技术产业园区（省级）	金牛区
医药健康产业生态圈（4 个）	市经信局、市医保局	成都天府国际生物城	成都高新区双流区
		成都医学城	温江区
		天府中药城	彭州市
		华西大健康产业功能区	武侯区

表6-1(续)

产业生态圈 (支撑功能区 数量)	牵头部门	支撑产业功能区	所在区 (市、县)
绿色智能网联 汽车产业生态圈 (4个)	市经信局	龙泉驿汽车产业功能区	龙泉驿区
		简州新城	龙泉驿区
		成都中法生态园	龙泉驿区
		天府新区新能源新材料产业功能区	邛崃市
智能制造 产业生态圈 (11个)	市经信局	天府智能制造产业园	新津区
		青白江欧洲产业城	青白江区
		成都龙潭新经济产业功能区	成华区
		中德(蒲江)中小企业合作区	蒲江县
		成都空天产业功能区	简阳市
		淮州新城	金堂县
		成都智能应用产业功能区	崇州市
		成都现代工业港(省级)	郫都区
		青城山旅游装备产业功能区	都江堰市
		大邑文体智能装备产业功能区	大邑县
		新都智能家居产业城	新都区
先进材料 产业生态圈 (3个)	市经信局	青白江先进材料产业功能区	青白江区
		成都新材料产业功能区	彭州市
		天府新区新能源新材料产业功能区	邛崃市
绿色食品 产业生态圈 (6个)	市经信局	成都川菜产业园(省级)	郫都区
		邛崃绿色食品产业功能区	邛崃市
		中德(蒲江)中小企业合作区	蒲江县
		天府智能制造产业园	新津区
		青城山旅游装备产业功能区	都江堰市
		简阳临空经济产业园	简阳市

表6-1(续)

产业生态圈 （支撑功能区 数量）	牵头部门	支撑产业功能区	所在区 （市、县）
航空航天 产业生态圈 （6个）	市口岸 物流办	成都高新航空经济区	成都高新区
		双流航空经济区	双流区
		淮州新城	金堂县
		成都空天产业功能区	简阳市
		新都现代交通产业功能区	新都区
		青羊总部经济区	青羊区
轨道交通 产业生态圈 （3个）	市交通 运输局	金牛科技服务产业功能区	金牛区
		新都现代交通产业功能区	新都区
		天府智能制造产业园	新津区

电子信息产业生态圈重点发展集成电路、新型显示、5G通信、人工智能、区块链、网络视听与数字文创等领域，主要布局于成都电子信息产业功能区、成都新经济活力区、成都科学城、成都芯谷、金牛高新技术产业园区（省级）。2019年，成都市电子信息规模以上企业实现营业收入8 400亿元，同比增长14.07%，位居全国前列，中西部城市第一位。成都市电子信息产业长期向好的态势并没因疫情而中断，2020年成都电子信息产业规模达到10 065.7亿元，同比增长19.8%，其中，规模以上电子信息产品制造业营业收入同比增长30.7%。下一步，成都将发挥戴尔、富士康等龙头企业的带动效应，吸引零部件配套企业，依托京东方等龙头企业，打造柔性显示产业集群。

医药健康产业生态圈重点发展生物医药、医疗健康、医疗美容、医药商贸等领域，主要布局于成都天府国际生物城、成都医学城、天府中药城、华西大健康产业功能区等。目前，全市医药健康产业总规模达4 300亿元。其中，生物医药产业的投资、利润近3年年均增长20%以上，营业收入、利润的增速分别高于全市工业平均增速7.5个、16.4个百分点。下一步，成都将继续加快建设全国生物医药创新创造中心、面向"一带一路"医疗健康服务首选地、国际医药供应链核心枢纽。

绿色智能网联汽车产业生态圈重点发展新能源及智能网联汽车、"汽车+"等领域，主要布局于龙泉驿汽车产业功能区、简州新城、成都中法生态园、天府新区新能源新材料产业功能区。目前，成都汽车产能达到200万辆，工业总产值超过 2 000 亿元。2019 年，成都整车产量达 103 万辆，先后引进重大项目 71 个，总投资 480 亿元，已聚集 28 家整车、218 家规模以上零部件企业，其中，世界知名品牌企业近 100 家。下一步，成都将充分利用成渝两地、成德眉资同处汽车产业 300 千米协作配套半径的天然优势，共同谋划启动一批大项目，提高一汽大众、一汽丰田、中嘉沃尔沃、东风神龙本地配套率。

智能制造产业生态圈重点发展智能机器人、智能家居、智能制造装备等领域，主要布局于天府智能制造产业园、青白江欧洲产业城、成都龙潭新经济产业功能区、中德（蒲江）中小企业合作区、成都空天产业功能区、淮州新城、成都智能应用产业功能区、成都现代工业港（省级）、青城山旅游装备产业功能区、大邑文体智能装备产业功能区、新都智能家居产业城。目前，成都智能制造全产业规模突破 1 000 亿元，获批建设国家新一代人工智能创新发展试验区。西门子成都工厂入选全球工业 4.0 样板工厂，17 个项目入选工信部智能制造和两化融合试点示范，平均生产效率提升 30%。下一步，成都将突出原有产业优势，聚焦机器人、传感控制、工业软件、系统集成服务四大主攻方向，重点发展智能制造成套装备，焊接、搬运和巡检机器人。

先进材料产业生态圈重点发展高性能复合材料、先进功能材料、前沿材料等领域，主要布局于青白江先进材料产业功能区、成都新材料产业功能区、天府新区新能源新材料产业功能区。目前，成都不仅成功实现诸多"卡脖子"材料在国家重大装备上的应用突破，率先进行了碲化镉大面积发电玻璃等全球领先材料的产业化，还引进培育了第三代化合物半导体等一批产业急需的重大先进材料项目。2019 年，全市先进材料产业规模以上工业企业达 588 户，实现主营业务收入 1 403.7 亿元，同比增长 21.6%。下一步，成都将积极招引日韩先进材料头部企业及上下游合作伙伴来蓉投资落户，培育一批"专精特新""行业隐形冠军"企业。

绿色食品产业生态圈重点发展优质白酒、软饮料、农副产品深加工、调味品、方便休闲食品等领域，主要布局于成都川菜产业园（省级）、邛崃绿色食品产业功能区、中德（蒲江）中小企业合作区、天府智能制造产业园、青城山旅游装备产业功能区、简阳临空经济产业园。2019 年，成都市绿色食品产业实现营业收入 3 025 亿元，同比增长 9.4%。成都不仅引进预调酒领军企业巴克斯建设国内最大威士忌生产基地及文化体验中心，促进海底捞等餐饮头部企业在蓉建设集总部、消费、制造等功能为一体的特色小镇，还在海外设立了 5 个"成都川菜海外推广中心"和 2 个"郫县豆瓣·川菜原辅料推广中心"。下一步，成都将把品牌变 IP，把消费场景变成网红打卡地，进一步聚焦细分领域，打造了国潮品牌。

航空航天产业生态圈重点发展通用航空、航空装备制造等领域，主要布局于成都高新航空经济区、双流航空经济区、淮州新城、成都空天产业功能区、新都现代交通产业功能区、青羊总部经济区。目前，成都共有航空航天制造类企业 500 余家，产业规模已突破 800 亿元，其中，82 家规模以上企业 2019 年营业收入为 707.8 亿元，同比增长 14.7%。"整机—发动机—大部件—航空电子—地面设备"航空制造产业链、"火箭—卫星—服务"航天制造产业链基本形成。下一步，成都将抢占价值链高端，精准定位"全国航空第四城"，加快招引一批航空文旅、航空金融、航空商贸、航空会展高能级项目。

轨道交通产业生态圈重点发展轨道交通研发、装备制造等领域，主要布局于金牛科技服务产业功能区、新都现代交通产业功能区、天府智能制造产业园。目前，成都共有轨道交通企业 279 家，形成以中车成都、新筑股份等企业为龙头，康尼、海康威视等企业配套的产业集群，已建成涵盖科技研发、勘察设计、工程建设、装备制造、运维服务等领域的全产业链，是全国轨道交通产业链条最为齐备的城市之一，是全国第五大轨道交通零部件配套基地。下一步，成都将支持国家川藏铁路技术创新中心等重点研发平台建设，加快 TOD（以公共交通为导向的开发）建设和火车南站、成都站综合开发。

6.3 产业生态圈建设案例分析
——以新都区轨道交通产业生态圈建设为例

轨道交通是中国最具成套装备研发、制造、建设、管理输出能力的高端产业，是四川省委、省政府确定的五大高端成长性产业之一，也是成都市委、市政府确定的五大突出发展产业之一。按照国家中心城市产业发展大会有关产业生态圈的部署要求，新都区立足"中优""北改"部署，按照以科学规划为引领、产业新城为核心、产业链上下配套齐全、生产性服务业左右协同、基础设施功能配套齐备的思路，提出新都区轨道交通产业生态圈建设方案。

6.3.1 轨道交通分析

6.3.1.1 轨道交通产业链分析
轨道交通产业是具有完整产业结构的综合性产业，其产业链涉及面广，主要包括规划设计、工程施工、装备制造和运营维护四大环节。

6.3.1.2 轨道交通价值链分析

规划设计产业利润率高，起着重要的引导和技术支撑作用。规划设计咨询服务覆盖轨道交通的全过程，占轨道交通总产值的 5%～10%，其中设计所占比重最大，占到了规划设计产业链产值的 50%～55%。

工程施工产业规模大，市场和技术发育成熟。该产业在产业链中所占产值比例较高，达到 45%～50%，其中土建施工占据了 60%～70% 的比重。轨道交通产业链产值构成见图 6-1。

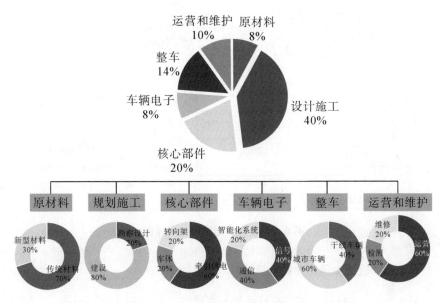

图 6-1 轨道交通产业链产值构成

装备制造产业附加值高，核心技术众多。装备制造产业是国家重点支持的产业领域，占轨道交通总产值的 30%～35%。其中车辆系统、牵引供电系统等核心件和车辆电子系统是轨道交通产业链的核心环节。

运营和维护产业发展快速，增值空间很大。该产业在产业链中所占产值比例为 10%～20%。

6.3.1.3 轨道交通供应链分析。

轨道交通属于典型的基础设施建设行业，投资规模大，系统繁杂，建设周期漫长，具有复杂的供应链。国际上几大主流的轨道交通企业如西门子、庞巴迪、阿尔斯通等多年前就开始倡导供应链管理的理念并引入项目实践。西方国家较多地将供应链管理应用在物流效率、供应链设计、信息化管理和战略联盟的建立等方面。尤其是建立战略联盟这种形式被实践证明是供应链优化和为最终客户带来实际收益的有效模式。典型例子如西门子和庞巴迪在某一项目上进行联合竞标，竞标成功后根据彼此的技术优势以及产能分配情况来分工，如牵引和转向系统由西门子来主导，信号系统则由庞巴迪来主导，各自在其优势的领域掌控项目进展；在内饰方面又可以采用统一化设计，双方共享供应商资源，既简化了设计，又优化了交易和谈判的流程，同时还增加了和供应商谈判的筹码。轨道交通供应链示意图见图6-2。

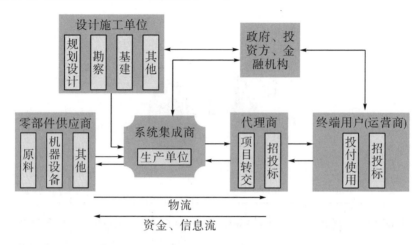

图6-2 轨道交通供应链示意图

6.3.2 轨道交通产业链发展趋势

6.3.2.1 原材料环节：新材料扩大应用。

新型材料具有传统材料所不具备的优异性能和特殊功能，轨道交通领域新型材料的应用研究正在围绕其耐火、耐热、轻质、低噪、电磁兼容性、强度性能和节能环保等特性来展开，我国已经在探索研究新型材料应用的关键技术和轻量化设计，欧洲则致力于铁路车辆及组件新型轻质复合材料的应用开发和商业化推广应用。随着市场对轨道交通车辆轻质化和环保性的要求越来越高，新型材料将有更大的用武之地。

6.3.2.2 整车环节：应用制式多样化发展。

2016年，我国首条具有完全自主知识产权的中低速磁悬浮列车在长沙投入运营，我国自主研制的第一列新能源空铁在成都成功挂线，比亚迪股份有限公司研发的跨座式单轨"云轨"在深圳正式通车，随着轨道交通产业颠覆式创新的发展，轨道交通发展呈现出多制式发展趋势。新制式轨道交通主要包括现代有轨电车、磁悬浮列车、空铁、悬挂式单轨等，它们往往具有小运量、投资低和建设周期短等特点，反映了我国交通运输发展的多种不同需求。城市轨道交通制式的选择需要考虑城市人口规模、运输能力、工程经济性、技术合理性、城市交通特征、环境影响等多方面的因素，需要以统筹全局的观点在特定环境下研究每一种制式、车型的特点，以分析其在特定环境下的适应性。从功能定位的角度来看，新制式轨道交通将广泛应用在新型城镇化建设中，特别适合应用于二、三、四线城市和旅游景区。未来铁路建设布局中，我国将根据不同区域交通的需求特点，因地制宜选择各制式轨道交通装备，着力解决城市发展面临的交通、能源和环境等问题，并在这个过程中推动和实现轨道交通应用制式的多样化发展。轨道交通不同制式特点比较分析见表 6-2。

表 6-2　轨道交通不同制式特点比较分析

制式	地铁	轻轨	磁悬浮	单轨	有轨电车	城际（市域）铁路
路权	独立	独立	独立	独立	混合	独立
线路敷设方式	地下或高架	地下或高架	高架为主	高架为主	全开放	地面高架
适用市区人口	≥100万人	≥100万人	≥100万人	≥100万人	≥50万人	≥100万人
单向运能/万人·小时$^{-1}$	6.0~8.0	1.0~3.0	1.0~3.0	1.0~2.0	0.8~1.0	1.2~1.8
最高速度/千米·小时$^{-1}$	80~100	80~100	100	80	60	100~200
平均站间距/千米	0.6~2.0	0.8~2.0	0.8~2.0	0.8~2.0	0.8~1.5	2~3
旅行速度/千米·小时$^{-1}$	30~40	30~45	30~45	30~40	20~30	50~70
最小转弯半径/米	300	250~350	正线70	100	50	300
动力制式	架空触网/第三轨	架空触网/第三轨	供电轨	供电轨	架空触网/第三轨	架空触网/第三轨
投资规模亿元·千米$^{-1}$	3.0~12.0	3.0~5.0	1.5~3.0	2.5~3.0	0.7~1.0	1.0~4.0

表6-2（续）

制式	地铁	轻轨	磁悬浮	单轨	有轨电车	城际（市域）铁路
主要特点	优点：运量大、准时、节能、环保；缺点：建设成本高、周期长，建设需国务院审批，流程烦琐	优点：相对于地铁转弯半径小、轴重轻；缺点：运量较地铁小，建设需国务院审批，流程烦琐	优点：转弯半径小、造价低、噪声小；缺点：技术不够成熟、运量小、车辆能耗较高	优点：噪音小、爬坡能力强、转弯半径小；缺点：速度、运量较小，粉尘污染较高，胶轮易老化	优点：造价低、工期短、选线方便；缺点：运量和速度较低	优点：速度快、运量大；缺点：站距较大
适用区域	大、中城市中心区域	中、小城市	中小城市，大城市开发区，山地城市或旅游区	中、小城市，专用线路	中、小城市，专用线路	城市长距离郊区
重点生产企业	西门子、阿尔斯通、中车	西门子、阿尔斯通、中车	中车集团大连公司、新筑路桥	西门子、中车四方、中唐空铁、比亚迪	阿尔斯通、西门子、中车四方、新筑路桥	庞巴迪、中车四方

6.3.2.3 泛轨道交通环节：关键系统国产化进入加速时期，施工维保装备发展前景较好

以往我国城市轨道交通制动、信号、牵引等被外资把控的关键产业链环节已出现加速国产化趋势。专用齿轮、制动系统等零部件市场仍被国外厂商垄断，但国内企业已逐步掌握核心技术，部分企业已经通过中铁检测认证中心（CRCC）认证，近期有望实现批量供货。信号系统核心技术早期被国外厂商垄断，基本采取"国内集成商+外资供应商"绑定模式，但随着政策推动与技术成熟，地铁车载控制系统（CBCT）国产化步伐也在加速中。同时，随着国产化，轨道交通设备将降低40%左右的成本，未来2~3年国内CBCT企业可能经历从集成商（3%~10%净利润）到全自主核心系统供应商（15%~25%净利润）的跨越。轨交牵引电机技术封锁已经打破，随着我国永磁牵引技术的研制成功，国外领先格局已经被打破。长沙市轨道交通1号线首次使用该技术，商用推广指日可待。同时轨道交通建设和运维大型装备的市场空间也在稳步增

长，盾构机、铁轨养护设备等大型设备的市场需求日益增长。我国城市轨道交通各产业链环节竞争格局见表6-3。

表6-3　我国城市轨道交通各产业链环节竞争格局

产业链环节			竞争格局	国内外主要供应商	竞争强度①	价值度
设计	勘察设计		中铁等国企垄断	中铁二院	＊＊	＊＊＊
	运营维护		地方运营	—	＊＊	＊＊＊
装备制造	材料	铝型材	市场份额基本被几大厂商垄断	南山铝业、辽宁忠旺、江苏天利	＊＊＊	＊
		复合材料及新材料	复合材料市场较为成熟，随着永磁牵引、新能源轨交技术等成熟，永磁材料、电池材料等有望受益	株洲时代新材、北辰复合材、中科三环	＊	＊＊＊
	整车及核心部件	整车	行业进入壁垒较高，中车占到行业份额的95%以上	中车	＊	＊＊＊
		车辆连接设备	政策重点支持产品，具有较高技术壁垒和资质壁垒；国际市场寡头垄断，国内竞争加剧	瑞典丹纳、永贵电器、沈阳兴华	＊＊	＊＊＊
		制动系统	80%以上国内市场被德国克诺尔占有	德国克诺尔、中华伍股份	＊	＊＊＊
		门系统	康尼机电产品已经占据国内60%以上的市场份额，同时产品已经实现大范围出口	IFE-威奥、法维莱、康尼机电、今创集团	＊＊	＊＊
		空调系统	中国中车是城市轨道车辆空调系统主要国产化配套厂家之一，市场占有率超50%	中车有限、石家庄国祥、上海法维莱	＊＊＊	＊
	车辆电子	通信系统	我国仍处于吸收、引进国外先进技术阶段	中国通号、和利时、东软	＊＊	＊＊
		信号系统（CBTC）	"国内集成商+外资供应商"模式；关键部件有待国有化	西门子、阿尔斯通、北京交控、中国通号	＊	＊＊＊
	车站设备	牵引供电系统	基本实现国产化，但核心部件仍依赖进口；龙头企业占据75%市场	西门子、中车时代电气、湘潭电机	＊	＊＊＊
		屏蔽门	国内多家企业已逐步打破核心技术被国外企业垄断现状；方大自动化占国内约1/3市场，康尼机电占约1/6市场	法维莱、方大自动化、康尼机电、鼎汉技术	＊＊	＊＊
		电扶梯、空调、照明等设备	国产化比重已达到90%以上，进入门槛较低，竞争较为激烈	日立电梯、国祥	＊＊＊	＊
		自动检售票系统	国产化率约70%，全国有10余家主要供应商	三星、中软、众合科技、南京熊猫	＊＊＊	＊
		综合监控系统（ISCS）	国内部分系统集成商已进入市场	新松、佳都科技	＊＊	＊＊

① 竞争强度表示市场的开放度和竞争形势，＊号越多表示市场越开放，竞争厂家越多，竞争形势越激烈。价值度是产业链产品利润率、产值比重的综合考量，＊号越多表示产品的利润率越高，产品在整个价值链的比重越大。

表6-3（续）

产业链环节		竞争格局	国内外主要供应商	竞争强度①	价值度
工程施工	施工设备	我国已成为全球的交通工程装备制造中心，许多产品性能达到国际先进水平，但高端领域产品上主要以外资和合资产品为主	三一重工、徐工、中联重科	＊＊	＊＊
	工程施工	基本由中铁系院所完成	中铁	＊	＊＊＊
	轨道系统	前几大厂商占有较高市场份额	新筑路桥、中铁山桥、中铁宝桥	＊＊	＊＊

6.3.2.4 建设运营环节：系统解决方案供应商逐步成为主流

轨道交通系统解决方案供应商的建设模式已逐步成熟，目前，已出现九寨沟铁投空中轨道旅游公司、湖南磁浮集团等新型投资建设载体，其抱团发展模式能有效整合资源，能够更加有效地抢占市场。如湖南磁浮集团股份有限公司由湖南基础建设投资集团有限公司牵头组建，注册资本20亿元，共有6家发起人，包括中国铁路通信信号股份有限公司、中国中铁股份有限公司和中车株洲电力机车有限公司3家央企，湖南基础建设投资集团有限公司以及湖南磁浮交通发展股份有限公司。6家发起人在技术创新、控制系统、建筑施工、设备制造、运营管理、筹融资等方面各有优势，并有完全掌握磁浮交通核心关键技术的国防科大磁浮技术研发团队的技术支持。未来，集团将有效整合磁浮产业上下游资源，以市场为导向，以技术和全产业链服务为核心竞争力，以打造世界一流的磁浮等新型轨道交通综合服务商为基本目标，加快开拓国内外轨道交通市场。

6.3.2.5 维保环节：进入设计建造与运营维护并重阶段

"十三五"期间，轨道交通行业已逐渐由大规模"设计建造"阶段转入长期"设计建造与运营维护并重"阶段，我国轨道交通车辆维保市场约占车辆市场的26%，而其他国家该比例为55%，市场存在较大发展空间。轨道交通检修周期见表6-4。

表6-4　轨道交通检修周期

地铁		普通列车		动车组	
修程	周期	修程	周期	修程	周期
列检	1天	辅修	6个月	1级	2天
月检	1个月	段修	2年	2级	1个月
定修	1年	厂修	6~9年	3级	1年
架修	5年			4级	3年
厂修	10年			5级	6年

2020年，我国铁路后市场规模达2 000亿元，特别是动车三、四、五级检修为高级修，必须由动车检修基地完成。三、四、五级维修费用约为动车组新车成本的5%、10%和20%，是维修的价值链高端。轨道交通后市场规模见图6-3。

图6-3 轨道交通后市场规模

6.3.3 新都区轨道交通产业生态圈发展现状

6.3.3.1 园区建设情况

中车成都轨道交通产业园位于新都区石板滩工业集中发展区，规划占地12平方千米，其中7平方千米起步区已启动建设，建成约1平方千米。园区以中车成都公司为龙头，瞄准主流制式和新制式市场发展方向，重点发展城际动车组、地铁、有轨电车制造和检修，新能源动力及工程化研发制造，高速动车、机车、客车维保等业务。目前，园区所在地新都工业园区已被确定为省级军民融合特色产业基地，即将获批省级高新技术产业园区。

6.3.3.2 产业发展概述

作为成都轨道交通产业的核心布局地之一，中车成都轨道交通产业园是中车集团在我国西南地区投资的唯一一个从事城轨地铁、现代有轨电车等新型城市公共交通装备和动车组整车生产、维保的产业基地。截至目前，中车成都公司城轨地铁造修、国家铁路检修已实现规模化生产，城际（市域）动车组新造与高级修业务、城轨转向架已投产，跨座式单轨列车、空轨列车、第二代中低速磁悬浮等新制式轨道交通装备则根据市场需求陆续投产。中车成都公司完全达产后可实现城际动车组组装240辆/年、城轨地铁车辆组装与维保300辆/年、现代有轨电车组装与维保210节/年、动车组（含城际和高速）高级修100组/年、机车大修250台/年、客车大修800辆/年。在中车成都公司的引领带动下，中车成都轨道交通产业园内已聚集今创、新誉庞巴迪、中车时代电气、纳博特斯克等 20 余家配套企业，总投资超过 130 亿元，其中，今创等 9 个项目已开工建设。

6.3.3.3 产业链发展现状

目前，园内企业主要集中在产业链中游整车装备及关键零部件制造环节。整车装备领域，铝合金 A 型地铁已实现规模化生产，100% 低地板有轨电车已下线。关键零部件领域，目前除受流装置、辅助供电系统等领域外，电动车组 9 大核心技术和 10 大关键零部件一级核心配套企业均已签约落地。中车轨道交通产业园核心技术/关键零部件本地化落地情况见表 6-5。

表 6-5 中车轨道交通产业园核心技术/关键零部件本地化落地情况

	细分领域	推进情况
电动车组核心技术	电动车组总成	已具备，实现批量交付
	牵引变压器	已落地，2017 年已实现新造能力
	牵引电动机	已落地，2017 年已实现新造能力
	主变流器	已落地，2017 年已实现新造能力
	牵引传动系统	已落地，2017 年实现新造能力
	转向架	已落地，2017 年已实现新造能力
	制动技术	已签约
	车体技术	已具备，实现批量交付
	列车控制网络系统	已落地，2017 年已实现新造能力
电动车组关键零部件	空调系统	已落地
	集便装置	已具备高级检修能力，正在洽谈本地化制造
	车门	已落地，2017 年已实现新造能力
	车窗	已落地，2017 年已实现新造能力
	风挡	已落地，2017 年已实现新造能力
	钩缓装置	已实现本地化
	受流装置	已实现本地化
	辅助供电系统	已实现本地化
	车内装饰材料	已落地，2017 年已实现新造能力
	座椅	已落地，2017 年已实现新造能力
	其他	根据技术发展和产业需求，实施本地化生产

上游轨道交通材料、研发设计环节发展基础较为薄弱，轨道交通材料基础为空白。研发设计方面，目前，北京鼎汉技术西南研发中心、新誉集团西南技术中心已落户，中车西南研发中心建设整体方案已确定，预计年内落地，未来在鼓励推动企业加大研发投入，积极开展研发攻关，产学研合作和科技成果产业化方面仍有待深化。

下游轨道交通装备检修、运营维护环节，目前中车成都公司已具备铁路机车大修、客车大修以及高速动车组检修能力，未来与成都轨道公司联合打造城轨地铁维保基地；在现代有轨电车、跨坐式单轨车辆、空中轨道列车、磁悬浮列车等新制式维保领域仍有待拓展。

（1）产业生态圈缺失环节。

从企业发展历程来看，缺乏制造技术的积累。成都是中国中车在全国布局最晚的一个产业集群，中车成都公司前身为成都机车车辆厂，是一家专业修理内燃机车的企业，没有整车制造的历史，因此缺乏轨道交通整车和核心零部件制造的技术积累。

从企业制造能力来看，制造水平还较薄弱。尽管中车成都公司目前的生产线比较先进，通过柔性改造，能够生产城际动车、磁悬浮列车和有轨电车等多种制式产品，但缺乏相应资质和技术。中车成都公司当前仅开展了城轨地铁的组装业务，在附加值较高的城际列车、市域动车等方面缺乏制造资质，在磁悬浮、单轨等新制式列车方面，也缺乏相应的技术能力。

从企业所具有的技术来看，缺乏原创技术。目前中车成都公司由中车青岛四方托管，在轨道交通装备制造上主要平移中车青岛四方技术，在自身的技术研发和对西南交通大学的科技成果转化方面都较为缺乏，包括目前正生产的地铁设备也是使用青岛四方的技术，没有原创技术的支撑，中车成都公司甚至存在沦为中车青岛四方"高级装配车间"的风险。

（2）配套企业多以组装为核心业务。

目前，成都市规模庞大的轨道交通建设为产业发展带来了快速成长的窗口期，但随着地铁网线逐渐完善，成都地铁建设规模逐渐缩小，本地市场将出现拐点。由于成都市本地化配套政策的要求，大多数原有产能已能够满足全国市场需求的配套企业，大都选择以轻资产、零部件组装为主的方式落户成都，缺乏研发设计、原材料加工和零部件制造环节，不能有效吸附二、三级配套企业，实现产业可持续发展。

（3）产业结构失衡。

部分领域配套能力不足。在车辆转向架、车钩、中心销等领域，机电设备制造的综合监控、通信、场站通风空调等领域，目前还缺少一级供应配套企业。另外，车辆制造的转向架、车门系统、牵引系统、制动系统、信号系统等方面的二、三级供应配套企业比较缺乏。成都市轨道交通产业链产能情况见表6-6。

表6-6　成都市轨道交通产业链产能情况

产业链环节	产能不足	产能饱和
整车制造	缺少一级配套：车辆转向架、车钩、中心销、车窗、照明系统、受流装置等领域； 缺少二、三级配套：转向架、车门系统、牵引系统、制动系统、信号系统	车体与表面处理、空调系统、牵引系统、PIDS系统配套、车辆内装等领域
机电设备制造	缺少一级配套：综合监控、通信、场站通风空调等领域	牵引供电配套以及除通风空调、综合监控外其他系统配套领域

部分领域出现同质化竞争。按照市场发展规律，每个关键部件（系统）有2~3家配套企业基本可以满足产业发展需求，但从目前的情况来看，车辆制造的车体与表面处理、空调系统等配套企业基本饱和，机电设备制造除场站通风空调、综合监控外，其他系统配套企业基本饱和。车辆内装和牵引供电配套企业较为密集，已出现同质化竞争。从园区角度看，新都园区和新津园区均以生产地铁及相关部件为主，部分领域配套企业已出现同质化竞争，而园区在缺乏产业链指导的情况下，往往会盲目招商，造成项目无序建设，阻碍产业健康发展。

泛轨道交通产业缺失。轨道交通作为综合性产业，具有自身完整的产业结构和特征，主要包括设计咨询、建设施工、装备制造、运营及增值服务5大环节、30多个专业领域。产业链涉及面广，价值链条长，除装备制造外，还包括上游的规划设计咨询，下游的运营及增值服务等。产值构成比例大致为：设计咨询占5%~10%、建设施工占45%~50%、装备制造占30%~35%（包括施工装备和车辆，其中整车占10%，通信及信号系统占6%，供电系统占2%），运营和增值服务占10%~20%。新都轨道交通产业目前仅涉及装备制造领域中整车组装、部分零部件组装等几个环节，在全产业链中所占的比值不足10%，尚不具备支撑千亿级产业的能力。

（4）产能过剩。

经过重组后的中国中车在全国共有 6 个城市轨道交通车辆总装厂，还有 20 个组装厂。以城轨地铁为例，6 家总装企业的年生产能力都接近或超过 1 500 辆，再加上 20 个组装厂的生产能力，这意味着中国中车年生产能力已突破 10 000 辆。据中国中车预测，目前全国地铁车辆年需求量，最乐观估计在 5 000 辆左右，明显供大于求。即使在城轨列车产能如此过剩的情况之下，相当多的城市仍频频提出建设轨道交通产业基地的重大计划，而争相发展各自的轨道交通产业基地很可能形成地方保护主义，更可能形成重复建设，加速恶性竞争。

（5）产业协同不强。

经过几十年的发展，成都市已拥有从事轨道交通产业的企事业单位 100 余家，形成了科技研发、勘察设计、工程建设、装备制造、运营维护等板块及系统集成于一体的全产业链格局。但目前轨道交通领域各实体缺乏协作，资源分散。以"铁字号"单位为例，条块分割，横向联系少，经济互动弱。中铁二局隶属于中国铁路工程总公司，中车成都由中车集团投资建设，两者分属不同利益主体，联合难度较大。另外，科研要素整合水平较低，缺乏有机组织和规划，很难实现科技资源和成果集聚，也就难以形成产业的有机集聚。

（6）对新都的启示。

从产业链、价值链以及发展现状来看，研发设计和工程施工在轨道交通产业价值链中占比较大（60%左右），而整车占比较少（10%左右），因此新都区在做好整车装备特别是引入动车组制造的基础上，一定要走前端和后端补强的全产业链发展模式，做到"人有我优"。对前端（研发设计）来说，一是积极向中车争取，从全国抽调研发人才，在成都组建设计院。二是依托西南交通大学、中铁二院、中铁二局的技术优势，力争在新都建立轨道交通装备和勘测技术研究院，同时借鉴北京的经验，设立市级轨道交通产业投资基金（具体运作模式见图 6-4），培育一批轨道交通产业的本地项目。对后端来说，我国已经逐步进入动车高级修市场爆发阶段，且动车高级修市场核心技术被中车垄断，因此必须加快中车维保基地建设，尽快形成动车组维保能力，提升整体产业等级。同时大力引进大型施工装备、维保装备企业，占领轨道交通建设维保装备市场。

投资主体
北京市基础设施投资有限公司、京投发展股份有限公司、北京中关村创业投资发展有限公司等机构

北京基石轨道交通 产业投资基金

基石Ⅰ期基金	基石Ⅱ期基金	基石信安基金	基石创盈基金
规模6亿元人民币。投资方向主要侧重于轨道交通装备制造和节能环保等战略新兴产业，同时兼顾先进制造、信息技术和大众消费等领域	规模3亿元人民币。Ⅱ期基金持续专注于对轨道交通相关产业、信息技术、节能环保、先进制造等领域进行成长型投资	规模2亿元人民币。基石信安基金专注于信息安全领域，重点投资于京津冀地区的创业型中小企业项目	基金规模2亿元人民币。基石创盈基金主要关注城市智能交通领域的投资

基金增值服务
资源支持：为被投企业提供政策及市场等相关资源 上市服务：协助成功进军中国本土及海外资本市场 战略优化：优化企业发展战略和商业模式 并购融合：物色对象、协助调查、设计方案、协调关系全程协助 管理改进：改善治理、完善架构、引进人选、激励优化等 其他服务：业务拓展、融资优化、税务筹划、危机应对等

图 6-4　北京基石轨道交通产业基金运作模式

从产业创新链来看，目前地铁、动车等市场已相对饱和，国内90%以上的市场被中车主导，且中车已经在株洲、青岛等地形成了具有一定规模的生产基地，车辆产能已经饱和。而车辆电子、机电系统、智能交通系统等泛轨道交通系统的国产化正进入加速期，随着国产替代率的逐步提升，将成为产业链上的下一个增长点。因此，新都应坚持两个方向，做到"人无我有"，一是加快新制式轨道交通（有轨电车、磁浮等）的布局，以示范线建设为牵引扩大新制式市场，力争实现弯道超车；二是依托成都的科研实力，引进和培育两手抓，充分借鉴北京构建产研循环生态模式的经验（具体模式见图6-5），在全市范围内，构建起全产业链的孵化体系，形成孵化、培育、反哺的轨道交通产研循环生态模式。力争在车辆电子、站台系统、智能交通等领域引进和培育一批具有自主知识产权的泛轨道交通企业，占领细分市场。

从产业供应链来看，国内诸多城市已开始寻求轨道交通产业系统解决方案供应商的一体化的建设融资新模式，对新都来说，可按近期、中期、远期三个目标实施。

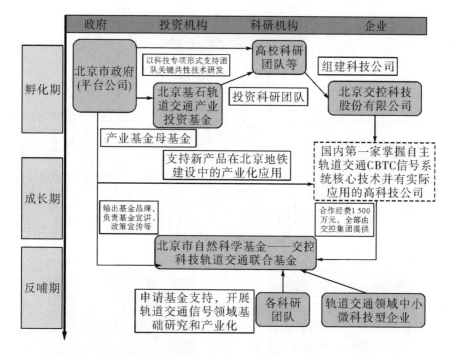

图 6-5　北京轨道交通产研循环生态模式

近期，着重提升轨道交通装备的本地配套率，以"整车带配套、龙头拉中小"的方式，通过下达指标任务，促使整车厂和成都轨道集团加大本地配套力度，共同促进我市轨道交通产业协同发展。同时借鉴广州经验，支持轨交集团形成轨道交通建设、运营、周边物业开发、土地融资、知识型业务输出的一体化能力。

中期，以轨交集团、中铁二院、中铁二局、中车成都公司、地方投资公司等为核心组建轨道交通综合承包公司，在占据成都地铁市场的基础上，探索投资二、三线城市新制式市场的新模式，带领成都配套企业拓展市域外市场。

远期，可以借鉴上海轨道交通产业基金的经验（具体运作模式见图 6-6），引入一家地产公司，与建设公司（中铁二局等）、金融机构、装备企业（中车等）共同组建基金公司，形成一定规模的轨道交通建设基金，共同投建市内外的地铁、有轨电车等大轨道交通市场。

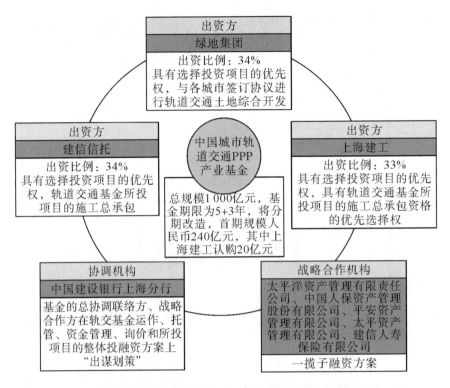

图 6-6 中国城市轨道交通 PPP 产业基金的运作模式

6.3.4 新都区轨道交通产业生态圈建设路径

6.3.4.1 产业系统

党的十八大以来,四川省、成都市全面贯彻党的各项重大决策部署,深入落实建设全面体现新发展理念的国家中心城市要求,抢抓国家大规模实施轨道交通建设和成都突出发展轨道交通产业的历史机遇,立足新都区"中优""北改"战略定位,结合新都区资源禀赋、基础条件和产业现状,遵循"一个产业类别就是一个主题城市社区"的原则,推动轨道交通产业生态圈聚链成网、加速集成,形成成长环境适宜、各类企业协作共生的自循环产业系统,力争到2025 年,建成"创新引领、产业高端、协作完备、产城相融"的现代轨道交通产业新城。

6.3.4.2 建设路径

(1)创新轨道交通发展模式。

①组建模式创新的轨道交通系统解决方案供应商。

充分发挥成都市全产业链的优势，打造具有行业领先优势、资源聚集优势的轨道交通总承包公司，公司由轨道交通集团、成都市城投集团、西南交通大学、中车成都公司、中铁二院、中铁二局等在蓉轨道交通企事业单位、轨道交通产业重点区县城投公司，以及轨道交通产业重要配套企业共同出资组建。公司从周边市场入手，进而在整个西部地区乃至海外市场全面参与行业竞争，对外提供涵盖投融资、总体规划、勘测设计、工程建设、车辆制造、运营维护的一揽子解决方案。成都轨道交通综合承包公司示意图见图6-7。

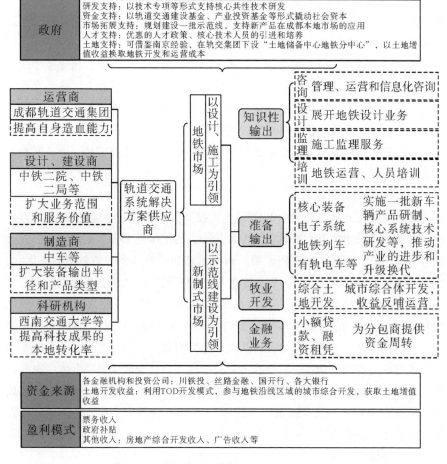

图6-7　成都轨道交通综合承包公司示意图

②设立轨道交通投资基金。

我国目前在大力发展城市轨道交通，轨道交通作为大型公共基础设施，需要政府投入巨额资金进行建设，财政资金虽然是一个重要的资金来源，但资金缺口太大，不能满足轨道交通的建设需求。为了解决政府财政资金压力，作为传统银行贷款的补充，轨道基金顺势而生，对轨道交通的发展起到一定的积极作用。

2015 年 5 月 26 日，国内首支千亿规模的中国城市轨道交通 PPP 产业基金（简称"轨道交通基金"）设立。这一基金以全国范围内城市轨道交通项目为主要投资对象，由中国建设银行领衔，绿地集团、上海建工和建信信托牵头发起，其他多家金融企业参与。

2017 年 9 月 28 日，比亚迪联手华润、深国投发起设立云轨投资基金，该投资基金规模为 46.5 亿元，主要用于各地设立的从事云轨项目投资建设及运营的公司的股权和债权投资等。

轨道交通总承包公司发起成立轨道交通投资基金，以有限合伙企业形式设立，由基金管理公司担任普通合伙人、执行合伙人，并由发起人、战略合作方作为有限合伙人，重点解决总承包公司中标项目的融资问题。为提高投资决策的专业化程度和操作质量，可组建投资决策委员会，成员由普通合伙人和有限合伙人推荐。投资决策委员会审议的事项需经全体投资决策委员会委员同意方可实施。

③采取 PPP 投资模式。

城市轨道交通是当前国内 PPP 的主力投资方向，在已经确定的近 10 万亿项目金额中，城市轨道交通达到约 1 万亿元，占比接近 10%，是仅次于高速公路（1.8 万亿）的第二大投资子项。而当前高速公路年均投资约 8 000 亿元，城轨投资仅有约 3 000 亿元，未来城轨 PPP 模式的应用比例会非常高。

针对城轨传统融资模式存在的基础薄弱、收益低、风险大的弊端，使用 PPP 引入更加灵活的民营资本可以提高运营效率和服务质量。在 PPP 等投融资模式的助推下，轨道交通建设将步入快速发展期。

成都轨道交通总承包公司整合产业链中相关单位组成项目联合体，充分发挥联合体成员各自优势，有效提高各环节的运作效率，降低项目运作成本和风险，采取 PPP 模式，以"交通引导开发"（TOD）为导向，在轨道交通建设方面提供整体解决方案。

④竞争优势。

总承包方面，成都轨道交通总承包公司具备整体解决方案供应能力，能够有效整合优势资源、提高各方协作效率、降低总体成本。科技研发方面，西南交通大学具有国内领先的轨道交通研发实力，在中低速磁悬浮等领域已达到国际一流、国内领先。勘察设计方面，中铁二院是中国大型工程综合勘察设计甲级企业，勘察设计收入连续9年排名全国第一。建设施工方面，中铁二局、中铁八局等众多在蓉工程企业是国内施工建设领域的骨干企业，具有丰富的建设施工经验。装备制造方面，中车成都公司具备制造包括地铁、有轨电车、单轨等各种制式车辆的能力。运营维护方面，成都轨道交通集团具备成熟的城市轨道交通运营管理能力。

⑤投资回报模式。

项目整体从投资、建设到运营管理统一交由项目公司，回报方式主要为票务和非票务收入，政府在协议条件下给予补贴。典型的代表项目有乌鲁木齐地铁2号线、成都地铁新机场线（18号线等）项目。

（2）做大做强龙头企业。

抓住整车制造在产业链的主体部分、关键环节，牢固占据产业分工的主导地位，优先发展各类轨道交通车辆的整车制造，带动车身配套、研发维保等密切相关的细分产业。

一是以研发设计为驱动，提升原创能力。以"大驱动"为导向，充分发挥西南交通大学、成都轨道交通产业技术研究院等机构的技术优势，打造市场化的成果转化平台，掌握一批核心技术、研制一批关键产品、培育一批配套企业，提升科研成果在本地的转化率，实现"墙内开花墙内香"。

二是以整车制造为引领，提升制造能力。以成灌线市域铁路公交改造为契机，实现城际动车组本地化制造，并最终获得城际动车组制造资质。抓住产业链的主体部分、关键环节，牢固占据产业分工的主导地位，优先发展各类轨道交通车辆的整车制造，带动车身配套、检修维护等密切相关的细分产业。

三是以维修保养为基础，提升业务能力。抢抓高速铁路、城市轨道交通进入大规模养护维修周期的时机，加快建设维保基地，不断壮大铁路机车、铁路客车、高速动车组高级修服务规模，积极拓展城际动车组（市域）、城轨地铁车辆、有轨电车、跨坐式单轨车辆、空中轨道车辆、磁悬浮列车的运维及高级修服务。

（3）重点发展以磁悬浮为主的新制式。

以新制式为突破，提升竞争能力。按照以"市场换投资、以市场换制式"的思路，重点发展中低速磁悬浮列车；布局生产有轨电车、单轨列车和轻轨等新制式产品；积极探索高速磁悬浮列车、超高速管道高速列车，超级电容、氢能源为主的新能源轨道交通动力电源系统，超级电容储能式有轨电车、无轨电车以及新能源公交车等新能源交通装备。加快建设一批示范线，推动新制式产品产业化。

中低速磁悬浮是一种先进、成熟、经济、高效的轨道交通制式。中低速磁悬浮特点见表6-7。

表6-7　中低速磁悬浮特点

名称	单向运能/万人次·小时$^{-1}$	技术优点	技术缺点	适用区域
中低速磁浮	1.5~3	振动噪音小、爬坡能力强、转弯半径小、综合造价低、污染小并节能	车辆能耗略高	中小城市、大城市开发区、山地城市或旅游区
地铁	2.5~7	运量大、能耗低、技术成熟	噪音大、造价高	大、中城市的中心区域
轻轨	1.5~3	能耗低、技术成熟	振动噪音大	中、小城市
单轨	1.5~3	低噪音、爬坡能力强、转弯半径小	粉尘污染略高、胶轮易老化	中、小城市，专用线路
有轨电车	0.5~1.2	介于轨道交通和公交之间，布线灵活，造价低	噪音大，运量与路权关系大	中、小城市，专用线路
市域快轨	0.5~2.3	能耗低，技术成熟	振动噪音大	城市长距离郊区

目前国内已有10多个城市规划中低速磁悬浮线路，已经陆续落地的项目有上海磁浮示范线、北京磁浮 S1 线、长沙磁悬浮线等示范线。我国轨道交通给中低速磁浮提供了巨大的市场，可以容纳中低速磁浮交通战略新兴产业的发展。我国很多地方都有兴建中低速磁悬浮运营线路的计划，有的已经开始动工兴建。

新都抢抓中低速磁悬浮市场，一是引进国内具有磁悬浮核心技术的企业和相关科研机构落户；二是研究时速 120~200 千米的中低速磁悬浮技术，力争推动市域内建设一条中低速磁悬浮示范线，并以此推进磁悬浮的发展。全球磁浮轨道交通技术专利的主要专利权人、专利数以及所属国家见表6-8。

表 6-8　全球磁浮轨道交通技术专利的主要专利权人、专利数以及所属国家

专利权人名称	专利数	所属国家	专利权人名称	专利数	所属国家
TOSHIBA KK（东芝）	164	日本	中车株洲电力机车厂	47	中国
ZH TETSUDO SOGO GIJUTSU KENKY-USHO	158	日本	蒂森克虏伯磁悬浮列车公司	46	中国
HITACHI LTD（日立制作所）	144	日本	北京控股磁浮技术发展有限公司	45	中国
TOKACHI RYOKYAKU TETUSDO KK	115	日本	国防科技大学	42	中国
中铁第四勘察设计院	105	中国	（同济）国家磁浮交通工程技术研究中心	38	中国
西南交通大学	101	中国	上海磁浮交通发展有限公司	35	中国
西门子公司	93	德国	FUJITSU LTD（富士通）	34	日本
MITSUBISHI ELECTRIC CORP（三菱电机）	91	日本	KOREA INST MACHINERY&MATERIALS（韩国机械和材料学会）	32	韩国
TIANCHANG ZHONGNENG GUOTAI ENERGY TECHNO	57	日本	BOEGL BAUUNTERNEHMUNG GMBH&CO KG MAX	31	德国
SAMSUNG DISPLAY TECHNO（三星显示）	50	韩国	MESSERSCHMITT-BOLKOW-BLO（梅塞施密特-伯尔考-布洛姆公司）	29	德国

（4）围绕泛轨道交通产业，提升产业集群竞争力。

围绕轨道交通产业与其他产业的共性技术、上下游配套关系，着力轨道交通产业前端和末端业务延伸，建设价值链高和产业链全的轨道交通产业。

一是促进新材料产业协同创新。结合机车车辆与关键部件材料、车轮用材料、机车表面涂层与防腐材料、减振降噪材料、路基材料等相关的主要材料需求，形成轨道交通新材料产业体系。筹建光启超材料新型产业技术研究院，力争中车中铝合作项目、忠旺铝制大部件项目落户新都。

二是加快电气设备产业发展。重点发展轨道交通工程和车辆制造所需的电机、线缆、输配电、工控仪表、传感器、变电箱及其控制设备等各类电气设备，提升关键电气设备本地化配套率。

三是做强轨道交通工程建设业务。依托本地工业制造能力，通过与科研院所深度合作，培育盾构机、履带吊、成槽机、起重机、三轴搅拌桩机等轨道交通施工设备研发生产能力，拓展轨道交通研发制造业务。依托中铁二局、中铁

八局等在蓉工程企业，拓展工程施工业务。

四是开展轨道交通产业高端展会业务。大力开展国际轨道交通产业发展峰会等高端展会业务，积极推动轨道交通产业年会等专业性会议在成都（新都）召开，通过举办论坛、召开峰会、承办年会等形式，提升成都轨道交通产业的知名度和影响力。

（5）借力"蓉欧+"战略。

充分发挥蓉欧班列通道优势、政策优势，以物流为杠杆撬动外贸与产能从异地向成都转移。目前，成都已出台《"蓉欧+"战略鼓励产能转移扶持政策》，若采用蓉欧班列，可享受每个 40 英尺（1 英尺≈30.48 厘米）集装箱3 000美元的优惠运价，且异地货物经成都运抵欧洲，还可享受每个 40 英寸（1 英寸≈2.54 厘米）集装箱 500 美元的补贴；其产能从异地转移至成都且货物从成都运抵欧洲的，可享受每个 40 英寸集装箱 1 000 美元的补贴。

目前，新都区已招引的企业中，特别是一些具有核心技术和关键零部件制造能力的配套企业，已经成为欧洲车辆制造企业庞巴迪、阿尔斯通、西门子的主要外贸供应商。以今创集团为例，其全年 100 亿的销售收入，有超过十分之一为对欧外贸，主要通过海运和空运方式交货，海运方式耗时较长、空运方式成本较高，因此，尚有部分大部件产品的业务不能承接。而蓉欧班列运输时间仅需 12~14 天，是传统海运时间的 1/3，费用仅为空运费用的 1/4，不仅帮助企业快速抢占市场，并且能有效降低运输成本。因此，充分利用"蓉欧+"战略优势，积极促进外贸产能向园区转移、集中，既可以实现扩大产业园区能级的目标，又可以提升园区配套企业制造的实体化水平。

（6）加快发展生产性服务业。

以产城融合和产业经济圈建设为核心，积极吸引符合产业导向的生产性服务业项目落户功能区，促进生产性服务业集聚发展。科技服务方面，加快建设"高速铁路运营安全空间信息技术国家地方联合工程实验室""新都智能制造协同创新中心"、中车西南研发中心、北京鼎汉技术西南研发中心、新誉集团西南技术中心等科研机构，吸引中铁二院、中铁四院、中铁二局设计院等勘察设计、工程设计单位在园区建设分中心或研究所，努力争取科技研发设计服务能力覆盖轨道交通全寿命周期。信息服务方面，对接政务服务供给侧和需求侧，推进政务服务信息化、网络化，打造生态圈政务线上"京东商城"，建设线下轨道交通产业"一站式"政务服务大厅。商务服务方面，吸引资产管理、技术交易、知识产权等各类专业服务机构集中入驻，引入中国国际轨道交通展览会等行业论坛、年会、展会，打造中西部领先、全国一流的轨道交通商务服务集聚区。金融服务方面，设立 50 亿元的轨道交通产业发展基金，引导各类社会资金、金融资本支持轨道交通产业发展。设立 5 亿元的轨道交通产业专项资金，对轨道交通产业项目给予专项扶持。流通服务方面，推动传化智联成都北部物流中心等项目建设，加强与青白江成都国际铁路港、成都国际空港等区域合作，大力发展"铁、公、机"多式联运，建立一套连接国际、国内、城市及城市群、行业及上下游企业的智慧物流平台。技能培训方面，力争成都轨道交通学院尽快落地。

（7）合理布局生活性服务业。

以"一个产业类别就是一个主题城市社区"为原则，合理配置商业、医疗、教育等公共服务，打造功能完善、彰显文化风貌、体现生态宜居的产业社区。居住服务方面，打造人才安居工程，加快总规模 1 085 亩的"兴香城"人才公寓建设，适时启动园区配套住房建设，鼓励企业自建人才公寓或倒班房，缓解交通潮汐式循环突出的现象。医疗服务方面，根据园区常住人口增长趋势和空间分布，统筹布局建设医疗卫生机构，引进优质综合医院、专科医院、社区卫生服务中心等医疗卫生机构，实现全覆盖，构建医养结合体系，大力提高医疗卫生服务质量和水平。教育服务方面，力促石板滩第二小学尽快落地，逐渐完善幼儿园、学校基础设施建设，重点推进保障基础教育。旅游娱乐设施方面，合理配置电影院、剧院、游乐场等娱乐设施。筹建天府活力公园项目、中央生态公园（一期）、西江河生态（一期）、东山谷公园，为园区职工提供休憩、锻炼、绿肺场所。创新开发工业旅游，打造"轨交动力主题园"，开发中车展览馆、VR 动力体验等项目，促进产业新城与旅游业有机结合。商业服务方面，鼓励有成熟商业运营经验的品牌开发企业落户园区，完善各类餐饮、商场、酒店等商业设施配套，打造火车主题餐厅、中车动力花园、轨道交通主题民宿等特色商业项目，促进产业和文化互促互融，提高产业新城宜居水平。文体服务方面，统筹新建一批规模大、档次高的文体设施项目，包含图书馆、体育馆、文化馆、科技馆、青少年宫、老年活动中心等，满足园区内员工的精神文化和体育运动需求。

（8）健全园区基础设施建设。

交通基础设施方面，抢抓成南 E1 线、成赵快速路、新青金快速路的建设机遇，构建"两高三快三主"对外交通网络，分期引入地铁 8 号线延伸线、新都区有轨电车 1 号线与 5 号线，加快石木路、三木路等轨道交通产业园 7 平方千米起步区道路建设。信息基础设施方面，推进互联网骨干网络节点升级，生态圈区按全光纤标准建设，普及 1 000 兆光纤宽带网络；实现新一代移动通信网络（5G）全覆盖，到 2025 年规划建设基站 1 078 个，加快实现生态圈内公共服务区域无线局域网全覆盖；构建集城市大数据运营管理、应急协同指挥、智慧决策等管理服务为一体的大数据中心，为企业云计算、大数据应用提供支撑。能源基础设施方面，根据生态圈经济发展和能源发展战略目标的要求，加强能源供应、输送能力提升，实施石板滩 110 千伏输变电新建工程、泰木 110 千伏输变电新建工程，推进实施电力架空线下地及"共同沟"工程，推动电动汽车充换电站、充电桩项目建设；对上争取第二气源接入，规划新建一座加气站，推广天然气分布式能源、热电联产等能源技术。综合性配套设施方面，加快标准化厂房、专业楼宇、孵化器、加速器等载体建设，重点推进石板滩第二小学、石板滩镇市民中心、南车安置小区、轨道产业园职工宿舍等项目建设，优化完善公共服务配套。

（9）强化政策扶持。

研究制定支持轨道交通产业生态圈建设的政策体系，包括产业专项政策、要素保障政策等。产业专项政策重点从项目招引、产品创新、企业培育、产业生态等方面着力，支持优质资源向轨道交通产业和重点企业倾斜，引导产业资源向轨道交通产业园集聚。要素保障政策重点从产业用地、人才引育、设立基金、创新金融产品、数据资源开发利用、企业用能保障等方面着力，不断降低企业生产成本。

6.4 产业生态圈建设案例分析——以新都北部商城现代国际商贸产业生态圈建设为例

新都北部商城位于成都市北部新城现代商贸综合功能区核心发展区，是成都市的"北改建新区"和新都区充分国际化的先行区。近年来，随着内外环境的不断变化，北部商城产业发展呈现出一系列新问题、新挑战，同时也面临着诸多重大历史机遇。

6.4.1 构建现代国际商贸产业生态圈

6.4.1.1 产业生态圈

产业生态圈是在一定区域内，人才、技术、资金、信息、物流和配套资源等要素能够有机排列组合，通过产业链自身配套、生产性服务配套、非生产性服务配套以及基础设施配套，形成产业自行调节、资源有效聚集、企业核心竞争力充分发挥的一种多维网络体系。一般来说，产业生态圈遵循"企业—产业—产业集群—产业生态圈"的演进规律，围绕主导或核心产业形成的上下游产业链体系是产业生态圈的核心。

6.4.1.2　现代国际商贸产业发展趋势

（1）平台经济崛起。平台经济是指一种虚拟或真实的交易场所，平台本身不生产产品，但可以促成双方或多方之间的交易，平台通过收取恰当的费用或赚取差价而获得收益的一种商业模式。事实上，平台经济早已存在，传统的集贸市场、专业市场等均属于平台经济范畴，只是近些年随着互联网技术的快速发展，平台经济实现了颠覆性变革，并逐渐成为服务经济的"皇冠"，成为引领经济增长和推动社会发展的新引擎。根据类型的不同，平台可以分为以BAT（百度、阿里、腾讯）为代表的综合平台，以"找钢网"为代表的垂直型平台以及传统的实体专业市场等。

（2）线上线下协同。随着现代信息技术、现代物流等新兴技术和业态的不断发展，传统商贸流通企业已难以适应市场需求，实施产品"上线"成为传统商贸流通企业的重要转型方向，如苏宁电器调整为苏宁云商并引入阿里巴巴战略投资、华南城引入腾讯作为战略合作伙伴等。同时，随着人们对真实场景产品体验需求的不断提高，传统电子商务企业也在积极布局"线下"，如近期京东商城对外宣布，未来5年京东将在全国开设超过100万家京东便利店；阿里将在未来一年新开一万家"用数据武装"的"天猫小店"。推动线上线下协同发展，已经成为商贸业最重要的发展趋势。

（3）产业全链竞争。随着产业经济不断发展，商品流通总量迅速扩大，城市内小、专、散的专业市场因难以配套物流、仓储而使经营商户的竞争力下降。专业市场与互联网、大数据、大物流、大仓储融合发展，形成涵盖会展、配送及仓储、信息化、统一结算、融资、保险等功能的综合服务基地，已是大势所趋。同时，专业市场一方面向生产领域延伸，与农户、生产基地、加工企业及储藏、保鲜、运输等环节联为一体，实现前向流通一体化；另一方面向消费领域延伸，将批发、拍卖、零售、直销、运送等环节联为一体，实现后向流通一体化。目前，浙江海宁皮革城、广东顺德北滘慧聪家电城等国内领先的专业市场均致力于打造产业全链竞争格局，以赢取新的市场空间。

（4）内外贸一体化。"一带一路""金砖国家峰会""上海合作组织"等国家重大战略部署，加上自由贸易试验区、内外贸一体化、市场采购试点等政策，大大加快了我国商贸流通产业拓展国际贸易空间的步伐，促进我国商贸流通从地区性、传统型、封闭型的纯国内市场发展中走出来，向国际性、创新性、开放性的商品流通中心发展。上海率先推进国际商贸中心建设，南京、广州等城市加快推进内外贸一体化发展，推进知名商贸企业和品牌"引进来""走出去"，实现国际资源双向配置。发挥地区国际贸易、口岸试点等政策优势，加快推进商贸国际化，成为提升地区资源配置能力和市场影响力的重要途径。

6.4.1.3　义乌国际商贸城产业生态圈发展经验

义乌国际商贸城被联合国、世界银行与摩根士丹利等权威机构称为"全球最大的小商品批发市场"。作为小商品国际贸易的典范，其成功模式、发展中遇到的问题及今后的发展方向等成为其他城市发展国际贸易的标杆。义乌国际商贸城的发展经验主要分为以下几个方面。

（1）突出的主导产业。

义乌国际商贸城以小商品批发为主导产业，吸引了国内外采购商、经销商，目前拥有各类品牌总经销、总代理 1 万多家，设立了福建、新疆、安徽、四川等一批区域特色商品馆，日均客流量达 20 万人次。2016 年，义乌国际商贸城经营户达 70 089 个，全年成交额 1 105.8 亿元，同比增长 12.6%，成交额排名全球小商品市场之最。同时，义乌国际商贸城积极发展内外贸一体化，从 2006 年开始，商务部主持编制的"义乌中国小商品指数"定期向全球发布，使其成为全球性日用消费品的贸易中心和价格中心，形成小商品贸易标杆市场。目前义乌国际商贸城商品远销全球 219 个国家和地区，拥有常驻外商 1.3 万名，涉外机构 5 300 多家，每年采购外商 50 万人次，进口商品馆经营面积达 10 万平方米，有 100 多个国家和地区的 6.5 万多种商品，市场出口额年均占 60% 以上，"买全球货、卖全球货"的格局初步形成。

（2）完备的产业支持。

①搭建各类平台，推动国际化、便利化发展。

义乌市政府为推动义务国际商贸城贸易国际化、便利化发展，建设了一批以政府为主导的平台性项目，包括义乌市国际贸易服务中心公共服务平台、义乌市信用体系平台、义乌电子商务服务平台及跨境电商公共服务平台、义乌市场采购贸易联网信息平台、义乌国际贸易综合服务及经济案事件预警平台等。

②推进支撑产业发展，构建全产业链发展模式。

以创新电商统计试点为主的电子商务业。义乌国际商贸城依托实体市场，打造全球网货营销中心、全国网商集聚中心和跨境电子商务高地，推进跨境电子商务创新发展试验区、产业集群跨境电子商务发展试点和电子商务大数据应用统计试点；创新系列电子商务统计方法制度，初步建立了覆盖全面的电子商务统计调查体系；应用信息化技术手段，开发电子商务大数据统计应用平台，动态采集电子商务交易大数据；推动"互联网+"贸易，发展电商小镇等28个总面积达200多万平方米的电商产业创新综合体。

以"义新欧"为主的物流业。义乌物流市场主要由经营户业务、制造企业物流和中转业务三大部分组成，囊括联托运线路、铁路专列、浙中唯一民用机场等物流枢纽，紧邻宁波港、上海港，拥有两个现代物流基地。推进"义新欧"中欧班列"加密、增点、拓线、提效"，"义新欧"中欧班列实现每周双向对开，共开行义务至伦敦、义务至布拉格等9条线路，沿线设立5个物流分拨点、8个海外仓，辐射35个国家，成为全国开行线路最多、满载率最高的班列。

发展"引商转工、贸工联动"的研发制造业。义乌国际商贸城积极引导民营企业家和商业资本向工业扩展，大力发展小商品制造业，形成与专业市场紧密联动的工业产业体系，一方面义乌本地小商品销量的增长，形成了供给集聚效应，随后集聚效应又产生了需求集聚，刺激工业制造业的发展。另一方面，强大的制造业也撑起了义乌国际商贸城的发展。

以义博会为主的会展业。义乌国际商贸城定期举办唯一经国务院批准的日用消费品类国际性展览会——义博会，拥有华东地区规模最大的专业会展区。目前义乌每年有150多个会展，大量会展的举办对促进专业市场的国际化和现代化起到了重要的推动作用，使义乌成为全国会展业排名前十的品牌城市。

以金融、咨询服务等为主的综合服务业。义乌国际商贸城已搭建公共综合服务平台，建立国内首家集涉外政务服务和生活咨询服务于一体的国际贸易服务中心，整合公安、人社、商务、工商、民航等7个部门98项涉外服务项目，实现国际贸易一条龙服务；建成了信息共享平台、核查平台、中国小商品城信用记录网，发布全国首个"市场信用指数"，引导经营户诚信经营。同时，供应链金融服务平台不断涌现，吸引了一批供应链金融龙头服务平台入驻。

（3）完善的服务配套。

①要素保障力度较大。义乌国际商贸城拥有运输、产权、劳动力、技术、信息、国际博览中心等要素市场作为专业市场的补充或配套。义务国际商贸城建立了"管办分离"的管理机制，政府仅负责市场整体战略规划，把控对市场布局、物流场站、市场环境的主导权，不参与市场的具体管理；专门设立中国小商品城股份有限公司对市场进行更为专业的市场化管理，保障市场内的经营行为充分竞争。深化市场采购贸易方式制度创新，围绕完善市场采购贸易方式，监管、优惠政策不断优化。

②基础设施健全。义乌国际商贸城设有中央空调、货梯、电梯、内高架桥、大型停车场等设施，汽车可直接进入市场各楼层，并配备了专业的外商服务中心，采购商经营区和信息化管理系统。商贸城内建有大型全彩信息屏，单、双色信息显示屏，广播系统，数字信息网站等。

③公共服务配套完善。义乌国际商贸城开设了餐饮美食、电信服务、中庭休闲公共服务，并在2005年被国家旅游局命名为国家AAAA级购物旅游景区，配套多语种高素质的专业解说队伍、大型旅游购物中心十条购物旅游特色街（区）、5 000余个"购物旅游推荐商位"、中国小商品发展历史陈列馆、国内规模最大与设备最先进的4D影院等，打造成为集购物、旅游为一体的国际性商业平台。

6.4.1.4 构建"1+3"现代国际商贸产业生态圈

根据产业生态圈内涵、现代国际商贸产业发展趋势以及先进地区发展经验，本书认为现代国际商贸产业生态圈主要包括"1"个产业核心层和"3"个配套服务层：

（1）"1"个核心产业层。

一般来说，工业园区产业生态圈按照"企业—产业—产业集群"，由主导产业或核心企业聚集上下游供应链企业，形成产业生态圈的核心产业层。由于服务业上下游供应链特征不明显，因此服务业产业生态圈更多的是以主导产业为依托、聚焦关联产业或者复合相关产业的思路来打造核心产业层。根据实际，现代国际商贸产业生态圈核心产业层包括主导产业和复合产业两个层级。

主导产业。顾名思义，国际商贸是现代国际商贸产业生态圈的主导产业。从当前国内外国际商贸发展趋势特征看，其主要包括跨境电子商务、国际货服展销、国际外包服务、国际商贸金融等细分领域。

复合产业。按照"商贸+"的思路，进一步围绕国际商贸这一主导产业，对产业核心层进行拓展和复合，根据现代国际商贸产业的发展特征，以及当前人民群众对商贸产业需求的日益多样化、综合性等趋势，与商贸产业可复合且潜力较大的领域，主要包括主题旅游（商贸+旅游）、文化创意（商贸+文创）、体验经济（商贸+体验）、现代商务（商贸+商务）等行业领域。

（2）"3"个配套服务层。

要素支撑层。现代国际商贸作为传统商贸业的"升级版"，要素主要包括人才、技术、土地、资金等方面，而且其对要素的配套要求有其自身的特征，比如人才方面需要更多涉外人才、技术方面更侧重于信息网络后台支持技术等。

功能及政策配套层。现代产业的发展离不开"人"这一核心要素，因此为人直接配套的居住、教育、医疗、文体等相关城市功能服务显得非常重要。根据现代国际商贸产业发展实际需要，其功能及政策配套层主要包括居住、教育、医疗、文体、政策等方面。同时，现代国际商贸对服务配套方面有其特殊性，比如教育方面要求涉外教育等。

空间及基础设施层。空间是产业生态圈建设的投影，而基础设施是产业生态圈建设的最基础环节和最外围圈层。根据现代国际商贸产业实际，空间及基础设施层主要包括产业载体、综合交通、市政设施和公共空间四个方面。现代国际商贸产业生态圈见图6-8。

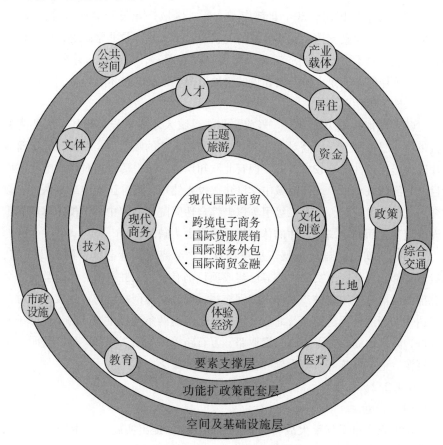

图6-8 现代国际商贸产业生态圈

6.4.2 内外条件分析

6.4.2.1 发展现状

（1）产业核心层。北部商城位于成都市北部新城现代商贸综合功能区核心发展区，自2009年园区开建以来商贸流通产业一直是北部商城的主导产业，并以此为依托实现了北部商城从无到有的巨大发展，现已成为全市重要的商贸流通产业功能板块。随着时间的推移，北部商城的内外发展环境不断调整，不管是产业自身发展趋势、产业发展现状还是当前面临的机遇条件均发生了较大变化。

（2）要素支撑层。基于北部商城实际，区域产业发展需要人才、技术、土地、资金等要素支撑。北部商城的现状为：①人才存量非常匮乏，而且由于城市功能配套不完善、经济尚处于起步阶段等因素，对新增人才的吸引力不足；②土地储备充足，可开发建设的土地资源丰富；③技术、资金、等要素与周边其他区域相差不大。

（3）功能及政策配套层。当前，北部商城人才要素异常薄弱，需要完善城市功能服务配套，提高对人才尤其是中高端人才的吸引力。目前，北部商城片区内居住条件已有较大改善，拥有北欧知识城、源上湾等相对优质的住宅项目，北部商城小学、北部商城中学已建成投入使用，但片区内中高端医疗、教育、文体资源缺乏，没有二级甲等以上综合性医院和品牌中小学校，休闲娱乐设施尤其是面向中高端人才的休闲娱乐项目更为缺乏。

（4）空间及基础设施层。从现状看，北部商城产业载体资源较为丰富，贵达茶都、西部家电交易中心等已建成项目仍有较大入驻空间，西南婺商商会总部大厦等停工项目的二次开发空间充裕；综合交通网络已初步建成，但对外通达性和舒适性仍待提高，北星大道和货运大道两条连接主城区的干道已显得拥挤，园区内尚存在聚霞路、聚业路、万石路等多条断头路；广场、公园、文化资源、电力设施等市政设施和公共空间较为匮乏。

6.4.2.2 机遇与挑战

（1）机遇。

①国家省市系列重大战略部署。当前，国家提出实施"一带一路"和长江经济带战略，确立四川为国家全面创新改革试验区、中国（四川）自由贸易试验区，并相继出台了《关于促进外贸回稳向好的若干意见》《关于推进线上线下互动加快商贸流通创新发展转型升级的意见》等系列政策。成都作为"一带一路"的核心节点、长江经济带的战略支点，是全面创新改革试验区和

自贸区建设的核心依托城市，同时也是国家确立的全国服务业贸易创新发展试点城市，加上当前成都正在加快建设全面体现新发展理念的国家中心城市，在发展商贸流通产业方面拥有诸多有利条件，这为新时期北部商城转型发展提供了难得的历史机遇。

②日益凸显的区位交通优势。从城市化进程理论看，当前成都正处于城市化向郊区化发展阶段，中心城区面临人口膨胀、交通拥堵、资源紧张等"城市病"，人口、商贸、物流等资源和部分城市功能将逐步向区位条件相对良好的郊区转移。从地理位置看，北部商城位于原中心城区到成都国际铁路港的国际化通道上，紧邻新都国际公路物流港集聚区，是成都百里中轴经济线重要节点和成德绵经济发展走廊核心枢纽，是全市唯一的明确定位发展现代商贸且紧邻中心城区的郊区型产业园区。从对外交通看，北星大道、货运大道、绕城高速等主干道贯穿或紧邻北部商城，与原中心城区和新都老城区直接相连的地铁5号线已于2019年年底正式开通，远期地铁22号线、23号线、27线均经过北部商城。

③较为丰富的空间开发资源。目前，北部商城规划面积26平方千米，已有控规区域用地总面积7.22平方千米（起步区），允许建设用地4 521亩（1亩约≈667平方米），已供土地面积2 256亩，剩余土地面积2 265亩，同时正在加紧编制北部商城全域的控制性详细规划，应该说可利用开发空间资源非常丰富。另外，先期引进的13家企业、39个项目，规划建筑总面积达到568.4万平方米，但由于市场等因素影响，西南婺商商会总部大厦、西部家电交易中心等片区内部分重大项目势必要进行转型和二次开发，可以为下一步北部商城转型发展提供巨量的空间资源。

（2）挑战。

北部商城先期主要是承接城北片区的专业市场，目前初步形成了以销售型专业市场为主导的业态结构，先后引进了海宁皮革城、申蓉汽车、西部家电交易中心、贵达茶都、成都国际美博城等一批重大项目。但受到内外环境因素的影响，北部商城现有业态结构已呈现出一些突出问题。主要表现如下：

①"北改"政策红利稀释并逐步减弱，不少借"北改"政策利好引进的商贸项目面临困境。实施"北改"战略的主要目的是适应城市郊区化发展趋势和旧城改造发展要求，而非简单的通过行政力量将原先城北片区相关产业"点对点"地迁移到北部新城，其中涉及趋利的市场主体、本位的原址政府、抢机遇的周边区（市、县）等诸多相关方博弈，直接造成后期在实际推进中原先城北片区经营企业四处分散，留在原址继续经营、迁移到北部商城或转移

到青白江等周边区（市、县）等现象均存在。这就直接造成了前些年借"北改"政策利好引进的部分商贸项目目前运营非常艰难，比如西部家电交易中心并未有效承接原先设想的成都城隍庙、五块石等"北改"区域家电交易市场，目前企业入驻率仅在36%左右，而且绝大部分入驻企业继续在城隍庙、五块石等原址营业。

②由于市场环境的不断变化，电子商务、新零售等新兴业态层出不穷，对当前以传统的专业市场为主导的业态结构产生巨大冲击。近些年，凭借价格相对低廉、时空受限较小等优势，电子商务领域诞生了阿里巴巴、京东商城等企业，对传统的商贸流通企业产生了巨大冲击。北部商城的开建运营刚好处于电子商务快速兴起时期，从实地调研情况来看，传统商贸企业与政府对商贸流通新兴业态发展估计不足，直接造成当前北部商城的被动局面。从具体项目看，即使是目前片区内运营相对理想的海宁皮革城项目，也在2014年销售额达到顶峰后快速下滑，2015年、2016年分别同比下降32%和24%。西南婺商商会总部大厦、天湖豪布斯卡等项目已处于停工状态，形势非常严峻，转型迫在眉睫。

③区域竞争中并未形成明显优势。虽然北部商城在土地价格、可利用空间资源等方面具有一定优势，但与同为"北改"承接区域的成都国际商贸城相比，不管是周边配套、规模效应还是"北改"产业转出地与承接地同属金牛区的天然优势均无法比拟，况且目前成都国际商贸城企业入驻率也不是很理想，大概为60%。同时，北部商城还面临着拥有成都国际铁路港、自贸区等国家级平台的青白江区等周边区（市、县）的激烈竞争。

6.4.3 打造核心产业层

6.4.3.1 大力发展国际商贸

虽然在国际商贸方面，国际铁路港所在的青白江区更占地理优势，但青白江区主要定位为通道经济和港口物流，而北部商城主要聚焦于平台型国际商贸。随着国际铁路港口的扩大和增多，成都乃至整个西南地区商品进出口贸易并非青白江一个区就能"吃完"，北部商城发展国际商贸仍然大有可为。下一步应依托国际铁路港、国际公路物流港等优势资源，把握平台经济崛起、内外贸一体化、跨境电商快速发展等契机，加快推进海宁皮革城等有条件的传统专业市场向跨境电商转型，同时积极引进知名跨境商贸企业和品牌，全力推动园区跨境电商服务平台的建设，努力打造网上丝绸之路服务平台，同时打造国内产品"走出去"、国外产品"引进来"展销平台，并积极开展潜力专项口岸的申请建设，发展服务外包等国际商贸业态。

（1）跨境电子商务。

北部商城应抢抓国家实施"一带一路"等重大机遇和成都加快建设中国内陆自由贸易区、中国跨境电子商务综合试验区等契机，以国际铁路港等外向通道为依托，构筑跨境电子商务产业生态圈，营造良好的跨境电子商务发展氛围，大力引进一批国内外知名跨国电商企业，推动创想大厦等存量电商集聚区向跨境电商转型，鼓励成都海宁皮革城、西部电器交易中心、成都国际美博城等项目开展跨境电商，积极推动电子信息、汽车、家电、家具、鞋业等省市优势外向型产业与跨境电子商务融合发展，加快建设跨境电商综合试验区主阵地。主动融入"成都跨境电商公共服务平台"建设，加快建立内外贸一体化平台功能，布局跨境电商O2O平台，同步推进"网上自贸区"建设，着力发展电子口岸、跨境支付。

（2）国际货服展销。

借助成都国际铁路港不断增加的运营班次和停靠站点，加强与周边市州尤其是与青白江区的深度合作，策划实施"国际展销平台"培育工程，打通往来丝绸之路经济带沿线国家进出口双向铁路货运通道，探索在沿线国家建立以茶叶、鞋服、食品等特色川货为主的"四川产品展销中心"，并积极推动展销产品由实体货物向服务领域延伸，比如成都的动漫游戏等，推动四川产能"走出去"。同时，充分利用内陆自贸区建设等政策优势，深耕跨境进口电商蓝海，积极研究潜力专项口岸的申请建设，探索进口商品直销和保税展示，实现消费者不出国门就可以"海淘"质优价廉的外国新产品。

（3）国际服务外包。

抓住全球服务外包发展的机遇，充分挖掘电子信息、生物医药、轨道交通、金融、文化创意等产业优势和丰富的科研人才资源潜力，加强与成都高新区以及电子科大、西南交大、中铁二院等高校院所的合作，积极开展云计算服务、软件研发及开发服务、集成电路和电子电路设计服务等国际信息技术外包，探索发展供应链管理服务、电子商务平台服务等业务流程外包和大数据分析服务、工业设计服务、工程技术服务、管理咨询服务、医药和生物技术研发服务等知识流程外包等业态，着力打造西南地区重要的国际服务外包产业基地。

（4）商贸金融。

根据北部商城商贸流通业态特征，重点聚焦贸易金融、物流金融、供应链金融、消费金融等领域。大力引进国内外优势商贸金融机构，鼓励发展贸易结算、贸易融资等基础服务，以及信用担保、保值避险、财务管理等增值服务，为国内或跨国的商品和服务贸易提供贯穿贸易活动整个价值链的全面金融服务。支持商贸金融产品创新，结合北部商城重点发展的跨境电子商务等业态，鼓励发展供应链金融产品，实现从对单个企业提供融资向提供涵盖产业链和关联企业的整体综合服务方案转变。鼓励发展消费金融，重点支持海尔消费金融（海尔、红星美凯龙等发起）、苏宁消费金融（苏宁云商等发起）、马上消费金融（重庆百货等发起）等拥有实体商贸企业的消费金融机构落户，力促实现实体商贸与消费金融联动发展。

6.4.3.2 实施"商贸+"战略

（1）主题旅游与体验经济。

按照购物型国家 4A 级旅游景区的要求和标准，从线路设计、标识标牌、特色餐饮、文化娱乐等方面入手，加快推进海宁皮革城等专业市场的软硬环境及设施建设，全面提升购物体验。支持贵达茶都深度挖掘茶文化内涵，推进贵达茶都由贸易型专业市场向以茶文化为核心的集文化交流、产品交易、检测监督、拍卖收藏、学术交流于一体的特色体验区转型。积极推进申蓉户外体验项目，并进一步丰富项目内容、提升项目层级，以户外运动为主题，打造集户外文化展示、户外信息分享交流、装备展览、生存体验、俱乐部群体展示等功能于一体的个性户外文化体验区。针对目前成都市场上的稀缺体验业态，积极引进跨境商品体验、国际商贸业务流程体验、3D 艺术等文化体验项目。

（2）文化创意。

充分发挥新都在轨道交通、油气装备、航空航天、汽车、家具、食品等领域的产业优势，依托西南石油大学、四川音乐学院等高校及科研院所，积极培育发展装备制造类设计、计算机辅助设计等工业设计产业，拉长新都工业产业链条。挖掘成都深厚的文化底蕴，结合商贸流通产业发展需要，将生态环境打造与文化创意产业发展相结合，以毗河为载体，积极引进动漫设计、视觉艺术、广告装潢等创意产业，打造毗河水乡动漫城。抓住四川省社会科学院研究生院整体搬迁至北部商城的机遇，利用其在全省哲学社会科学领域的地位和影响力，引导和支持四川省社会科学院在北部商城开展新型智库建设，力争在政府咨询、法律服务、旅游策划、新闻传播等领域形成一批省市知名的决策咨询市场主体。

（3）现代商务。

由于前期专业市场发展不及预期，原先规划拟建的部分总部商务办公配套项目一直没有开工建设，或者如西南婺商商会总部大厦等项目处于停工状态。

针对目前北部商城缺乏中高端办公物业和商务配套设施以及法律、会计、咨询等服务业基本处于空白的现实情况，北部商城应通过植入国际商贸、商贸金融、文化体验等新业态，产生对商务配套服务的市场需求，积极发展现代商务配套产业，同时通过发展现代商务产业来增强对重点发展业态的吸引力，形成联动互促的良好发展格局。具体而言，应围绕国际商贸、商贸金融、文化体验等重点发展领域，引导涉外翻译、金融会计、法律服务、企业管理咨询、人力资源开发、知识产权服务等商务服务企业集聚。鼓励新的市场主体与西部家电交易中心、天湖豪布斯卡等运营困难的存量企业合作，加快改造和推进建设一批商务办公楼宇和酒店式公寓，引进布局一批星级酒店、商务酒店和经济型连锁酒店，满足不同层次商务住宿需求。

6.4.4　夯实配套服务层

6.4.4.1　强化资源要素支撑

（1）强化人才支撑。

深入贯彻落实成都市人才政策十二条，围绕国际商贸、金融商务、文化体验等业态发展，细化人才政策实施方案，设立人才专项资金，营造人才落户、安居乐业的良好条件，畅通人才引进绿色通道，积极引进技术研发团队、优质创业团队和管理、电子商务、品牌营销等高层次专业人才。坚持招商引资与招才引智相结合，实现以项目引人才、以人才带项目。加快推进大众汽车商学院、北欧国际管理学院等人才培训机构建设，加强与四川大学、四川音乐学院等高校合作，引进一批国际商贸领域的专业技术人才培养机构，培养一批专业技能人才，全面提升北部商城产业发展人才支撑能力。

（2）强化土地支撑。

加快编制北部商城全域的控制性详细规划，对产业用地、居住用地、公共设施用地等做出科学合理安排，确保未来北部商城土地需求，优先保障国际商贸、金融商务、文化体验等产业重大项目用地需求。坚持节约利用土地，推动土地供给由注重增量转向盘活存量、优化增量并举，通过注入新项目等方式，引导协调海宁皮革城、西部家电交易中心、源上湾国际商业中心等已供地但近期无开工计划的商业地块的开发使用，对于未签协议、未动工也无建设计划的合能珍宝锦城商业地块等，加紧协调推进或进行重新评估，最大限度地挖掘土地的有效供给。

（3）强化技术支撑。

针对跨境电子商务、国际货服展销等重点领域的特点，加快引进一批专注后台技术支持的实力企业，加快移动互联网、大数据、物联网等现代信息技术在认证、交易、支付等商贸环节的应用推广。充分挖掘在蓉高校和科研院所的技术优势，引导支持北部商城骨干企业与高校和科研院所开展对接合作，探索建立多种形式的产学研用一体的产业联盟和技术应用转化平台。拓展技术支撑范畴，鼓励企业进行商业模式创新，同时通过政府引导，加强对企业在战略制定、供应链管理、资金管理等方面的支持。

（4）强化资金支撑。

全面研究"一带一路"、全创试验区、自贸区、全国服务业贸易创新发展试点城市、"北改"等相关政策，结合北部商城产业发展及城市建设实际需要，系统梳理有关资金支持点位，全力争取各类资金对北部商城开发建设的支持。创新融资模式，支持社会资金、民营资本参与重大项目建设或重点区域开发，引导各类社会资本投入北部商城建设发展，积极探索引进地产企业开发建设。加大财政支持力度，完善财政投入机制，综合协调专项资金，资金使用重点向重大产业项目、重大基础设施项目等倾斜，有效提升资金使用效率。

6.4.4.2　增强功能及政策配套

（1）品质居住配套。

以北部商城全域控制性详细规划编制为契机，结合现有楼盘的地理分布、市场定位等特征，以满足国际商贸、金融商务、文化体验产业领域的高层次人才、商务人士、都市白领居住需求，坚持以人为本，按照职住平衡原则，科学合理规划布局，提供多样化、品质化的住宅配套，打造社区—邻里—街坊三级生活服务配套体系。引导贵达茶都、国际物联港等已配套地块但尚未动工住宅项目，根据北部商城产业业态结构的转型方向，在产品功能等方面做相应调整，实现住宅项目与产业发展的联动与匹配。

（2）优质医疗配套。

针对当前优质医疗资源极端匮乏的现状，北部商城应高度重视优质医疗配套，按照片区远期30万人口规模及周边区域的市场需求，加快引进建设1~2家三级甲等综合性医院和1~2家具有国际水准的涉外专科医院，当前应积极跟踪并全力推进西南婺商商会调整部分业态拟引进四川省人民医院的项目落地，实质性突破片区优质医疗资源配套瓶颈。

（3）优质教育配套。

以市级一流教育水平配套为标准，加强北部商城小学和北部商城中学建设，探索创新办学体制机制，加强师资队伍建设，激发学校教职员工尤其是校领导班子的积极性和主动性，快速提升教育品牌的影响力。加快推进新川实验外国语学校项目落地建设，积极引进金苹果、北大附中等教育投资机构，适量引进国际教学机构或国际教学课程，打造从学前教育到高中教育的全学程教育链条，加强对高端人才和国际人才的吸引力。

（4）文体设施配套。

面向区域内高层次人才、商务人士、都市白领的文化生活、健身体育等生活需求，加快建设一批使用便利、规模适度的精品型文化体育设施。在体育健身设施方面，建设一个中等规模的体育场馆、若干个社区休闲体育中心，鼓励通过存量商业和商务办公楼宇，新建一批瑜伽馆、跆拳道馆、拳击馆、亲子活动中心等特色体育设施。在文化设施方面，加快建设图书馆、文化馆及小片区的公共文化活动场所。

（5）用好现行政策。

深入研究全创试验区、自由贸易区、"北改"等相关政策条款，对照北部商城产业发展及城市建设实际发展情况，逐条梳理可享受、可争取的政策并积极与上级部门对接，使政策条款在北部商城落地。用好"成都产业新政 50条""成都人才新政 12 条"等新近出台的重点政策，积极争取自由贸易区有关政策向北部商城覆盖，争取潜力专项口岸落户北部商城。对于总规详规编制申报以及道路、电力、通信、能源等基础设施的规划建设，应积极与上级管理部门做好对接，确保各项工作按时保质完成。

6.4.4.3 完善载体及基础设施

（1）夯实产业载体。

坚持盘活存量产业载体与有序新增产业载体相结合，根据北部商城现有载体建设实际情况，当前最重要的是盘活存量产业载体。一方面，加大对目前已供地和已签意向投资协议项目的推进力度，全力推动成都叠石桥家纺城、金华财富广场、天湖豪布斯卡等停工项目复工建设，尤其是推进阳光 100 集团与天湖豪布斯卡的合作项目、金华财富广场与四川省人民医院的合作项目，加快推进合能地产、时代佳欣等项目尽快开工建设。另一方面，引导协调海宁皮革城、西部家电交易中心、源上湾国际商业中心等已供地但近期无开工计划的商业地块的开发使用，彻底盘活存量产业资源。同时，根据国际商贸、金融商务、文化体验等新的产业定位，围绕北星大道两侧、廖家湾片区等重点区域，有序引导打造一批商业综合体、智慧商务地产、特色商业地产、文化创意地产新型高端产业载体，全面提高产业集聚承载能力。

（2）优化交通网络。

根据地铁 5 号线、22 号线、23 号线、27 号线等建设进度和要求，全力配合相关部门做好有关基础工作，重点是做好廖家湾站、柏水场站、万石路站、踏水站等站点建设的相关工作。根据现有道路情况及下一步人口及产业对道路资源的实际需求，按照客货分流的原则，加快优化区域路网结构，构建由绕城高速、货运大道、香城大道、北星大道四条主干道围成的城市快速环线。按照"窄路密网"的规划理念，逐步加密支路系统，分摊北星大道和货运大道等主干道的通行压力，形成人性化的街道空间。推进天柏路跨毗河大桥、宏发路跨毗河大桥、新竹大道跨毗河大桥等跨河大桥项目开工建设，打通毗河两岸连接通道。依托公交站点，建立 TOD 公交体系，引导城市从道路导向的轴带式发展模式向站点导向的集聚式、网络化发展模式转变。

（3）完善市政设施。

坚持世界眼光和国际标准，科学规划北部商城市政基础设施建设，努力构建布局合理、功能齐全、设施先进、适度超前的现代化市政设施体系。完善城市地下管网建设和城市地下管网信息管理系统，有效推进城市综合管廊建设，加快推进兰成渝输油管道电力专线迁改工程、宏发路污水泵站等市政工程建设，完善生活垃圾收集运输及处置体系，加强消防供水和消防车通道建设管理，将电力、通信、燃气、供热、给排水等工程管线实施统一规划、统一设计、统一建设和统一管理，推进市政施科学化、现代化、动态化管理，确保城市建设良性运行和长远发展。

（4）打造公共空间。

坚持以人为本的理念，根据片区内现有生态资源情况及各产业功能板块布局，加快形成舒适型、多元化的公共空间系统。重点加快推进毗河生态带建设和廖家湾公园、锦水湖公园、体育公园等城市公园建设，加快建设锦水河绿廊、蟆水河绿廊、九道堰绿廊等城市绿廊体系，打造一批精品型社区公园和邻里公园，加强天桥、地下通道等行人过街设施以及自行车交通设施、道路林荫绿化、照明等设施建设，改善居民出行环境，保障出行安全，提升片区人居环境质量。

6.4.5 下一步投资促进建议

6.4.5.1 加强顶层设计

围绕西部现代国际商贸产业新城的总体定位，按照产业先导、职住平衡、配套完善、塑造城市美学的原则，以国内一流产业新城的标准，全力做好北部商城全域控制性详细规划、地下空间规划、产业发展规划等重点规划，实现城市与产业时序上同步规划，空间上融合布局，功能上产城一体。

6.4.5.2 实施精准招商

构建招商专业机构网络，强化以商招商、专业招商、产业链招商，组建招培一体专业机构和团队，组建专业招商"国际雇佣军"，加大海内外专场推介力度。重点抓好国际商贸、金融商务、文化体验等主导业态的招商引资工作，瞄准龙头企业实施精准招商。开展城市设计招商，以北部商城新城总体规划为引领，全方位宣传轨道交通引领城市发展模式和地上地下空间开发整体发展，吸引国内外知名企业进行开发建设。

6.4.5.3 塑造区域品牌

围绕西部现代国际商贸产业新城的总体定位，做好北部商城城市形象、重大项目等全方位宣传工作。与国内外高级别产业联盟和行业协会合作，定期举办国际商贸、商贸金融、文化体验等领域的行业顶级峰会、论坛，打造行业精英聚集的国际商贸、商贸金融、文化体验产业文化圈，塑造国内外知名的城市品牌。

7　产业治理结构

产业是城市经济的灵魂，产业发展受城市区位、资源禀赋、发展阶段等因素影响，需要寻求内外部力量的配合来管理，产业治理的概念由此而生。实践中，历史上世界各国（城市）就曾选择了不同的产业治理模式，以求通过主动的规制和积极的引导来影响城市产业发展进程，强健产业筋骨，支撑城市长期发展。党的十八届三中全会提出"全面深化改革的总目标是完善和发展中国特色社会主义制度，推进国家治理体系和治理能力现代化"。从"国家治理体系和治理能力"的角度出发，产业治理作为经济治理的重要组成部分，在当前产业转型升级的形势下亟须加快发展。

7.1　城市产业治理内涵及相关理论

7.1.1　城市产业治理的逻辑起点

根据全球治理委员会给出的权威定义，治理是指"或公或私的个人和机构经营管理相同事务的诸多方式的总和"。一方面，它包括"有权迫使人们服从的正式机构和规章制度，以及种种非正式安排"。另一方面，它又需要由"人民和机构或者同意，或者认为符合他们的利益而授予其权力"。可见，治理的理念从一开始就"隐含着一个政治进程"，需要在众多不同利益共同发挥作用的领域建立一致或取得认同，并在特定范围内行使权威。从实践来看，治理也可以被认为是在一个具体领域范围合理处理政府、市场、社会等方面关系的过程。

而在经济领域，产业治理或者整个经济治理产生的逻辑起点在于市场不是万能的。在古典经济学框架下，经济主体完全理性，市场这只"看不见的手"能够通过持续的帕累托改进引导资源自发性最优配置，达到整个经济体系的一般均衡。经济系统的运行如果不涉及体系之外的更多主体，治理的概念也就无从谈起。实践证明，一方面，垄断、外部影响、公共物品、信息不对称等诸多因素都会导致市场无法自发地实现最优配置。另一方面，市场经济中，多元化的市场主体以及优胜劣汰的竞争机制必然引发社会阶层日益分化（欧健，2014），不同社会阶层具有不同偏好，根据"阿罗不可能定理"，通过民主制度不可能得到令所有阶层都满意的结果。因此，需要独立于经济系统之外，并凌驾于各利益群体之上的政府主体参与进来，以独立决策和权威管理，通过政府政策指令的形式解决市场失灵，并综合协调各阶层利益。但同时，从治理成本以及治理效率方面考虑，经济发展的复杂程度往往又会超出政府管理所能控制的范围，而现实中并不存在能够完美处理复杂经济系统中发生的各类经济问题的"全能政府"，因而完全依赖政府的经济治理体系，在实施过程中也容易出现各种事与愿违的问题和结果。因而，在现代治理体系下，政府的决策和管理应该受到社会的有效监督和制约。政府管理的目标是进一步激发市场能动性，在此基础上，政府主体应将一些市场化职能还给市场主体与社会主体，以共同推动市场经济的改革。

随着改革的逐步深入与推广，行业协会逐渐成为我国市场经济的重要组成部分。行业协会的兴起在改革开放以后，其存在的逻辑起点在于政府和市场的双失灵。行业协会是自治性的非营利组织，理论上可以作为并列于市场、政府之外的第三种治理组织。然而，由于历史发展的特殊性，我国的行业协会并没有在行业治理中充分发挥自治作用。一方面是行业协会本身的自治能力有待提高，另一方面，与政府对协会的控制与干预也有一定的关系。随着市场经济的不断发展，必然要求政府职能不断转变。而随着政府职能的转变与权力的下放，行业协会将成为承接政府功能的重要载体。事实上，促进社会组织发展、加强社会组织监管已经成为"十二五"时期社会组织建设的重点内容。"十二五"规划纲要要求进一步推动行业协会、商会的改革和发展，强化行业自律，同时要推动政府部门向社会组织转移职能，开放更多的公共资源和领域，促进社会组织的建设。鉴于此，对行业治理中政府与行业协会关系的研究，不仅能够进一步规范社会组织的行为准则，同时也能提高政府的监管效力，对促进行业发展、规范经济秩序、构建合理的产业治理模式具有较强的实践意义。

7.1.2 城市产业治理内涵

为实现特定的城市产业目标，城市产业发展的参与者之间进行了各项交互活动。而这些交互活动中，存在的具有约束和激励作用的各种内生性协调机制的总和就称为城市产业治理（魏江等，2009）。它是对包括体制、机制和法律法规等在内的一系列紧密相连、相互协调的正式、非正式制度的统筹安排。通过城市产业治理，产业发展各方参与者之间不同的、甚至是相互冲突的利益得以调和，并进一步实现联合行动，最终实现城市产业健康、可持续性发展（翁士洪等，2013）。可以说，作为经济运行治理的一个分支，城市产业治理是城市内部治理的一项具体内容，对支撑城市治理能力和治理体系现代化建设起到了重要作用。

7.1.2.1　产业治理主体

治理主体是城市产业治理的实施者和利益相关者，主要包括政府主体、市场主体和社会主体。产业治理过程中，政府主体治理是地方政府通过行政权威在促进生产要素和企业聚集的过程中发挥作用；市场主体治理主要依靠领军企业，行业领军企业能够凭借其经济权威力量影响行业内企业的互动行为；社会主体则是行业协会、商会等在认同各自地位和权利的基础上，以共同协商为原则协调组织利益、开展集体行为。从治理模式发展来看，各个治理主体需要在城市产业治理体系中充分发挥各自优势和能力，形成一种"强政府、强企业、强协会"的多元共治格局（刘建党，2015）。因而，在我国城市治理的实践中，地方政府都在把原先独自承担的产业治理责任部分地转移给行业企业和第三方协会，三大治理主体形成一个相互配合、相互制约的连接机制或合作网络（罗珉等，2006），共同确立起有助于城市产业发展和治理关系协调的"关系契约"。

7.1.2.2　产业治理客体

治理客体就是治理的对象。在城市产业治理中，治理客体特指支撑城市经济发展的各类产业。产业是具有某种同类属性的经济活动的集合，它会随社会分工的产生和发展而不断发展。因而，在社会发展和科技推动下，产业发展的各类要素总是不断地在某种程度上相互替代和竞争，需要通过产业治理实现生产过程的内部调整。更为重要的是，在开放经济条件下，产业发展集聚化、关联化趋势愈发明显，产业发展越来越重视通过产业链整合、要素资源保障以及多元化经营等方式构筑起完善、和谐的产业发展生态，需要通过产业治理实现产业发展的外部关联。与此同时，城市产业发展还受到政府政策、全球竞争等诸多外部因素制约。从构筑产业竞争力、加强城市影响的角度出发，通过产业治理推动城市产业结构和动能转换也成为城市产业治理的重要内容。

7.1.2.3　产业治理方式

由于政府主体、市场主体、社会主体这三个产业治理主体共同构成一种具有关系契约性质的网络组织，在产业治理过程中都应发挥显著的治理功能。从而在实践中，城市产业治理按照治理主体不同，主要表现出三类治理方式：一是地方规制。地方政府及其下属职能机构通过司法手段、行政手段、经济手段等不同方式，引导、干预和规制城市产业活动和交互行为。二是企业治理。企业依靠自身积累，把握产业发展形势，通过各自的决策行为共同影响、决定产业发展的整体走向。三是协会治理。行业协会充当产业内公共资源提供者的角色（王敏杰等，2010），通过共同协议追求团体共同利益。

7.1.2.4 产业治理目标

治理行为一方面通过约束各方参与者的活动来维持和协调现有关系，另一方面鼓励和帮助参与者建立新的交互关系，最终推动各方参与者达成一致目标。做大做强城市产业是增强城市发展动力的根本途径，从而城市产业治理的基本逻辑就是充分发挥各类主体的协同治理作用，推动政府、企业以及协会等三方主体作用融合互补，形成纵向到底、横向到边、全面覆盖的社会多元治理网络（姜晓萍，2014），防范城市产业发展风险，做大产业规模、完善产业链条、推动产业集群，打造出一流的产业发展环境，加快产业转型升级，实现城市产业的健康、可持续性发展，并最终推动城市经济社会不断实现突破。

7.1.3 产业治理相关理论

7.1.3.1 经济治理模式与治理机制

历史上，各国曾选择不同的经济治理模式。由于存在经济自由主义信仰，西方国家早期普遍选择完全市场崇拜的经济治理模式，但"拉美陷阱"、国际金融危机等一系列经济危机与困境证明该种模式并不完美；而我国在建国初期选择的完全依赖政府式的计划经济治理模式，同样也在实践中被证明难以成功。与此同时，20世纪80年代以后，中国与东亚经济的发展成就已经表明现代市场经济治理可能是市场力量与政府力量在某种意义上的均衡。对此，吴澄秋（2012）梳理出美国自由市场经济治理模式、欧洲福利国家经济治理模式、东亚发展型政府经济治理模式以及中国经济治理模式四大经济治理模式，并总结发现自20世纪90年代以来，这四种经济治理模式呈现相互学习、相互靠拢的趋势，表明了上述"均衡"对于治理理念发展的实际意义。

因而，朱四海（2015）认为在当前获得普遍认同的经济治理模式中，市场信号治理与政府指令治理不是替代的关系而是互补的关系。现代经济治理模式与治理机制的选择应是确定好市场信号治理与政府指令治理边界，寻求两者之间的动态均衡，并使之成为更有效率的经济治理模式组合。此外，庞晓波等（2010）还认为，作为社会整体治理的一部分，经济治理还需要考虑到与非经济领域的配合问题，从而现代经济治理的模式和机制选择，一方面需要考虑经济领域内政府与市场之间的机制组合效率，另一方面还需要考虑经济领域与其他社会领域治理的部门组合效率。总体而言，经济治理需要在充分考虑经济初始条件与发展历程的基础上，通过一定形式的组织和制度安排，搭建一个动态平衡市场信号治理与政府指令治理的平台，使其能够平等、高效地处理公共经济事务。

7.1.3.2 行业治理理论

行业治理是以企业自愿组织参加的和政府授权的行业协会为主要管理机构，对行业内的经济组织及经济活动进行有效约束和监督管理，使行业内的经济发展在符合国家相关产业政策的前提下健康有序发展的活动（周仁准，2008）。潘爱民等（2015）研究指出，从长期现状看，我国产业发展受到"大政府"语境下"有形之手"的不恰当干预以及"银行信贷支持—企业投资冲动"循环等因素推动。总体来看，行业垄断、产能过剩不可避免地成为当前多数行业持续健康发展的桎梏。在此背景之下，正确处理政府与市场关系，避免政府不当干预市场的行为，成为我国提升行业治理能力的必然选择。从而，张超、刘志彪（2014）指出当前的行业治理需要在政府职能转变和优化宏观调节的前提下，从市场机制创新着手，突出市场对治理产业发展问题的决定性作用，让企业和行业协会在市场竞争中决定产能调整、创新升级和结构调整，构建起现代化的"强政府、强企业、强协会"行业复合治理模式。

新型行业治理模式下，政府更多地是以政策引导和公共服务的形式塑造产业发展的各种软硬环境，让企业和行业协会等微观主体拥有更多创造发挥的空间。从而，政策取向上，潘爱民等（2015）指出政府一方面要变"效率优先、兼顾公平"的原则为"以公平促进效率、以效率实现公平"的原则；另一方面要强化体制改革的"公共"性质，从自选自利性改革路径转变为公共决策性改革路径。沈坤荣（2016）则认为政府着力推进的供给侧结构性改革也需要持续深入，重点是解放和发展社会生产力，不断用改革的办法推进结构调整，减少无效和低端供给，扩大有效和中高端供给，增强供给结构对需求变化的适应性和灵活性，提高全要素生产率。

7.1.3.3 产业结构演变理论

特定产业结构的形成是以产业分工为前提。因而，早期关于产业结构的研究集中于产业结构变迁的根本动力上，认为资源禀赋和比较优势引导各个国家致力于专业生产，并在此基础上形成特定的产业结构。同时，三次产业之间存在的收入弹性差异和投资报酬差异也导致劳动力要素从农业到工业再到服务业集中，进而从经济体内部推动产业结构变化。杨晗等（2012）对配第—克拉克定理、起飞理论和二元结构模型等产业结构理论发展过程的研究显示，社会分工越深化，产业结构与经济增长之间的关系就越密切。产业结构的不同造成不同国家的经济发展水平处于不同阶段，并更进一步地成为收入水平存在差异的关键原因。这样的现象也可以在我国各城市的发展中得以体现，产业结构的差异已经造成了如今我国东、中、西部经济差异化发展的格局。

之后，由于资本积累和劳动投入并不能完全解释产业结构演变和经济增长，因而研究开始转向新增长理论框架，将内生性技术变化引入产业结构演变研究，开始重视知识外溢、人力资本投资、研究和开发、收益递增、开放经济和垄断化等因素。而在新增长理论框架下，以演化经济学为基础的研究成为产业结构演替理论的前沿。胡树光等（2011）认为在演化经济学的理论框架下，发生于产业内的专门化外部性和发生于产业间的多样化外部性共同作用于产业结构的演变，以多样化与专业性保持合理平衡的产业结构推动经济的长期发展。离开了多样化的经济技术专业化，必将带来区域竞争力的衰落；而离开了专业化的产业和技术多样化，则由于缺乏核心竞争力，也会导致区域竞争力不强。总体来看，产业结构合理演进实质是资源优化配置。经济增长或经济发展过程中，需求结构不断产生新的变化，供给结构随之相应改变，加之生产技术进步的推动，产业结构也就必然处在不断发展的演变过程中。

7.1.3.4 国家中心城市产业特征理论

国家中心城市是现代化的发展范畴，是居于国家战略要津、体现国家意志、肩负国家使命、引领区域发展、跻身国际竞争领域、代表国家形象的特大型都市。鉴于国家中心城市在我国城镇体系中的战略性地位，关于国家中心城市的研究一直是城市经济学的重要研究领域。因此，研究国家中心城市的产业特征也在当前国家政策导向的影响下具备了相当现实的实践意义。

李江帆（2010）认为国家中心城市的最重要功能是服务功能，并指出这一功能是通过发展现代服务业中心来实现的。现代服务业中心是指依靠产业规模大、创新水平高、示范效应强、辐射范围广的现代服务产业群在城市的聚集，通过向外输出服务产品，引导和带动周边区域经济社会发展的核心区域。由雷（2013）通过对北京、上海、广州、天津以及重庆五个国家中心城市的产业特征进行实证分析，发现虽然不同城市的主导产业有所差异，但装备制造业、高新技术产业与金融业均是各个国家中心城市的主导产业，而且这些主导产业均表现出产业集聚度高、专业化水平强、具有很高的科技创新能力以及辐射带动功能的产业特征。

正着手创建国家中心城市的城市需要以合适的主导产业方向，系统规划城市产业治理的路径，提升城市的区域服务和带动功能，实现城市产业的又一次调整与演进。张璇（2016）指出产业要素是国家中心城市经济职能的重要支撑，并以武汉为例，认为在创建国家中心城市的行动中，需要通过立足产业转型、突出区域中心功能、坚持科技创新驱动、提升政府服务功能，促进中心城市产业的引领和溢出效应，提升城市产业综合竞争能力。

7.2　产业治理现状及对策

7.2.1　成都产业治理历程

新中国成立以来，成都不断加大经济建设力度，完成了从传统工业城市到区域经济中心城市的转变。特别是改革开放之后，成都产业结构布局逐渐完善，成为我国西南地区重要的工业基地之一。在政府、企业以及协会的初步合作之下，如今成都已经建成门类比较齐全、布局比较合理、方向比较明确，具有一定规模和特色的现代化产业发展格局。一批高新技术产业和战略性新兴产业近年来实现了较大程度的突破，在全国产业分工中具有重要地位。

7.2.1.1　第一阶段是国家治理阶段

在1984年进入市场经济体制之前，我国经济体制以计划经济为主。初期，成都被定位为"以精密仪器、机械制造及轻工业为主的工业城市"。在城市规划引领下，成都引进和建成大批电子、机械工业、能源企业和相应科研、物资供应单位，成为我国首批电子、机械、冶金和化工生产基地。此后的"三线"建设时期，成都进一步扩展工业空间发展范围。经过长时期政策性集中建设，成都初步建立起了以重工业为主的产业体系，成为西部地区重要的工业城市。但计划经济的本质属性决定了政府是这个时期产业发展的唯一规划者和产业治理的唯一实施者，城市产业发展走向完全取决于中央对于成都的城市定位，各个企业甚至地方政府在产业发展以及产业治理上都难以获得话语权。因而，在缺少市场互动的情况下，当时成都产业体系并不完善，产业生态也十分脆弱，几大产业发展区内工业企业实力都较弱、企业之间关联度不强，规模效应和集聚效应也都比较低。

7.2.1.2　第二阶段是地方政府治理阶段

1984年以后，我国开始实行市场经济体制，市场机制的能量逐步释放，地方政府的自主管理力度逐渐加大，成为承担本地区经济社会发展具体事务性工作的主导力量。同时，市场化企业特别是民营企业快速成长，并逐步发展成为我国社会主义市场经济体制建设的中坚力量。由于拥有充分的自主权，企业成为政府规划引导产业发展过程中需要综合考虑的重要因素。因而，成都产业发展在政策导向上也由政府主导模式转变为"企业为主体，政府进行调控和管理"的模式。一方面，政府对产业结构和产业布局进行升级，积极发展精密仪器制造业、电子信息业、生物制药等高科技产业和商务商贸、金融等现代服务业。另一方面，政府通过发展近郊工业点和乡镇企业、将中心城区产业和人口向卫星城镇转移等措施拓宽城市产业空间，使郊区卫星城和城镇组团得到较快发展，扩大了成都服务业和制造业发展的范围。至 2003 年，成都市已形成各类工业发展区共计 116 个。值得一提的是，成都在这一时期还先后建立了成都高新技术产业开发区和成都经济技术开发区，这两个国家级开发区的落地使成都在产业政策、发展资金等方面形成较强的比较优势，加速了成都高新技术产业和装备制造业发展进程，并最终形成成都市在产业发展上的强大竞争力。但从产业治理主体的角度来看，由于成都大型企业仍然较少，影响能力仍然有限，协同共治的理念也尚未普及，地方政府实际上仍然拥有主导城市产业发展的绝对主导权。企业往往被动地适应政府行为下的城市产业发展路径，缺少参与城市产业治理的主动性。同时，由于法律保障缺位、协调沟通机制不畅等问题，协会作为第三方主体参与城市产业治理的程度较低。

7.2.1.3 第三阶段是初步协同共治阶段

2003 年以后，成都在政府层面开始重视产业发展质量。针对全市各类园区产业重叠、分布散乱、规模较小等问题，成都开展了产业园区清理整顿工作，调整优化全市工业布局结构。首先，制定《成都市工业布局规划纲要（2003 年—2020 年）》，按照"一县一园区""一区一主业"的原则，推动企业逐步向园区集中。具体到产业发展载体方面，政府详细规划了 20 个产业园区和 1 个石化基地，同时为支持重点乡镇发展，又在二三圈层区县设立 10 个小规模的工业点。在政府规划和引导下，成都工业集中度逐年提高，规模经济效应逐步凸显，从整体上极大提升了成都产业发展的竞争力。其次，成都高新技术产业开发区、成都经济技术开发区以及天府新区充分发挥作为国家级开发区在招商引资上的吸引力和在体制机制上的灵活性，充分利用国际知名企业带来的资金、技术和管理经验，推动实现促进产业集聚以及推动企业共同参与产业治理的目标。再次，成都大力推行国际合作产业园区模式，建设中德中小企业合作园、中法成都生态园以及中韩创新创业园，在产业治理上引入了发达国家现行的企业主导、政府管理以及协会参与的先进经验，这一定程度上促进了成都城市产业治理水平的提升。最后，成都也开始重视社会组织作为第三方治理主体的治理作用，在西部地区率先编制发布了《成都市社会组织五年发展规划》《成都市社会组织设立导向目录》等政策性文件，并设立了培育发展社会组织专项资金，行业协会开始快速成长。这一时期，成都城市产业治理属于初步协同共治阶段，政府简政放权，开始拓展其对于经济发展的服务功能，企业、协会在产业发展上拥有了空前的话语权，治理作用不断加强。但整体而言，成都产业治理结构仍未摆脱历史上长期"政府主导"的路径依赖，政府越位的情况仍时有发生。

7.2.2 成都产业治理现状

相较于 20 世纪初期，成都市当前产业治理水平已有较大程度改观，各类商事主体对成都城市服务的满意度大幅提升，新能源、汽车、电子信息、节能环保装备、航空与燃机、信息安全等高端成长型产业发展迅速，产业结构获得较大改善。而在此过程中，政府主体、市场主体、社会主体等产业治理主体均发挥了较为重要的作用。

7.2.2.1 政府主体治理

成都市城市产业治理中政府规划管理作用仍然突出，但管理方向上已经逐步向服务功能为主转变。成都政府主体治理的内容主要表现为：一是相继出台《成都制造 2025 规划》《成都服务业 2025 规划》《创新型城市建设 2015 规划》等七大规划，从顶层设计层面绘制了成都 2025 年建成国际化大都市的发展蓝图，这些规划都对成都城市产业治理的目标具有较大的参考价值。二是加快推进园区开发平台建设，推进成都工投集团与远郊县（市）工业园区合作，探索引入社会资本参与园区建设管理运营，突出二三圈层在全市工业发展中的主战场地位，形成"大园区承载大产业""小园区发展特色产业"的格局。三是极为重视发展民营经济以及营造创新创业氛围，政府历年均制定出台了促进民营经济发展工作措施，加快落实促进民营经济发展政策意见。同时，以菁蓉创客小镇为载体，通过"菁蓉汇"这一创新创业品牌，全力支持成都产业发展在科技创新、模式创新、业态创新等方面走在全国区域中心城市前列。此外，为契合国家对于成渝城市群的功能定位以及成都主动融入"一带一路"的发展要求，成都适时加快了城市产业更新的升级换代，从政府层面加大技术改造力度，制定加快企业技术改造的指导意见，建立全市重点技改项目储备库，在扩能改造、设备更新以及技术提升等领域加大了扶持力度。

成都高新区积极抢占生物医药产业制高点，与双流区在2016年3月14日签署共建合作协议，启动建设成都天府国际生物城。成都天府国际生物城规划面积约44平方千米，位于成都市西南，北至武汉路和成昆铁路货运外绕线，南至第二绕城高速，西临牧马山，东至锦江。成都天府国际生物城按照产业功能区建设的理念和要求，以构建"4链条1社区1体系"（产业链、创新链、供应链、金融链，生活宜居国际社区，专业配套体系）生物产业生态圈为路径，以人才聚集为产业发展的核心引领要素，围绕生物医药、生物医学工程、生物服务、健康新经济四大产业主攻方向，重点发展生物技术药物、新型化学药制剂、现代中（医）药、高性能医疗器械、智慧健康+精准医学和专业外包服务六大产业细分领域，加快形成全球生物医药供应链服务中心、全球新药研发外包服务交易中心、药物及医疗器械国际临床研究服务中心、生物技术药物全球外包生产中心、天府国际医疗中心五大中心功能，努力成为全球生物医药创新创业人才栖息地、世界级生物医药创新与智造之都、国际化的生命健康小镇、融入全球产业链高端和价值链核心的创新实践区。力争到2035年实现全口径总产值超过5 000亿元、新增人口超过20万人、企业超过3万家。

7.2.2.2　市场主体治理

产业平台建设方面，成都积极探索产城一体、园城一体等模式，制定了《推进现代产业新城（区）建设实施方案（2014—2017年）》《现代产业新城（区）综合评价指标体系》等规划，同时在产业平台建设和发展过程中全力推广市场化运作、社会化服务、企业化经营、生态化建设"四化合一"的治理运作经验，研究探索政府平台公司、民营企业、社会资本共同参与建设现代产业新城的合作模式，全力刺激企业参与产业治理的主动性，以香港蛟龙集团为代表的市场主体开始展现出产业治理的活力。企业带动方面，在成都市相关产业的政策效应带动下，一批五大高端成长型产业的龙头企业相继来蓉投资，形成了规模较大、效益较好的产业集群，有效地带动了产业整体发展，使得成都城市产业发展重点和目标更加明确。比如以中国中车、新筑股份等整车龙头企业为带动，以地铁车辆、现代有轨电车、城际动车组、高速动车组、国铁客车为代表的整车制造产业集群正在形成，新都和新津轨道交通装备制造基地正逐步成为全国重要的轨道交通产业基地。市场主体治理成效方面，受良好营商环境的吸引，当前成都市场主体发展迅速，2019年，成都市场主体活力不断增强。全市市场主体超250万户，增长25%。日均新设企业880户，增长

12.8%。新经济企业突破 36 万户，增长 27.6%，独角兽企业达到 6 家，这些数据均处于全国 15 个副省级城市前列。

专栏2　市场主体治理：成都蛟龙港

　　成都蛟龙港创建于 2000 年，由香港蛟龙集团投资开发。成都目前已建成成都蛟龙港青羊园区、成都蛟龙港双流园区两个园区，是全国首家由民营企业投资开发和管理运营的工业园区。按照自主建设、自主经营、自主管理的原则，经过十余年的发展，成都蛟龙港形成了业界独创的"蛟龙模式"，为四川省推进统筹城乡综合配套改革试验区建设提供了一个可推广、可复制的创新样本。蛟龙港为了园区实现可持续发展，打造了完整的基础配套设施，建成了活水公园（污水处理厂）、110kV 变电站、防洪系统（地下管廊）、白河景观长廊、道路白改黑、展示中心、文化中心、电影院、医院、九年制义务教育学校等基础设施和民生工程。成都蛟龙港连续 6 年进入"中国民营企业 500 强"，取得了"四川省优秀民营企业""四川企业 100 强""四川民营企业 100 强"等多项称号，被列为"成都市工业集中发展示范区""成都市非公经济统战工作示范点"。截至目前，园区共引进企业 2 380 多家，常住人口突破 10 万人。

　　成都蛟龙港，成功实现产业转型升级，在一个郊外的开发区内打造了一座城市综合体——海滨城。成都蛟龙港首次提出"上天下海，海玩海购"的商业概念，拥有破 2 项吉尼斯世界纪录的浩海立方海洋馆，同时也是"四川省科普基地""成都市科普基地""成都市青少年科普教育实践基地"。截至目前，成都蛟龙港为成都 1 000 多所幼儿园和教育机构的小朋友和家长开展了免费的科普教育。成都海滨城融合多种特色业态，2016 年被评为国家 AAAA 级旅游景区，誉为"全国首家商业旅游综合体"。在市场竞争异常激烈和电子商务对传统实体零售的巨大冲击下，成都蛟龙港坚持优化转型升级，聚力创新发展，开业 4 年以来，海滨城景区始终秉持"创新蛟龙港，幸福蛟龙人"的经营理念，呈现多种创新业态，受到广大消费者的喜爱，在全国范围内引起了较大反响。

7.2.2.3　社会主体治理

　　在社会组织改革发展过程中，成都市通过创新登记管理制度、建立监督评估机制、出台扶持发展政策、加大政府购买力度等措施，有效推动全市社会组织取得突破性进展，行业协会商会类、科技类等社会组织数量 2014 年上半年已达 427 个。同时，成都还探索打破"一业一会"限制，推动商会改革发展，建立了"一业多会"制，支持和发展异地商会。在各项支持措施推动下，行业协会正在发展成为成都市城市产业治理的新型治理主体，在提高市场效率、激活产业动能方面发挥着不可替代的作用。比如成都市中小企业协会、成都企业联合会等社会组织在成都迅速发展起来，这些协会建立起有效的沟通协调机制、资源对接机制以及市场预警机制等，减少了产业发展过程中的行政损耗。同时，这些协会通过主动、完善的企业服务，推动企业组织优化、决策优化以及资源优化等，使得产业发展更具经济性。可以说，以行业协会为代表的社会主体在联通政府企业、促进平等交流、推动产业良性发展等方面发挥了重要作用，很好地完成了社会主体参与成都市城市产业治理的任务。

专栏3　社会主体治理：成都市中小企业服务中心①

为落实国家经贸委进行中小企业服务体系建设试点任务，成都市于2002年4月成立了成都市中小企业服务中心（下文简称"服务中心"）。服务中心是专门为成都市中小（微）型企业提供公益性、扶持性服务的综合服务机构，服务内容主要包括金融服务、人才服务、科技转化、市场拓展、政策信息等。服务中心设立了银企对接会、B2G联络站等平台，开设了创新创业路演辅导、蓉商讲堂等专业辅导项目，为成都市中小（微）企业解决实际困难；建立了各类资料库、专家库，为中小企业提供及时、有效的服务。在十余年的发展过程中，服务中心很好地承担了及时反映中小企业的呼声与建议，向政府相关部门提出政策建议的任务，为中小企业创造出了有利于健康发展的良好环境。

发展历程：2002年，成都市中小企业服务中心正式成立。2008年，服务中心进入独立运营阶段，为中小企业开展全方位服务。2012年，服务中心被评为国家中小企业公共服务示范平台。2014年，服务中心被评为"中国中小企业首选服务商"，开创政策大讲堂、成果进园区等一系列特色主题服务。2020年12月，入选2020年度国家中小企业公共服务示范平台。

服务内容包括：一是金融服务。收集企业融资需求、对接金融机构，为企业量体裁衣，精准匹配最适合的机构和产品；提供企业从初创到成熟包括债权、股权、上市的全金融产品链；组织银企对接会和项目路演会，促进机构和企业沟通，提高融资效率。二是人才服务。定期开展人力资源培训，提升管理者与员工综合素质；北大、清华"总裁班"特邀国内外顶尖大学教授和知名讲师，招收川内优秀企业家，帮助企业家开阔视野、拓展人脉；举办专场定向人才招聘会，为企业招贤纳士，解决人才问题。三是科技转化。为企业对接成都市各大高校、科研院所和创业园区；组织科技顾问团和院士

---

① 引用资料源于成都市中小企业服务中心官网。

专家深入企业提供技术咨询；协助企业与院校共建实验室、共同进行产学研合作；聚集市以上的技术中心、中小企业公共服务平台为企业提供开放共享资源。四是市场拓展。组织企业在各大工业园区及商圈开展服务上门活动；通过政府平台推广企业及产品；举办营销沙龙、中外企业交流及免费产品发布会等活动。五是提供政策信息。定期举办"政策大讲堂"，解读最新国家政策，为企业现场答疑，有效解决政策实施"最后一公里"问题；收集各部门近期出台的扶持政策，归类整理入库，供企业查询；与成都政务中心合作，共同开展政策、审批咨询服务。

7.2.3 成都产业治理存在的问题

（1）从治理主体看，政府独自承担、社会参与度不足，多方合作、高效的现代治理主体结构尚未建立。

在我国对外开放和分权化改革的背景下，地方政府有了发展的压力和动力，管理地方经济社会事务成为地方政府施政的主要内容，产业治理更是在"以经济建设为中心"发展思路下受到高度重视。但同时，政府体现出相当程度的开放性和包容性，这是现代社会治理的本质要求。发达国家社会治理的实践证明，政府需要通过促进社会组织参与社会治理来提高自身的治理水平，进而提高整个社会治理体系的效率和质量。在经济治理领域更应如此，一方面，经济发展受到内外部因素的多重影响，因而对其治理也就相对复杂，需要监测和预判多方面市场化信号，地方政府不能完全用行政手段进行控制。同时，政府完全主导治理要求建立起独立的市场监测和反馈机制，这极大地增加了治理成本。另一方面，对于产业内部的问题和趋势，企业、社会组织等外部力量由于深度参与而能够迅速感知和反应，但作为地方政府由于距离市场相对较远，在治理政策的制定和传导等方面均有滞后，会使完全由政府主导的产业治理在效率上大打折扣。但从当前成都产业治理时间来看，政府独自承担了大部分产业治理的职责，企业、协会等参与度严重不足，使得当前产业治理成本居高不下的同时，在效果上也不尽如人意。

（2）从治理客体看，更多聚焦产业发展方向，忽视产业发展根植土壤和产业生态的治理。

产业发展的影响因素涉及宏观、微观两个层面。微观层面上，诸如政府政策、科学技术、资本和劳动力情况、消费和收入预期、市场供需变化等因素都会影响产业发展，构成某一产业中企业数量、产品或者服务产量等数量变化的微观条件。另一方面，城市主导产业还通过前向、后向以及旁侧效应影响到城市中其他产业的发展。这时，各产业的结构调整、变化与更替，以及各产业发展质量上的变化，就在宏观层面上通过产业结构不断优化得以体现，并最终推动城市产业发展。可见，城市各个产业的发展并不孤立，其背后隐藏着诸多深层次的要素支撑体系和广泛联系的因素，这就要求现代产业治理不仅要通过各方主体联合规划来推动产业发展，还要着眼于产业发展背后的要素保障以及产业生态的建设。当前，成都由于治理主体单一、精力有限，因而更多地仅是集中于产业发展目标上，还不能很好地进行产业发展根植土壤培育，也还不能通过产业治理营造出更具活力的、自我更新式的产业生态。

（3）从治理目标看，更加注重近期治理，远期治理相对薄弱。

从产业周期考虑，一个产业的发展全过程一般持续几十年甚至更长时间。就短期而言，由于受到经济形势、市场供求等突发因素影响，产业治理过程中不可避免地缺乏相机抉择的政策决断。但从长期来看，科技进步、社会变革的趋势是渐近和可预期的，适当的长期发展机制设计反而能够成为产业发展的自动稳定器。因此，设置串联产业发展各个阶段的中长期治理目标是可行的和有必要的。在经历了"国家治理—地方政府治理—初步协同共治"的历程后，成都的城市产业治理理念在 2000 年以后实现了较大程度的改善和突破。但不难发现，在当前政府主导、外部参与的初级治理模式下，地方政府目标成为产业治理政策设计的主要考虑因素。由于地方政府的政策制定主要考虑任期内经济社会发展水平，因而在实施产业治理时，更加注重近期发展目标以及所能带来的政绩提升效果，缺乏对相对长远的产业发展远期目标和产业治理效果的考虑和设计。这样的现实情况，会影响城市产业发展全程治理的目标一致性，并最终使城市经济发展缺乏稳健性。

（4）从治理方式看，更多强调行政治理，市场力量发挥不足，治理手段单一且专业性不足。

党的十八大报告要求，要围绕构建中国特色社会主义社会管理体系，加快形成党委领导、政府负责、社会协同、公众参与、法治保障的社会管理体制。市场主体参与治理的具体事项，可以通过引入竞争机制，降低治理成本，提高国家治理的效益；也可以通过"自我规制"的方式实现内部治理流程再造，积极配合国家对其进行的治理行为，实现国家对市场主体的治理目标。可以说，协同共治不仅是国家战略导向的要求，更是基于治理过程本身考虑的优化选择。在治理方式上，成都市当前的城市产业治理主要运用行政管理的思维，通过法律法规、行政文件等方式规范城市产业的发展，治理手段较为单一。另一方面，市场化的治理主体培育虽然已经经历了较长时间，但总体而言发展较为缓慢，面临着结构不优、能力不足、监管机制不力等诸多问题，与发达国家和国内先进城市相比存在较大差距。这就进一步加重了成都市当前城市产业治理过程中市场力量发挥不足、专业性欠缺的问题。

7.2.4 提升产业治理现代化水平

2020年，成都经济总量突破17 716.7亿元大关，人均地区生产总值超过1万美元，成都发展已经站上了新的历史起点。为此，成都市委十二届七次全会明确将建设国家中心城市作为成都当前和今后一个时期的总体发展目标，而西部经济中心是成都建成国家中心城市的最重要支撑，由此城市产业治理能力和产业治理效率，也就成为事关成都能否建成和需要多长时间建成国家中心城市的最核心变量。下一步，应该结合城市产业治理的基本内涵和成都实际，从产业治理目标、产业治理主体、产业生态治理、产业治理手段等方面完善和推进，全面提升成都产业治理现代化水平，为加快建设国家中心城市提供坚强支撑。

（1）科学建立产业治理目标。

确立远期治理目标，能够在较长的时间维度为产业治理提供一致性的目标约束，限制政府在中短期冲击下滥用相机抉择的政策偏好，从而能够在一定程度上防止产业政策波动，更好地维持城市产业发展的稳定性。因而，对成都来讲，需要在重视近期治理的同时，合理设置城市产业治理的远期目标，建立起完备科学的产业治理目标体系。通过近期治理和远期治理相结合，提升政府治理政策的可预期性，防范产业发展风险，推动城市经济稳定运行。另一方面，在多方协同治理框架下，还要重视政府、企业、协会三方主体治理目标的协调和统一，通过构建反应迅速、准确的产业治理反馈机制的方式，使产业治理主体能够方便地获取和共享治理过程中产业发展本身对于各项治理措施的不同响应，推动产业发展和产业治理之间形成一个信息畅通的互动渠道。

（2）构建多方合作治理的现代治理主体结构。

现代化治理主体结构要求政府、企业和行业协会在良好合作的基础上共同分享产业治理权力。同时，多方合作的"制度构成"也能够更好地解决治理系统中的管理体制问题。从而，成都需要改变当前基本由政府独自承担的单一型产业治理主体结构，进一步充分重视企业、协会的主体地位，构建由政府、市场主体、行业协会多方合作治理的现代治理主体结构。因而，在当前成都产业治理以"政府主导"的现实情况下，一方面要深入推进政府社会管理理念变革和职能转变与整合，厘清政府与市场之间的高效合作边界，解决政府经济管理过程中的越位、缺位、错位等问题，确立起"有限政府""服务型政府"理念。另一方面，要通过管理和扶持政策，确立企业治理在产业治理中的基础地位，提升行业协会在产业治理中的制度制衡能力，尽快实现"强政府、强企业、强协会"的现代产业治理主体结构。

（3）更加注重产业生态治理。

从治理客体上考虑，需要改变当前成都城市产业治理仅关注产业发展方向的局限，更加注重产业生态治理，使产业发展更具根植性和生命力。就具体操作而言，首先，重视重点企业发展横向和纵向配套，推动相互依存、相互协作的企业集群式发展，加快形成支撑战略新兴产业的配套科研、设计、实验体系。其次，推动专业化服务，重视培育和引入专业服务型企业或组织，为产业提供方便快捷的市场和信息服务、运销服务等；发展金融、信贷服务机构，如风险投资公司、风险基金等。再次，建立起健全的人力资源供应体系，为城市产业发展提供相关的熟练劳动力、专业人员等。最后，构建完备的产业基础设施支撑。积极发展城市工业区基础设施配套，城市产业相对集聚和专业化，但从长远看，更应追求一种具有人文情怀和产城融合特质的产业治理效果。

（4）丰富城市产业治理手段，增强治理手段的专业性和现代化。

在政策研究上，加强产业治理运行机制研究，探索产业治理对于产业发展的内在推动路径，为产业治理的实际操作提供更多元的政策选择空间。在经验总结上，一方面充分总结原有产业治理过程中的经验教训，另一方面充分吸收国际发达城市和国内沿海城市产业治理的成功实践，挖掘更多产业治理实务手段，充实成都产业治理的工具库。针对当前企业治理和协会治理参与度、专业性较差的现状，积极支持企业和行业协会更多地介入治理事务，增长产业治理经验，同时通过引进培养产业治理人才，提升企业和协会的治理专业化水平。此外，鉴于当前协同共治的产业治理体系尚未完全成熟，产业治理过程中政府主导的特征还比较明显，还要加快城市治理相关的法制建设，提高政府治理政策的法制化水平。

参考文献

[1] 奥德姆. 生态学基础 [M]. 北京：高等教育出版社，2009：10-16.

[2] 保罗·萨宾. 较量——乐观的经济学与悲观的生态学 [M]. 海口：南海出版公司，2019：52-62.

[3] 俞可平. 治理与善治 [M]. 社会科学文献出版社，2000：270-271.

[4] 王自亮，钱雪亚. 从乡村工业化到城市化——浙江现代化的进程、特征与动力 [M]. 杭州：浙江大学出版社，2003：91-96.

[5] 阎星. 成都市产业可持续发展研究 [M]. 成都：成都时代出版社，2006：58-68.

[6] 王军. 成都区（市）县经济可持续发展研究 [M]. 成都：成都时代出版社，2007：107-113.

[7] 阎星. 改革开放30年——成都经济发展道路 [M]. 成都：四川人民出版社，2009：22-33.

[8] 陈佳贵，黄群慧. 中国工业化与工业现代化问题研究 [M]. 北京：经济管理出版社，2009：61-76.

[9] 黄群慧、李芳芳等. 中国工业化进程报告（1995-2015）[M]. 北京：社会科学文献出版社，2017：27-31.

[10] 倪鹏飞. 中国城市竞争力报告 [M]. 北京：中国社会科学出版社，2018：46-52.

[11] 江小涓. 新型工业化：全面实现小康社会的必由之路 [J]. 哈尔滨商业大学学报（社会科学版），2003（2）：3-5.

[12] 曹建海，李海舰. 论新型工业化的道路 [J]. 中国工业经济，2003（1）：56-62.

[13] 任保平. 新型工业化：中国经济发展战略的创新 [J]. 经济学家，2003（3）：4-11.

[14] 黄泰岩，李德标. 我国新型工业化的道路选择 [J]. 中国特色社会

主义研究, 2003 (1): 39-41.

[15] 唐兵. 新型工业化道路: 中国现代化必由之路 [J]. 学理论, 2003 (4): 16.

[16] 黄光耀, 刘金源. 成功的代价——论英国工业化的历史教训 [J]. 求是学刊, 2003 (4): 116-120.

[17] 陈东. 可持续基础上的跨越式发展——新型工业化的理论研究与实证分析 [D]. 福州: 福建师范大学, 2004.

[18] 张克俊, 曾科. 新型工业化标准与评价指标体系研究 [J]. 中国科技论坛, 2004 (11): 125-127.

[19] 翟书斌. 中国新型工业化路径选择与制度创新 [D]. 武汉: 华中科技大学, 2005.

[20] 罗珉, 何长见. 组织间关系: 界面规则与治理机制 [J]. 中国工业经济, 2006 (5): 87-95.

[21] 张丽娜. 发达国家工业化道路比较分析及对我国的启示 [D]. 长春: 东北师范大学, 2006.

[22] 李江, 赵秀芳. 论"新型工业化"的特征 [J]. 河北师范大学学报 (哲学社会科学版), 2006 (6): 34-36.

[23] 张培刚, 张建华, 罗勇, 等. 新型工业化道路的工业结构优化升级研究 [J]. 华中科技大学学报 (社会科学版), 2007 (2): 82.

[24] 周仁准. 社会治理创新: 对行业治理的若干思考 [J]. 特区经济, 2008 (11): 287-289.

[25] 郭怀英. 韩国生产性服务业促进制造业结构升级研究 [J]. 宏观经济研究, 2008 (2): 23-28.

[26] 陈建军. 关于打造现代产业体系的思考——以杭州为例 [J]. 浙江经济, 2008 (17): 43-45.

[27] 童有好. 信息化与工业化融合的内涵、层次和方向 [J]. 信息技术与标准化, 2008 (7): 4-6.

[28] 龚炳铮. 信息化与工业化融合的评价指标和方法的探讨 [J]. 中国信息界, 2008 (8): 52-56.

[29] 肖军. 中国信息化与工业化融合发展的影响因素及策略研究 [D]. 武汉: 华中科技大学, 2008.

[30] 冉启秀, 周兵. 新型工业化和新型城镇化协调发展研究——基于重

庆市全国统筹城乡综合配套改革试验区的实证 [J]. 重庆工商大学学报（西部论坛），2008（2）：39-45.

[31] 童有好. 信息化与工业化融合的内涵、层次和方向 [J]. 信息技术与标准化，2008（7）：4-6.

[32] 魏江，周泯非. 产业集群治理：理论来源、概念与机制 [J]. 管理学家（学术版），2009（6）：50-59.

[33] 李江帆. 国家中心城市现代产业体系的构建 [J]. 城市观察，2009（2）：137.

[34] 刘明宇，芮明杰. 全球化背景下中国现代产业体系的构建模式研究 [J]. 中国工业经济，2009（5）：57-66.

[35] 王晰巍. 信息化与工业化融合的基本理论及实证研究 [J]. 情报科学，2009（11）：1650-1652.

[36] 朱南，刘一. 中国地区新型工业化发展模式与路径选择 [J]. 数量经济技术经济研究，2009（5）：5-15.

[37] 王敏杰，刘利民. 浙江省集群治理中的政府行为及作用研究 [J]. 价格月刊，2010（11）：64-67.

[38] 庞晓波，刘延昌，黄卫挺. 经济治理理论与中国经济发展 [J]. 经济纵横，2010（5）：34-36.

[39] 周宇. 论欧美发达国家在工业化道路上的经验教训及其借鉴意义 [J]. 传承，2010（10）：52-53.

[40] 张彦. 资源与环境：美国工业化时期的经验与教训 [J]. 特区经济，2010（3）：78-79.

[41] 葛继平，林莉，黄明. 信息化提升中国装备制造业国际竞争力的机理与路径研究 [J]. 工业技术经济，2010（6）：43-46.

[42] 胡树光，刘志高，樊瑛. 产业结构演替理论进展与评述 [J]. 中国地质大学学报（社会科学版），2011，11（1）：29-34.

[43] 张戈，王洪海，朱婧. 企业信息化与工业化融合影响因素实证研究——基于山东省调查数据的结构方程模型分析 [J]. 工业技术经济，2011（9）：83-89.

[44] 费志荣. 西部地区新型城镇化与新型工业化协调发展的思考 [J]. 中国浦东干部学院学报，2011（5）：126-128.

[45] 谢春，李健. 中国特色新型工业化评价指标体系构建及实证分析

［J］．系统工程，2011（3）：74．

　　［46］吴澄秋．中国经济治理模式的演进：路向何方？——基于全球化时代主要经济治理模式的比较分析［J］．外交评论，2012，29（6）：1-15．

　　［47］杨晗，邱晖．产业结构理论的演化和发展研究［J］．商业经济，2012（10）：26-27．

　　［48］谢康，肖静华，周先波，等．中国工业化与信息化融合质量：理论与实证［J］．经济研究，2012（1）：4-16．

　　［49］许轶旻，孙建军．江苏省企业信息化与工业化融合影响因素及实证研究［J］．2012（5）：135-138．

　　［50］耿修林．近年来我国新型工业化进程的测评与分析［J］．中国科技论坛，2012（9）：53-54．

　　［51］翁士洪，顾丽梅．治理理论：一种调适的新制度主义理论［J］．南京社会科学，2013（7）：49-56．

　　［52］李二超，韩洁．"四化"同步发展的内在机理、战略途径与制度创新［J］．改革，2013（7）：152-156．

　　［53］杨大柱．推进"四化同步"的实践与探索——以安徽省五河县为例［N］．中国县域经济报，2013-09-05（15）．

　　［54］荣宏庆．新型工业化与信息化深度融合路径探讨［J］．社会科学家，2013（7）：73-76．

　　［55］郭丽娟．新型工业化与新型城镇化协调发展评价［J］．统计与决策，2013（11）：64-67．

　　［56］欧健．社会主义市场经济视域中国家治理的逻辑演进［J］．社会主义研究，2014（5）：71-76．

　　［57］张超，刘志彪．市场机制倒逼产业结构调整的经济学分析［J］．社会科学，2014（2）：47-55．

　　［58］刘文耀，蔡熹．"四化同步"的本质特征和指标构建［J］．改革，2014（8）：65-71．

　　［59］熊巍，祁春节．湖北省"四化"同步发展水平评价与对策研究［J］．科技进步与对策，2014（9）：130-135．

　　［60］冯献，李宁辉，郭静利．"四化同步"背景下我国农业现代化建设的发展思路与对策建议［J］．农业现代化研究，2014（1）：11-14．

　　［61］韩斌．我国新型工业化的特征和实现路径［J］．市场经济与价格，

2014（7）：29-30.

[62] 刘建党. 中国城市产业升级中的复合治理模式研究 [J]. 南方论丛，2015（5）：1-7.

[63] 朱四海. 国家治理现代化理论研究：经济治理视角 [J]. 发展研究，2015（4）：46-55.

[64] 潘爱民，刘友金，向国成. 产业转型升级与产能过剩治理研究——"中国工业经济学会 2014 年年会"学术观点综述 [J]. 中国工业经济，2015（1）：89-94.

[65] 徐晓军. "四化同步"发展新型城镇化：主要困境及推进路径 [J]. 江汉大学学报（社会科学版），2015（1）：13-19.

[66] 张鸿，范阳梓，关启轩，等. 区域"四化"同步发展水平评价 [J]. 西安邮电大学学报，2015（4）：84-91.

[67] 洪银兴. 以三农现代化补"四化"同步的短板 [J]. 经济学动态，2015（2）：4-11.

[68] 高志刚，华淑名. 新型工业化与新型城镇化耦合协调发展的机理与测度分析——以新疆为例 [J]. 中国科技论坛，2015（9）：121-126.

[69] 沈坤荣. 供给侧结构性改革是经济治理思路的重大调整 [J]. 南京社会科学，2016（2）：1-3.

[70] 张璇. 武汉：建设国家中心城市的产业结构调整 [J]. 开放导报，2016（1）：30-34.

[71] 阮家港. "四化"同步发展水平动态评价研究——基于时序全局主成分分析方法 [J]. 西南交通大学学报（社会科学版），2016（3）：51-57.

[72] 姜玉砚. 四化同步进程中的产城融合研究 [D]. 太原：山西财经大学，2016.

[73] 王世珍. 日韩工业化发展特点及其规律 [J]. 合作经济与科技，2017（24）：56-57.

[74] 杜俊平. 农业现代化、新型工业化、城镇化、信息化、绿色化"五化"协同发展研究 [J]. 重庆文理学院学报（社会科学版），2017（1）：119-125.

[75] 郭俊华，许佳瑜. 工业化、信息化、城镇化、农业现代化"四化"同步协调发展测度与对策研究——以陕西为例 [J]. 西北大学学报（哲学社会科学版），2017（4）：32-39.

［76］余川江. 新发展理念下新型工业化与新型城镇化同步发展的理论机理及评价体系研究［J］. 中国经贸导刊（中），2018（26）：101-104.

［77］刘方媛，陈慧群，王佳莹，等. 黑龙江省农业现代化-工业化-城镇化-信息化-绿色化"五化"耦合协调发展研究——以新型城镇化试点城市为例［J］. 经济研究导刊，2019（35）：46-48.

［78］赵昌文. 新型工业化的三个新趋势［J］. 智慧中国，2019（4）：38-39.

［79］刘志彪. 努力向全球价值链中高端攀升［N］. 人民日报，2019-03-29（09）.

［80］全国会计专业技术资格领导小组办公室. 中级会计专业技术资格考试大纲：财务管理［M］. 北京：经济科学出版社，2007：123-132.

［81］张世贤. 论产业投资效率与结构变动方向［J］. 中国工业经济，2002（12）：28-34.

［82］严海龙. 上海工业投资特点及其与国内主要发达地区的比较［J］. 科学发展，2010（9）：31-45.

［83］罗必良. 广东产业结构升级：进展、问题与选择［J］. 广东社会科学，2007（6）：42-47.

［84］李宏伟. 广东省经济增长过程中产业结构偏差问题研究［D］. 广州：华南理工大学，2012.

［85］卢中辉. 江西工业结构的偏离份额与投入产出对比分析［J］. 产业与科技论坛，2012，11（19）：46-49.

［86］张世贤. 工业投资效率与产业结构变动的实证研究——兼与郭克莎博士商榷［J］. 管理世界，2000（5）：79-85，115.

［87］武剑. 外国直接投资的区域分布及其经济增长效应［J］. 经济研究，2002（4）：27-35+93.

［88］秦朵，宋海岩. 改革中的过度投资需求和效率损失——中国分省固定资产投资案例分析［J］. 经济学，2003（3）：807-832.

［89］庞明川. 中国的投资效率与过度投资问题研究［J］. 财经问题研究，2007（7）：46-52.

［90］夏业良，程磊. 外商直接投资对中国工业企业技术效率的溢出效应研究——基于2002—2006年工业企业数据的实证分析［J］. 中国工业经济，2010（7）：55-65.

［91］郝书辰，田金方，陶虎. 国有工业企业效率的行业检验［J］. 中国

工业经济，2012（12）：57-69.

[92] 王永剑，刘春杰. 金融发展对中国资本配置效率的影响及区域比较 [J]. 财贸经济，2011（3）：54-60.

[93] 陈倩，马珂. 区域经济增长新常态研究——以四川省为例 [J]. 西南金融，2014（12）：45-47.